全国行政执法人员培训示范教材
QUANGUO XINGZHENG ZHIFA RENYUAN
PEIXUN SHIFAN JIAOCAI

行政处罚制度教程

全国行政执法人员培训示范教材编辑委员会 / 编

李洪雷　主　编
李　霞　副主编

中国法制出版社
CHINA LEGAL PUBLISHING HOUSE

总　　序

为深入学习贯彻习近平法治思想，认真贯彻党中央关于全面推进依法治国、加快法治政府建设的重大决策部署，全面落实《法治政府建设实施纲要（2021—2025年）》，严格履行司法部“指导行政执法队伍规范化、制度化建设，指导开展行政执法人员培训工作”的职责，全面提高行政执法人员素质，建设德才兼备的高素质行政执法队伍，大力推进严格规范公正文明执法，经司法部部领导批准，司法部行政执法协调监督局、中国法制出版社会同国家有关部委法制机构和地方司法行政部门成立全国行政执法人员培训示范教材编辑委员会，负责全国行政执法人员培训示范教材编写工作。

全国行政执法人员培训示范教材编写工作实行编审分离的原则，各编写组负责示范教材各分册教程的具体编写工作。全国行政执法人员培训首批示范教材包括一个基础教程和六个具体制度教程，即《行政执法基础教程》《行政处罚制度教程》《行政许可制度教程》《行政强制制度教程》《行政救济制度教程》《行政征收征用制度教程》《行政执法监督制度教程》。

本套教材适应全国行政执法人员培训标准化体系建设的需要，着眼于全面提高行政执法人员素质，具有权威性、基础性、示范性、实用性的鲜明特点。在体例、内容和形式上都力求符合行政执法人员培训工作的要求，紧紧围绕行政执法实际问题指导行政执法实践，体现为执法服务，适应不同层级、不同行业、不同岗位行政执法人员培训工作的多样化需求。本套示范教材的出版将有力促进行政执法人员培训工作的制度化、规范化、常态化，推动形成行政执法人员培训教材体系，全面提高行政执法人员素质，为推进国家治理体系和治理能力现代化提供有力的执法人才支撑。

教材在编写过程中，得到各有关单位的关心和支持，教材编写组各位主编、副主编、作者对教材的编写倾注了大量的心血，在完成时间紧、编写任务重、质量要求高的情况下，比较圆满地完成了本套教材的编写任务，在此表示衷心感谢。因编写时间有限，错漏在所难免，恳请广大读者不吝指正。

司法部行政执法协调监督局

2022年9月

前言

PREFACE

行政处罚作为一种行政执法方式，是维护公共利益和社会秩序的基本手段；作为一种国家制裁违法的手段，是国家法律责任体系的重要组成部分。行政处罚的制度化、规范化和法治化水平，在很大程度上决定着我国行政执法乃至法治政府建设的水平。

目前，我国已形成以党中央、国务院关于行政处罚制度的重大决策部署为指导，以《中华人民共和国行政处罚法》(以下称《行政处罚法》)为主干，以其他法律、法规、规章中的行政处罚条款为依托，以各级国家行政机关制定的规范性文件中关于行政处罚的具体规程和裁量基准等为补充的行政处罚制度体系。我国行政处罚制度的演进发展，经历了三个重要阶段。

早期有关行政处罚制度的规定主要有两种形式：一种是在单行法律、法规中规定行政处罚，另一种是通过制定专门性法律、法规、规章和规范性文件等来规定行政处罚。据统计，自党的十一届三中全会召开至1996年《行政处罚法》颁布前的17年，国家出台的280余部法律中，有202部法律规定了行政处罚，有800多部行政法规、4000多部地方性法规的规定也涉及行政处罚。这些规定，为行政机关的执法行为提供了依据，对于行政处罚制度的系统化和规范化具有重要意义。但客观来看，存在着行政处罚设定权不明确、实施处罚主体混乱、程序缺乏统一明确规定等问题，导致了行政处罚中“软”与“乱”的现象，不利于维护人民群众的合法权益、社会公共秩序和公共利益。

行政处罚实践中的“乱象”，催生了《行政处罚法》这部“中国法制史上具有里程碑意义的行政基本法”。1996年3月17日，第八届全国人民代表大会第四次会议通过《行政处罚法》，并自同年10月1日起施行。《行政处罚法》实施26年来，对规范行政处罚的设定和实施、保障和监督行政机关实施行政管理、维护公共利益和社会秩序、保护行政相对人合法权益发挥了重要作用。其间，国务院制定和发布了关于罚款决定与罚款收缴分离制度、行政执法公示制度执法全过程记录制度重大执法决定法制审核制度、行政性事业收费和罚没收入收支两条线管理制度、行政执法机关移送涉嫌犯罪案件规定等重要制度，丰富了行政处罚制度体系。

行政处罚制度的最新发展，是《行政处罚法》的全面修订。2021年1月22日，第十三届全国人民代表大会常务委员会第二十五次会议审议通过了新修订的《行政处罚法》，回应了自颁行以来我国经济、社会和法治的巨大发展和变迁，将党的十八大以来全面依法治国、深化行政执法领域改革的重要成果以法律的形式进行了固定，进一步丰富和完善了行政处罚的基本制度和规则。新修订的《行政处罚法》明确了行政处罚的概念，新增了行政处罚种类，适当扩大了行政法规、地方性法规的行政处罚设定权限，增加了行政处罚实施评估制度，增加了综合行政执法制度，增加了行政处罚权下放乡镇街道办，纳入了行政执法“三项制度”，落实了行政执法人员持证上岗和资格管理制度要求，增加了疫情防控有关行政处罚程序规定，明确了行政处罚案件办理期限，延长了特殊行政处罚案件的行政追责期限，完善了听证制度，明确了法制审核的范围，新增了“首违不罚”制度，增加了对行政处罚裁量基准的规定，建立了电子送达文书、电子支付缴纳罚款等制度，加强了对非现场执法的规范，确定了重大行政处罚公示制度，完善了行政处罚和刑事司法衔接机制。《行政处罚法》的修订，体现了鲜明的实务导向、问题导向。它建立在深入调研各地各部门行政执法实践状况、系统总结行政执法实践经验的基础上，聚焦于行政执法中的实际问题、突出问题，为严格规范行政处罚的设定、保障行政处罚的有效实施提供了基本遵循，同时也对各级行政执法机关的执法行为提出了许多新的更高要求，对于大力促进严格规范公正文明执法具有重要意义。

“法律的生命力在于实施，法律的权威也在于实施。”新修订的《行政处罚法》已于2021年7月15日施行。2021年11月15日，国务院专门下发了《国务院关于进一步贯彻实施〈中华人民共和国行政处罚法〉的通知》(国发〔2021〕26号，以下称《通知》)，以习近平法治思想为指导，聚焦《行政处罚法》实施中的重点难点问题，进行了有针对性的部署安排，对于把《行政处罚法》中所建立的优良制度转化为实际的执法效能，具有重要意义。各地区、各部门应按照《通知》要求，把贯彻实施好新修订的《行政处罚法》作为当前和今后一段时期加快建设法治政府的重要抓手，切实加强和改进相关行政立法，规范行政执法，强化行政执法监督，不断提高依法行政的能力和水平。

为了帮助行政执法人员准确理解新修订的《行政处罚法》及《通知》，严格落实行政处罚各项重要制度，合法合理实施行政处罚，在司法部行政执法协调监督局的支持和指导下，我们组织了中国社会科学院法学研究所的行政法学者和深度参与《行政处罚法》修订的实务部门同志，共同编写了这本面向广大行政执法人员的《行政处罚制度教程》。本书在准确把握我国行政处罚制度发展历程的基础上，阐述了基本的行政处罚制度，解答了《行政处罚法》贯彻实施中的重点和难点问题。本着行政执法人员培训示范教材的定位，本书在写作时注意与学术著作、高校教材的适度区分，在内容和形式上都力求符合行政执法培训工作要求，具有权威性、系统性、基础性、示范性、实用性等特点。

各章撰写分工如下：

第一章　李霞

第二章　李洪雷

第三章　李洪雷　江海桥

第四章　戴杕

第五章　卢超

第六章　冯子轩　杨靖文

第七章　张亮

第八章　刘绍宇

全书由李洪雷统稿，李霞协助统稿。

目 录

CONTENTS

第一章　行政处罚概论

本章知识要点

- □ 行政处罚的概念和特征
- □ 行政处罚的目的和功能
- □ 行政处罚的原则
- □ 行政处罚与民事责任、刑事责任的关系

第一节　行政处罚的概念和特征

一、行政处罚的概念

行政处罚是一种基本的行政执法手段，也是国家法律责任体系的重要组成部分。**根据2021年《行政处罚法》第2条的规定，行政处罚是指行政机关依法对违反行政管理秩序的公民、法人或者其他组织，以减损权益或者增加义务的方式予以惩戒的行为。**

1996年《行政处罚法》制定过程中，曾考虑过对行政处罚下定义，但由于当时立法和实践经验有限，未能实现这一设想。其仅在第3条规定行政处罚法定原则时规定行政处罚针对的是“公民、法人或者其他组织违反行政管理秩序的行为”，并在第8条中规定了行政处罚的种类。《行政处罚法》也因此是“行政三法”（《行政处罚法》《行政

许可法》《行政强制法》）中，唯一未对法律的调整对象下定义的一部。

1996年《行政处罚法》颁行后，随着社会经济和科技的高速发展、社会治理方式和手段的不断创新，法律所列举的行政处罚类型与实践需要之间的鸿沟越来越明显。为了提高执法效能，一些地方和部门以规章甚至其他规范性文件的形式，创设了一些行政管理措施，其中部分措施明显具有惩罚性质。但由于立法没能对行政处罚下定义，那些具有惩戒属性却又不在《行政处罚法》明确列举的行政处罚种类之中的措施，是否适用《行政处罚法》，理论和实践上分歧较大。例如，有时出现对于行政机关作出的某项行政行为，当事人认为属于行政处罚，应当根据《行政处罚法》的规定享有陈述申辩、要求听证、行政复议和诉讼等权利，而行政机关则认为不属于行政处罚，无需依照《行政处罚法》的规定保障这些权利。[①]同时，立法中行政处罚定义的缺失，也使得一些行政执法机关对行政处罚的性质和作用缺乏全面准确理解，在思想认识、实施处罚、履行程序、适用法律、把握处罚尺度等方面出现偏差。

为了消除认识分歧、遵循立法技术、有效实施行政处罚法、解决行政处罚“逃逸”等问题，[②]2021年《行政处罚法》修订时，在第2条中增加了对行政处罚的定义。行政处罚的定义承载着界定行政处罚行为的功能，使得对行政处罚的认定不再单纯依靠形式标准，而是从行为的本质和实质出发来识别其是否属于行政处罚，进而判定其是否必须受到《行政处罚法》中程序与实体性规则的约束。实践中，那些行政机关所创造的，“以措施之名，行处罚之实，但较法定的行政处罚类型对当事人的权益影响更大，适用范围更广”[③]的行政措施，只要符合行政处罚的识别标准，就必须适用《行政处罚法》。《行政处罚法》

---

① 许安标主编：《〈中华人民共和国行政处罚法〉释义》，中国民主法制出版社2021年版，第33页。

② 黄海华：《行政处罚的重新定义与分类配置》，载《华东政法大学学报》2020年第4期。

③ 张晓莹：《行政处罚视域下的失信惩戒规制》，载《行政法学研究》2019年第5期。

对行政处罚定义的规定，对于行政法理论和实践而言，都是一个重要的进步和贡献。在理论上，“填补了一个重要行政行为的概念空白”[①]；在立法形式上，使“行政三法”实现了体例结构上的统一和完整；在实务工作中，立法机关、行政机关、司法机关乃至当事人可以据此判断非典型行政处罚行为是不是行政处罚，是否要适用本法[②]。

二、行政处罚的特征

（一）处罚主体是行政主体

实施行政处罚的主体，是拥有行政职权的主体，即行政主体。在把握行政处罚的主体特征时，有三点应予明确。

第一，行政主体，是指在法律上能独立地以自己的名义行使行政职权、承担相应法律后果的组织，包括行政机关和法律、法规授权的具有管理公共事务职能的组织。同时，行政机关按照法律、法规、规章的规定，可以委托符合条件的具有管理公共事务职能的组织以委托行政机关的名义实施行政处罚。

第二，行政处罚只能由特定的行政主体实施。**并非任何行政主体都可以实施行政处罚，只有经合法授权、依法享有行政处罚权的行政机关和组织才能实施行政处罚**。并且，享有行政处罚权的行政机关或组织并非对所有领域和事项都拥有行政处罚权，特定的行政处罚权只能由特定的主管行政机关或法定组织行使，其他非主管机关或组织无权行使。例如，针对城市道路人行道机动车违法停放行为的行政处罚权，一般由公安机关交通管理部门或城市管理综合执法部门等行使。

第三，监察机关、法院、检察院等非行政机关所实施的某些制

---

① 应松年、张晓莹：《〈行政处罚法〉二十四年：回望与前瞻》，载《国家检察官学院学报》2020年第5期。

② 袁雪石：《中华人民共和国行政处罚法释义》，中国法制出版社2021年版，第3页。

裁行为，不属于行政处罚。**不同主体的制裁行为可能有相同的名称，对这些行为性质的认定需要结合行政处罚的定义进行综合判断。**例如，警告可能是行政主体依据《行政处罚法》对违反行政管理秩序的相对人实施的行政处罚，也可能是处分决定机关依据《公务员法》对违纪违法的公务员作出的处分，还可能是监察机关依据《监察法》和《公职人员政务处分法》对违法的公职人员作出的政务处分决定；罚款可能是行政处罚，也可能是《行政强制法》规定的行政强制执行措施（执行罚），还可能是法院依照《民事诉讼法》等对违反规则的人作出的处罚。

（二）处罚对象是违反行政管理秩序的行政相对人

违反行政管理秩序，即违反行政法律规范。行政管理秩序是行政机关在行政管理活动中所追求的秩序。为实现行政管理秩序，行政相对人必须遵守行政法律规范设定的各项作为与不作为义务，否则就可能成为行政处罚的对象。在把握行政处罚的对象特征时，有五点应当注意。

第一，行政处罚的对象，不仅包括《行政处罚法》第1条中规定的“公民、法人或者其他组织”，也包括处在行政相对人地位的国家机关以及在中华人民共和国领域内有违法行为的外国人、无国籍人、外国组织等。

第二，行政处罚的对象，必须实施了违反行政管理秩序的违法行为。依据这一要素，可以将部分撤销行政许可、区域限批排除在行政处罚之外。根据《行政许可法》第69条第1款的规定，行政机关违法作出行政许可的，可以撤销行政许可，这里并不存在当事人违反行政管理秩序的违法行为。区域限批的适用情形是超过国家重点大气污染物排放总量控制指标或者未完成国家下达的大气环境质量改善目标，适用对象是某个地区，必然会限制当事人申请行政许可，但针对的是某个地区环保整体不达标，而不是当事人违反行政管理秩序的违法行为。①

第三，对违反行政管理秩序情形严重，构成犯罪，应当依法追究刑事责任的，根据《行政处罚法》第8条第2款的规定，行政机关应移交司法机关，不得以行政处罚代替刑事处罚。

第四，行政处罚原则上实行过错推定。一般情况下，对违反行政管理秩序的行为，行政机关可以推定行为人有主观上的过错；行为人有证据足以证明没有主观过错的，则不予行政处罚。例外情况下，即使行政相对人行为时没有故意或过失，只要客观上违反了行政管理秩序，损害了公共利益或他人合法权益，且法律、行政法规规定应予处罚，就应当受到制裁和惩戒。

第五，实践操作中，为准确判定相对人行为是否应受行政处罚，有时需要进一步区分行为人违反的是权利性规范还是义务性规范、实体性规范还是程序性规范、倡导性规范还是强制性规范。在许多场合下，违反权利性规范或某些程序性规范，只会给行为人带来某些不利的法律后果或者使行为人不能实现预期的法律后果。只有在行为人违反行政法上的强制性义务（包括作为或不作为的义务）时，才会导致行政处罚。强制性并非义务的天然属性，比如相当一部分法律、法规为相对人设定了义务，但没有规定义务不履行时的法律责任，这种义务实际上就是非强制性义务。

（三）本质属性和核心特征是惩戒性

《行政处罚法》第2条使用“惩戒”一词，既有惩亦有戒，兼顾了行政处罚的惩罚、教育和预防几大功能，体现了处罚与教育相结合的理念。

惩戒的方式是“减损权益或者增加义务”。其核心是剥夺当事人已有的利益或给予其新的不利益，所针对的利益应当认定为一种事

① 黄海华：《行政处罚的重新定义与分类配置》，载《华东政法大学学报》2020年第4期。

实上的、价值中性的利益，而不过多考虑其适法性。对于“减损权益或者增加义务”，实践中一般作相对扩大的解释，既包括对权益的限制和剥夺，也包括科处义务或负担，以及施加新的不利益。

是否具有惩戒性和制裁性，是区分行政处罚与其他行政管理措施的要素之一。责令限期改正、责令赔偿、生态恢复责任、撤销因当事人弄虚作假获得的行政许可，以及收回土地使用权、责令停止建设中的大部分，属于减损非法利益、增加应当履行的义务，是要求当事人做本应该做的事情，本质上属于法律秩序的恢复，并没有减损当事人的合法权益或增加新的义务，谈不上惩戒和制裁，因此不属于行政处罚。

关于行政处罚与行政强制，首先，二者的法律性质不同。行政处罚的性质是行政机关对行政相对人违反行政管理秩序但未构成犯罪的违法行为实施行政制裁，而行政强制的性质是维护社会安全秩序和强制行政相对人履行特定义务，本身并非一种制裁或惩罚。其次，二者的起因和目的也不完全相同。行政处罚的起因在于相对人违反了法定的或行政处理所设定的义务；行政强制的起因可能是行政相对人不履行行政主体在行政处理中为其所依法设定的义务，也可能是行政机关为制止违法行为、防止证据损毁、避免危害发生、控制危险扩大等。行政处罚的目的在于：第一，通过对义务违反者的惩罚，确保行政义务得到履行，从而维护行政管理秩序；第二，通过制裁违法者，确保公民、法人和其他组织的合法权益以及公共利益免受违法者的侵犯；第三，通过行政处罚，防微杜渐，预防和减少违法犯罪行为的发生。行政强制的目的则在于维护社会安全秩序或强制相对人履行特定的义务。例如，加收滞纳金等，不是以惩戒和制裁为目的，而是通过增加当事人的经济负担来迫使当事人自动履行行政义务，属于行政强制执行方式而非行政处罚。

第二节　行政处罚的目的和功能

1996年《关于〈中华人民共和国行政处罚法(草案)〉的说明》提出："行政处罚的目的，重在纠正违法行为，教育公民、法人或者其他组织自觉遵守法律。"行政处罚的功能主要体现在三个方面：一是通过对义务违反者的惩罚，确保行政义务得到履行，从而维护行政管理秩序和公共利益；二是通过行政处罚，对违法行为人、试图违法者和其他社会成员起到警诫和预防的作用，使公民、法人和其他组织的合法权益以及公共利益免受违法行为的侵犯；三是通过行政处罚，教育违法行为人和其他社会成员吸取教训，懂法守法，增强法治观念，减少违法行为的发生。概言之，就是**"惩戒+预防+教育"**。

行政处罚的惩戒功能，是基于衡平正义，也称"因果报应法则"。惩戒功能，要求行政处罚与应受处罚行为侵害他人或社会国家法益的程度（也即危害后果）之间应当衡平，符合"过罚相当原则"，以实现个案正义。

行政处罚的预防功能，分为特别预防和一般预防。特别预防功能，即"改过自新"功能。要求执法机关和人员做到既使当事人接受行政处罚，又督促当事人改正违法行为，防止嗣后再犯。《行政处罚法》第6条规定："实施行政处罚，纠正违法行为，应当坚持处罚与教育相结合，教育公民、法人或者其他组织自觉守法。"同时，《行政处罚法》第28条第1款规定："行政机关实施行政处罚时，应当责令当事人改正或者限期改正违法行为。"从处罚的实际情况看，有时出现的只管处罚、不管纠正违法行为的情况是不符合法律要求的。因为如果当事人不"纠正违法行为"，处罚的特别预防功能就会落空。一般预防功能，即"以儆效尤"功能，要求行政处罚促使公民、法人或者其他组织守法，避免违反行政法上的义务。《行政处罚法》第6条中的“公民、法人或者其他组织”，不仅包括违法行为人，还包括其他社会成员。通过处罚违法者，可以使其他社会成员（包括试图违法者）懂法守法，增强法治观念，对试图违法者起到警诫的作用，遏制其他违法行为。

行政处罚的教育功能，是指行政处罚以其对违反法律法规行为的否定、处罚，教育公民、法人和其他组织自觉守法。同时，根据《行政处罚法》第33条第3款的规定，对当事人的违法行为依法不予行政处罚的，行政机关应当对当事人进行教育。在实施行政处罚过程中的告知行政处罚的事实、理由和依据等程序，也对相对人起着教育的作用。

《国务院关于进一步贯彻实施〈中华人民共和国行政处罚法〉的通知》（以下简称《通知》）要求，依法全面正确履行行政处罚职能。行政机关要坚持执法为民，通过行政处罚预防、纠正和惩戒违反行政管理秩序的行为，维护公共利益和社会秩序，保护公民、法人或者其他组织的合法权益，不得违法实施行政处罚，不得为了处罚而处罚，坚决杜绝逐利执法，严禁下达罚没指标。因此，在行政执法过程中，要准确理解行政处罚的目的和功能，准确把握行政执法工作的定位，切实提高思想认识。在部署工作、监督指导、考核评估中要围绕中心工作注重执法办案数量和质量，更要注重行政执法的法律效果、社会效果和政治效果，防止片面追求处罚数量和罚没收入。

第三节　行政处罚的原则

所谓行政处罚的基本原则，是指作为行政处罚法律规则基础的原理或准则，是设定和实施行政处罚所必须遵守的法律准则。[①]它

---

① 应松年、刘莘主编：《行政处罚法理论与实务》，中国社会出版社1996年版，第22页；周佑勇：《行政法原论》，中国方正出版社2000年版，第221页。

是行政处罚制度和活动的本质、精神及其特点的概括和反映，[①]在行政处罚法律规则中占据主导地位。行政处罚的基本原则具有基础性和根本性、宣示性和指导性、全面性和贯穿性。[②]《行政处罚法》第4条至第7条，是对行政处罚基本原则的规定。

一、处罚法定原则

行政处罚法定原则，是行政处罚最重要的原则。行政处罚涉及公民的人身、财产权利，必须有明确的法律依据并且严格按照法定程序进行。行政处罚法定原则是行政法的合法原则或行政法治原则在行政处罚领域的集中表现。行政处罚法定原则可分解为以下几个方面的要求。

（一）主体法定

主体法定，即实施行政处罚的主体及其职权是法定的。实施行政处罚的主体是行政机关，但不是所有的行政机关都有行政处罚权。行政机关是否拥有行政处罚权、拥有多大的行政处罚权，要视法律、法规和规章的具体规定而定。行政处罚由具有行政处罚权的行政机关在法定权限范围内实施；法律、法规授权的具有管理公共事务职能的组织可以在法定授权的范围内实施行政处罚；受委托组织在委托范围内以委托行政机关的名义实施行政处罚，受委托组织本身不是行政处罚的主体。也就是说，**只有法律、法规、规章规定有权行使行政处罚权的行政机关和法律、法规授权行使行政处罚权的组织才可作为行政处罚的主体，其他任何机关、组织和个人都不得作为行政处罚主体行使行政处罚权。**负责管理行政机关内部事务，不与行政相对人直接接触的机关一般也没有行政处罚权。

---

① 冯军：《行政处罚法新论》，中国检察出版社2003年版，第101页。

② 关保英主编：《行政处罚法新论》，中国政法大学出版社2007年版，第13—17页。

（二）依据法定

依据法定，即行政处罚的依据必须是法定的。公民、法人或者其他组织违反行政管理秩序的行为，必须是依照法律、法规或者规章明文规定应予行政处罚的，才应当给予行政处罚；没有法律、法规或者规章的明文规定，任何行政机关或者其他组织都不得实施行政处罚。同时需要注意的是，《行政处罚法》规定了“不予行政处罚”的情形，如“不满十四周岁的未成年人有违法行为的”“违法行为轻微并及时改正，没有造成危害后果的”“当事人有证据足以证明没有主观过错的”等，不能给予行政处罚。**根据《行政处罚法》第38条第1款的规定，行政处罚没有依据的，行政处罚无效。**

（三）对象法定

对象法定，是指给予行政处罚的对象是公民、法人或者其他组织实施的违反行政管理秩序的行为。

第一，违反行政管理秩序的行为是行政相对人，即公民、法人或者其他组织实施的。行政机关与其公务员之间的内部关系，不适用行政处罚。其中，公民是指具有中华人民共和国国籍的人，即中华人民共和国公民，例外情况下也包括处在行政相对人地位的，在中华人民共和国领域内有违法行为的外国人、无国籍人等。法人是指依法成立的，有一定组织机构、住所和独立的财产，并能以自己的名义享有民事权利、承担民事义务的社会组织，包括企业事业组织、社会团体等。行政机关违反行政管理秩序的，也可以成为行政处罚的对象。但基于节省行政成本的考虑，通过内部管理能够处理的，原则上通过责令改正、内部通报等形式处理。[①]其他组织一般

---

① 袁雪石：《中华人民共和国行政处罚法释义》，中国法制出版社2021年版，第19页。

指一些非法人组织。

第二，行为人实施了违反行政管理秩序的行为。行政管理秩序，是法律以及在法定权限内制定的、内容不与宪法法律相抵触的法规和规章所规范的行为规则及社会秩序。行为人实施的违反行政管理秩序的行为，是客观存在的侵犯行政管理秩序的违法行为。

第三，行为人实施的违反行政管理秩序的行为是应当给予行政处罚的。违反行政管理秩序的行为，并非全部应给予行政处罚，应当区分不同情况作出不同的处理。如果违反行政管理秩序的行为十分严重，构成犯罪的，应当根据《刑法》的规定给予刑事处罚，不能以罚代刑。一般来讲，违法行为构成犯罪，首先应当追究刑事责任。如果人民法院已经判了罚金，行政机关就不能再处罚款；如果行政机关已经先处以罚款，那么法院判处罚金时，罚款就要折抵相应的罚金。又如，如果法院已经判了徒刑，就不能再处行政拘留；如果已先处了行政拘留，那么判处徒刑时就要折抵相应的刑期。但是，在某种情况下，判了刑罚后，还需要给予行政处罚，如吊销当事人的执照或者许可证，因为这是专属于行政机关的职权。还要注意的是，并不是所有的违法行为都要给予行政处罚。对于违法行为轻微并及时改正，没有造成危害后果的，不予行政处罚；初次违法且危害后果轻微并及时改正的，可以不予行政处罚；依法不予行政处罚的，行政机关应当对当事人进行教育。

（四）程序法定

程序法定，即行政处罚应当由行政机关严格依照法定程序实施。法定程序既包括《行政处罚法》规定的程序，也包括其他行政法律关于程序的规定。根据《行政处罚法》第4条的规定，行政处罚的实体部分由法律、法规、规章规定，程序部分不能与《行政处罚法》规定的程序相抵触。例如，规章不能排除陈述、申辩、救济权的适用。[①]《行政处罚法》针对不同情况，规定了简易程序和一般程序，以及行政处罚如何执行等内容。违法事实确凿并有法定依据，对公民处以200元以下、对法人或者其他组织处以3000元以下罚款或者警告的行政处罚的，可以当场作出行政处罚决定；有涉及重大公共利益，直接关系当事人或者第三人重大权益且经过听证程序或者案件情况疑难复杂、涉及多个法律关系等情形的，必须经过法制审核；在作出行政处罚决定之前，要向当事人告知拟作出行政处罚的内容、事实、理由和依据，要听取当事人的陈述和申辩；拟作出重大的行政处罚决定（包括较大数额罚款，没收较大数额违法所得、没收较大价值非法财物，降低资质等级、吊销许可证件，责令停产停业、责令关闭、限制从业，其他较重的行政处罚和法律、法规、规章规定的其他情形），应当告知当事人有要求听证的权利，当事人要求听证的，行政机关应当组织听证。

二、处罚公正、公开原则

行政处罚公正原则是对处罚法定原则的重要补充。**处罚公正原则要求有权机关设定和实施行政处罚必须以违法行为的事实、性质、情节以及社会危害程度为依据，不得任意进行。**行政处罚公正原则是行政处罚法为保证行政主体及其执法人员合法、公正地实施行政处罚所设立的一道重要屏障。

（一）公正原则

行政处罚公正原则，是指行政处罚必须以事实为依据，以法律为准绳。处罚的轻重应与违法行为的事实、性质、情节以及社会危害程度相当，防止行政处罚的偏私和畸轻畸重。处罚公正原则，是处罚法定原则的重要补充。为了确保行政处罚体现公正原则，《行政处罚法》

① 袁雪石：《中华人民共和国行政处罚法释义》，中国法制出版社2021年版，第20页。

规定了若干具体措施。例如，规定对当事人的同一个违法行为，不得给予两次以上罚款的行政处罚；同一个违法行为违反多个法律规范应当给予罚款处罚的，按照罚款数额高的规定处罚；设定和实施行政处罚必须以事实为依据，与违法行为的事实、性质、情节以及社会危害程度相当；实行行政处罚与刑罚折抵制度；实行案件调查人员与处罚决定人员相分离的原则；设立回避制度；建立行政处罚裁量基准制度，统一行政处罚裁量尺度；设置处罚听证程序；等等。

处罚公正原则主要包含以下四个方面的内容。

1.过罚相当。法律设定行政处罚的目的是维护公共利益和行政管理秩序，而相对人违反行政管理秩序的行为表现各不相同，行为的危害程度和后果也不尽相同，这就有必要根据违法行为的性质、危害程度相应地设定和实施行政处罚。行政处罚作为法律制裁的主要形式之一，也必须遵循这一“阶梯规则”。那么，如何做到过罚相当？《行政处罚法》第5条第2款就是对“过罚相当”所作的高度概括，是法律首次对处罚公正原则内容进行的界定。有权机关在设定和实施行政处罚时必须贯彻执行。

行政处罚机关在实施行政处罚时应做到：首先，处罚的轻重程度与违法行为的事实、性质、情节以及社会危害程度相当。这要求行政机关及其执法人员根据案件的事实对行政违法行为的性质、情节、危害性大小有一个正确的认定和评价。评价正确，处罚就会轻重得当，否则，必然会失重失轻。**其次，处罚的从重、从轻、减轻或免除要与违法行为的事实、性质、情节以及社会危害性相当。《通知》明确要求，坚持行政处罚宽严相济。各地区、各部门要全面推行行政裁量基准制度，规范行政处罚裁量权，确保过罚相当，防止畸轻畸重。行政机关不得在未查明违法事实的情况下，对一定区域、领域的公民、法人或者其他组织“一刀切”地实施责令停产停业、责令关闭等行政处罚。**

2.正确行使自由裁量权。在行政处罚立法中，给行政机关一定的自由裁量权，使之灵活地运用自己的权力，这也符合现代行政的要求，**但要做到公平正直，没有偏私，不能滥用自由裁量权，影响行政的权威**。首先，实施行政处罚，必须基于行政管理的目的，处罚动因应符合立法和行政目的，不得徇私枉法，不得有任何偏私。实施处罚不能对相同违法行为实施不相同的处罚，对不相同行为实施相同的处罚。行政机关实施处罚不能有不正当的目的，如为了增加行政收入而进行处罚或重罚，更不能出于打击报复发泄私愤等目的而加重处罚。其次，实施行政处罚，其具体形式应和违法行为的事实、情节以及对社会的危害程度相适应，必须坚持罚当其害。在实施处罚时，实施机关不能因被处罚人的政治地位、个人出身、社会背景等因素而加重或减轻甚至免予处罚。最后，实施行政处罚，必须合乎理性，不能违背常理常规，不能违背共同道德和价值。

3.以事实为依据。以事实为依据，是实事求是原则在行政执法工作中的体现。**行政机关在处理违法行为时，应当依照《行政处罚法》以及有关法律规定的程序进行调查，认定客观存在的事实，切忌主观性、片面性**。要全面了解违法事实的情况、经过及原因，尽可能多地依法取得证据。将违法事实调查清楚，就有了正确实施行政处罚的基础，一方面能够适当地给予违法当事人行政处罚，另一方面也为以后可能出现的行政复议或者行政诉讼做准备。这一原则在《行政处罚法》总则中有明确规定，在其他条款中也有所体现。

4.相同情况相同对待。**行政处罚主体对于具有相同或类似行政违法行为的相对人，应当给予大致相同的行政处罚**，这是宪法中法律面前人人平等原则的具体要求。只有这样，行政处罚才能获得社会的认同。在实施行政处罚过程中，要充分体现法律面前人人平等的原则精神，任何人都不应当有法外特权，不论何人只要其行为违反了行政法律规范都应当受到相应的行政处罚，从而真正体现社会主义民主和法治的平等性。

实践中，要注意行政处罚显失公正的问题。所谓显失公正，是指行政机关及其工作人员和法律、法规授权的组织在法律、法规规定的范围和幅度内，所作出的行政行为明显不适当。也就是说，该行政处罚决定虽然在形式上合法，但是存在明显的不合理性。行政处罚明显不合理、不恰当违背了法律、法规设立行政处罚的目的，是不合法的行政处罚。**行政处罚显失公正主要有以下几种情形：一是同责不同罚。**法律面前人人平等是我国法律的一项基本原则，对公民、法人或者其他组织违反法律、法规的行为，性质、情节相同的，应当给予相同的行政处罚，否则会损害行政机关的权威。**二是同一案件中，重责轻罚或者轻责重罚。**这将使得被处罚者难以心服口服，甚至产生对抗的心理，不仅不能解决问题，还会激化矛盾，对社会稳定造成不利影响。**三是未考虑应当考虑的因素。**未考虑应当考虑的因素是指行政主体在作出具体行政行为时，没有考虑到基本的法定因素或者一般的常理因素，如违法情节、认错态度、是否过失等。**四是反复无常。**行政主体及其工作人员对同一案件在情势未发生变化的情况下，根据自己的情绪或好恶无标准地反复变化，无视法律、法规的严肃性，使行政相对人无所适从。

（二）公开原则

公开是确保权力正当行使的基本条件，是防止权力滥用的绝佳手段。**行政处罚公开原则是公正原则的必然要求和必要保障。**行政处罚公开原则是指行政处罚的依据、过程和决定等都应公开，它的具体内容包括以下几个方面。

1.行政处罚的依据必须公开。一方面，行政处罚的依据必须事先向社会公开。公开是法的本质所在，是法生效不可缺少的要件之一。法的规范作用必须以公众了解为前提，否则就失去了其存在的理由和基础。因此，**《行政处罚法》第5条第3款规定："对违法行为给予行政处罚的规定必须公布；未经公布的，不得作为行政处罚的依据。"**另一方面，行政处罚的依据必须向受处罚人公开。行政机关在作出行政处罚决定前，应当告知当事人拟作出行政处罚决定的内容、事实、理由和依据。《行政处罚法》将处罚依据是否向受处罚人公开作为处罚决定是否合法有效的要件之一。如果行政主体及其执法人员在作出行政处罚决定之前，未依法告知受处罚人给予处罚的理由和依据，处罚决定就不能成立。

2.行政处罚程序必须公开，即处罚过程必须公开。程序公开原则，可以防止行政机关采用武断的、专横的程序。它对于提高公众对行政机关的信任度，促进执法人员廉洁自律具有不可低估的作用，同时也便于公众监督行政机关及其工作人员依法行政。公开原则在行政处罚过程中主要通过以下制度加以体现：（1）表明身份制度。行政执法人员通过出示执法身份证件，公开表明自己的身份，使相对人了解其身份及其执法内容。（2）告知制度。行政机关在作出处罚决定之前，应当告知当事人拟给予处罚的内容、事实、理由和依据，并告知当事人享有的权利。（3）陈述、申辩制度。公民、法人或者其他组织对行政机关所给予的行政处罚，享有陈述权、申辩权；行政机关不得因当事人陈述、申辩而给予更重的处罚；非现场执法的，行政机关应当采取信息化手段或者其他措施，为当事人查询、陈述和申辩提供便利，不得限制或者变相限制当事人享有的陈述权、申辩权。（4）听证制度。行政机关拟作出较大数额罚款，没收较大数额违法所得、没收较大价值非法财物，降低资质等级、吊销许可证件，责令停产停业、责令关闭、限制从业，以及其他较重的行政处罚，或者在法律、法规、规章规定的其他情形下，应当告知当事人有要求听证的权利时，应当告知当事人有要求听证的权利，当事人要求听证的，行政机关应当组织听证。并且，除涉及国家秘密、商业秘密或者个人隐私依法予以保密外，听证应公开举行。

3.行政处罚结果必须公开。**《行政处罚法》第48条第1款规定，具有一定社会影响的行政处罚决定应当依法公开。**行政主体及其执法人员无论是依据简易程序还是一般程序作出行政处罚决定，都必须采取书面形式，即制作行政处罚决定书，并在宣告后当场交付或送达当事人。

三、处罚与教育相结合原则

处罚与教育相结合，不仅是行政处罚应坚持的一项原则，还是执法和司法领域普遍适用的一项原则。行政处罚不仅要惩罚违法行为人，也要通过执法部门的宣传教育，督促违法行为人吸取教训，不再实施违法行为，同时教育其他公民、法人或者其他组织增强法治观念，自觉守法。行政机关保障法律贯彻实施的手段之一就是对违法行为实施行政处罚，但给予行政处罚，绝不单纯是为了惩罚。**只有坚持处罚与教育并重的原则，才能真正达到处罚的目的。**

2021年修订的《行政处罚法》，在体现处罚与教育相结合原则方面作出了许多新的规定。一方面，**加大了执法力度，**以解决重大违法行为违法成本低、惩处力度不够的问题：一是增加了限制开展生产经营活动、责令关闭、限制从业等比罚款更重的处罚种类，体现了维护经济秩序的需要。二是明确要求没收违法所得。在第28条第2款明确规定"当事人有违法所得，除依法应当退赔的外，应当予以没收。违法所得是指实施违法行为所取得的款项"。这是在法律上第一次明确适用处罚种类的一般原则，也就是说行政执法机关实施处罚时凡是有违法所得的，除应当退赔的外，都要没收，以体现违法不能得利的原则。同时也是第一次在法律上明确违法所得是实施违法行为所取得的款项，这也加大了违法的成本。[①]三是加大了重点领域处罚力度，规定涉及公民生命健康安全、金融安全且有危害后果的，行政处罚追责期限由两年延长至五年，体现了对人民群众生命健康和金融安全的保护。这些规定是对严格执法的新要求，需要行政执法机关结合各自执法实际抓紧完善有关处罚适用规则，加大对严重违法行为的惩戒力度，坚决制止和纠正侵犯人民群众权益、危害经济社会秩序、损害公

---

① 赵振华：《新修订的〈行政处罚法〉对行政执法的新要求》，载《中国司法》2021年第4期。

共利益和国家安全的违法行为，确保行政执法有力度。

另一方面，**保障了执法“温度”，**实行无错不罚、小错轻罚：一是规定“首违不罚”、无主观过错不罚，体现行政执法的价值决非“为罚而罚”，而是要达到预防违法的实际效果；二是进一步明确了从轻减轻处罚的规则，为行政执法机关在执法实践中综合考虑违法行为的社会危害性等因素直接作出从轻减轻处罚提供了法律依据，为执法人员公正执法提供了法律保障；三是增加从旧兼从轻适用规则，有利于行政机关实施有效管理，也有利于现行法律法规的有效实施。

处罚与教育相结合原则具有以下三层含义。

1.实施行政处罚与纠正违法行为是不可分割的，不能单纯为了处罚而处罚。这要求执法机关和人员必须做到既使当事人接受行政处罚，又督促当事人改正违法行为。**《行政处罚法》第28条第1款提出了具体的要求，“行政机关实施行政处罚时，应当责令当事人改正或者限期改正违法行为”。**从处罚的实际情况看，只管处罚、不管纠正违法行为的情况是不符合法律要求的，应当依法防止和纠正。不要求当事人“纠正违法行为”，教育的手段和作用就不能使用和发挥出来。

2.通过行政处罚教育公民、法人或者其他组织守法。一方面，从当事人的角度来说，处罚与教育通过两种方式结合，实现特殊预防的目的（防止当事人自己再次违法）。一种方式是通过实施处罚使当事人受到制裁，在受制裁中受到教育，不仅使当事人知其然，而且知其所以然。就是说，处罚的本身就是一种教育，通过直接的处罚使当事人的利益受到影响达到教育当事人的目的。另一种方式是处罚的过程始终贯穿着教育。另一方面，从更广阔的对象理解，通过对违法者的处罚，可以使其他社会成员（包括潜在违法者）懂法、理解法，增强法治观念，起到警诫的作用，遏制其他违法行为。

3.教育必须以处罚为后盾，同时教育也不能代替处罚。为了达到制止并预防违法的目的，对受处罚的违法行为，应当既给予处罚，也给予教育，两者不可偏废。《行政处罚法》第30条是对未成年人的特别规定，第32条和第33条是对从轻或者减轻行政处罚和不予行政处罚等的规定，都体现了处罚与教育相结合原则。在处罚与教育相结合原则中，教育是处罚的目的和基础，处罚是教育的手段和保证。两者相辅相成，缺一不可。因此，**要防止两种错误倾向：一种是对违法行为简单处罚了事，“不教而诛”；另一种是以教代罚。**

四、处罚救济原则

处罚救济原则，是行政处罚合法、公正行使的事中保证和事后补救措施，也称“相对人救济权利保障原则”。公民、法人或其他组织对行政机关给予的行政处罚，依法享有陈述权、申辩权；对行政处罚不服的，有权依法申请行政复议或者提起行政诉讼。

（一）公民、法人或其他组织享有陈述、申辩的权利

陈述，是指当事人为自己的行为进行客观描述和说明；申辩，是指当事人为自己的行为申述理由和辩解。

《行政处罚法》第五章“行政处罚的决定”对当事人陈述权、申辩权的具体内容有着比较全面的规定：一是告知制度，行政机关在作出行政处罚决定之前，应当告知当事人拟作出的行政处罚内容及事实、理由、依据，并告知当事人依法享有的陈述、申辩、要求听证等权利。二是听取意见制度，当事人有权进行陈述和申辩，内容包括违法事实存在与否、主观状态、情节轻重、处罚是否适当等。行政机关必须充分听取当事人的意见，对当事人提出的事实、理由和证据，应当进行复核；当事人提出的事实、理由或者证据成立的，行政机关应当采纳。三是听证制度，对于对相对人权利义务影响较大的行政处罚，行政机关应当告知当事人有要求听证的权利，当事人要求听证的，行政机关应当组织听证，并根

据听证笔录作出决定。四是对陈述、申辩权的保障制度，包括行政机关应采取信息化手段或者其他措施，为当事人查询、陈述和申辩提供便利，不得因当事人陈述、申辩而给予更重的处罚。所谓“更重的处罚”，是指不得重于《行政处罚法》第44条规定的“拟作出的行政处罚”。

《行政处罚法》之所以赋予公民、法人或其他组织陈述、申辩的权利，一是公正、公开原则的要求。《行政处罚法》第5条规定，行政处罚遵循公正、公开的原则。行政处罚公正原则要求行政机关公平、合理地对待行政相对人和处理行政管理事项，具体包括实体公正，即行政行为在内容上须不徇私情、不存偏见、不武断专横，以及程序公正，即行政机关在作出行政行为时，必须遵循形式上符合正义要求的程序，包括不做自己案件的法官、不单方接触，作出不利决定前应听取相对人的意见。陈述、申辩的权利正是前述公正原则的反映，其要求行政机关在作出行政处罚决定前应事先通知相对人，并听取相对人对有关事实、理由的陈述、解释或申辩，同时行政机关也应对这些陈述和申辩进行适当的考量，不能先入为主。行政公开原则要求行政机关公开行政行为的内容、过程和相关信息，充分保障相对人的知情权。陈述、申辩的权利意味着行政机关在作出行政处罚前必须告知相对人相关的信息，听取其意见，并说明拟作出处罚的依据和理由，从而契合行政处罚公开原则的要求。

二是尊重和保障人权的要求。我国《宪法》第33条规定，国家尊重和保障人权。在行政管理特别是行政处罚领域，行政机关与相对人之间并不处于完全对等的地位，行政机关作为公权力机关，有权依法对相对人实施一定的制裁，相对人有服从的义务。但这并不意味着行政机关在行政处罚的实施中有“高人一等”的地位。相对人对于行政机关的事实认定和法律适用是否正确，可以提出自己不同的意见，亦可提出自己的主张和要求，并提供相关的证据。**《行政处罚法》第45条第2款规定，“行政机关不得因当事人陈述、申辩**

而给予更重的处罚”，强调了陈述和申辩是当事人的正当权利，行政机关不得剥夺、限制或变相剥夺、限制。

三是提高行政机关公信力的要求。《中共中央关于全面深化改革若干重大问题的决定》提出，要“增强政府公信力和执行力，建设法治政府和服务型政府”。行政处罚作为行政机关在行政管理中的一项重要活动，同时也是对相对人权利义务产生直接影响的活动，其实施是否合法公正直接关系到广大人民群众对政府的看法。在行政处罚中设置更为全面的程序保障，使行政机关能够直接听取当事人的意见，甚至广泛听取各方面的意见，有利于行政机关全面、客观、公正地查明案件事实，从而作出合法、公正的处罚决定，亦有利于形成公民参与行政决定、监督行政执法的良好机制，强化行政机关及其执法人员的自我约束与监督，最大限度地避免权力滥用，确立广大民众对行政机关的信赖。陈述、申辩权利的确立有助于行政机关及时发现原先决定中可能存在的错误，及时予以纠正，也有助于相对人更好地理解和服从最终的处罚决定，从而减少因此产生的纠纷，从总体上确保行政权行使的效率。

（二）公民、法人或其他组织享有申请行政复议和提起行政诉讼的权利

行政复议与行政诉讼是监督行政机关和对行政相对人施以救济的重要方式。行政复议指的是公民、法人或者其他组织认为行政行为侵犯其合法权益，向行政机关提出复议申请，行政机关依法受理，进行重新审查，并依法作出复议决定的活动。现行《行政复议法》第6条规定：“有下列情形之一的，公民、法人或者其他组织可以依照本法申请行政复议：（一）对行政机关作出的警告、罚款、没收违法所得、没收非法财物、责令停产停业、暂扣或者吊销许可证、暂扣或者吊销执照、行政拘留等行政处罚决定不服的……”该规定明确各类行政处罚属于行政复议的范围。行政诉讼则是指公民、法人

或其他组织认为行政行为侵犯其合法权益，依据《行政诉讼法》的规定向人民法院提起诉讼，人民法院依法对行政行为是否合法等进行审查的活动。《行政诉讼法》第12条规定：“人民法院受理公民、法人或者其他组织提起的下列诉讼：（一）对行政拘留、暂扣或者吊销许可证和执照、责令停产停业、没收违法所得、没收非法财物、罚款、警告等行政处罚不服的……”亦明确将行政处罚纳入受案范围。需要指出的是，可以提起行政复议或行政诉讼的公民、法人或其他组织并不仅限于被处罚人，与行政处罚结果有利害关系的主体，如行政违法行为的受害者，认为行政机关未依法对违法者施以行政处罚，或者认为行政机关所作出的处罚决定过轻的，同样可以依法提起行政复议或行政诉讼。

（三）公民、法人或其他组织享有申请行政赔偿的权利

行政赔偿是指行政机关及其工作人员在行使职权过程中违法侵犯公民、法人或其他组织的合法权益并造成损害，国家对此承担的赔偿责任，其与司法赔偿均属于国家赔偿的一部分。我国《宪法》第41条第3款规定：“由于国家机关和国家工作人员侵犯公民权利而受到损失的人，有依照法律规定取得赔偿的权利。”这一方面有利于保障公民、法人和其他组织的合法权益，使其已经遭受侵害的权利得以恢复和补救；另一方面也可以有效地监督和促进国家机关依法行使职权，提升国家机关及其工作人员的责任心和使命感，减少和防止侵权现象的发生。《国家赔偿法》第3条规定：“行政机关及其工作人员在行使行政职权时有下列侵犯人身权情形之一的，受害人有取得赔偿的权利：（一）违法拘留或者违法采取限制公民人身自由的行政强制措施的……”第4条规定：“行政机关及其工作人员在行使行政职权时有下列侵犯财产权情形之一的，受害人有取得赔偿的权利：（一）违法实施罚款、吊销许可证和执照、责令停产停业、没收财物等行政处罚的……”

根据《国家赔偿法》的相关理论与规定，“公民、法人或其他组织享有申请行政赔偿的权利”可从以下三个方面来理解：首先，公民、法人或者其他组织提出赔偿请求的前提，是行政机关违法实施行政处罚，包括违反行政处罚的主体要求、案件事实不清、主要证据不足、适用法律错误、违反法定程序等；其次，行政机关违法实施行政处罚，对公民、法人或其他组织造成损害，其违法行为与损害之间需存在因果关系；最后，对于损害赔偿范围，应以直接损失为原则，对于人身权损害的赔偿方式包括支付赔偿金、精神损害抚慰金，以及消除影响、恢复名誉、赔礼道歉等。对于财产权损害的赔偿方式包括返还财产、恢复原状、支付赔偿金和经常性费用开支等。

第四节　行政处罚与民事责任、刑事责任的关系

《行政处罚法》第8条对行政处罚与民事责任、刑事责任之间的关系予以了明确，有助于不同部门法之间的衔接和法律体系内部的协调。**在行政责任与民事责任的关系上，行政责任不能取代民事责任，不能因行为人已受到行政处罚，而减轻其应承担的民事赔偿责任。在行政责任与刑事责任的关系上，不能“以罚代刑”，也不能“以刑代罚”**。

一、行政处罚与民事责任的关系

民事责任是民事主体因违反其民事义务，诸如违反合同义务、侵害他人人身财产权利等而应当承担的法律责任。《民法典》第1165条第1款规定，“行为人因过错侵害他人民事权益造成损害的，应当承担侵权责任”。该规定明确了我国侵权责任上的过错责任原则。根据过错责任原则，侵权责任有违法行为、损害事实、因果关系和主

观过错四个要件。其中，违法行为指的是行为人实施的行为在客观上违反法律规定。《行政处罚法》的立法目的在于维护公共利益和社会秩序，保护公民、法人或者其他组织的合法权益，很多违法行为正是因其直接侵害公民、法人或其他组织权益而应受到行政处罚。例如《治安管理处罚法》第三章专设一节，对“侵犯人身权利、财产权利的行为和处罚”进行了规定，这些行为的实施者在受到行政处罚的同时，自然也应就其侵权行为给受害人造成的损害予以赔偿。

关于行政处罚中的罚款与民事责任之间的先后顺序，受处罚人无力同时承担罚款与民事赔偿责任的，应以民事赔偿责任为先。《民法典》第187条即规定，民事主体因同一行为应当承担民事责任、行政责任和刑事责任的，承担行政责任或者刑事责任不影响承担民事责任；民事主体的财产不足以支付的，优先用于承担民事责任。《公司法》第214条也规定，公司违反本法规定，应当承担民事赔偿责任和缴纳罚款、罚金的，其财产不足以支付时，先承担民事赔偿责任。刑事领域亦有类似规定，例如《最高人民法院关于适用〈中华人民共和国刑事诉讼法〉的解释》第527条规定，被判处财产刑，同时又承担附带民事赔偿责任的被执行人，应当先履行民事赔偿责任。

二、行政处罚与刑事处罚的关系

行政处罚与刑事处罚之间的关系涉及的是法条竞合问题。行为人的某一行为，可能既违反行政法规范中的某一规定，又触犯刑法中的某条规定，从而产生了行政处罚与刑罚的竞合。同时，同一种违法行为，在其情节较轻时可能是行政违法行为，在其情节较重时又可能构成刑事犯罪，这就会导致诸如行政机关先处理案件，但在处理过程中发现其情节已经构成犯罪，需要移送给司法机关，或者司法机关在处理时发现案件情节较轻需要移送给行政机关的情形。对于这些情况，需要注意以下四点。

第一，应当给予刑事处罚的，不得以行政处罚代替刑事处罚。

违法行为涉嫌犯罪的，行政机关应当及时将案件移送司法机关，依法追究刑事责任。行政处罚实施机关与司法机关之间应当加强协调配合，建立健全案件移送制度，加强证据材料移交、接收衔接，完善案件处理信息通报机制。对于行政机关应当依法移交司法机关追究刑事责任的案件不移交，以行政处罚代替刑事处罚的，由上级行政机关或者有关机关责令改正，对直接负责的主管人员和其他直接责任人员依法给予处分；情节严重构成犯罪的，依法追究刑事责任。那么，如何判断案件是否达到移送的标准？对此，《行政执法机关移送涉嫌犯罪案件的规定》第3条第2款规定："知识产权领域的违法案件，行政执法机关根据调查收集的证据和查明的案件事实，认为存在犯罪的合理嫌疑，需要公安机关采取措施进一步获取证据以判断是否达到刑事案件立案追诉标准的，应当向公安机关移送。"这一规定采用了主客观相结合标准，客观方面要求行政机关有初步的调查，即"调查收集的证据和查明的案件事实"，主观方面要求"认为存在犯罪的合理嫌疑"，且"需要公安机关采取措施进一步获取证据以判断是否达到刑事案件立案追诉标准"。尽管它针对的是知识产权领域，但对于其他领域也具有一定参考价值，有助于有案不移、有案难移、以罚代刑等问题的解决。[①]

第二，已经给予行政处罚的，在作出刑事处罚时，在罚金和刑期方面应根据《行政处罚法》第35条的规定予以折抵。

第三，行政处罚与刑事处罚之间并非完全相互排斥的关系。例如《公司法》第213条规定，利用公司名义从事危害国家安全、社会公共利益的严重违法行为的，吊销营业执照。第215条规定，违反本法规定，构成犯罪的，依法追究刑事责任。在此类情况下，行政处罚与刑事处罚可以并存。

第四，对于构成犯罪，但依法不需要追究刑事责任或者免除刑

---

① 袁雪石：《中华人民共和国行政处罚法释义》，中国法制出版社2021年版，第53页。

罚的，司法机关应当及时将案件移送有关行政机关，行政机关应依据行政法律规范的规定，对行为人施以相应的行政处罚。《刑法》规定，危害社会行为情节显著轻微危害不大的，不认为是犯罪；对于犯罪情节轻微不需要判处刑罚的，可以免予刑事处罚。但这里的情节轻微是对比犯罪行为而言的，不代表其行为不具有违法性，如果构成行政违法应施以行政处罚的，行政机关应继续履行实施行政处罚的职责。

典型案例

韩某某与北京市公安局公安交通管理局海淀交通支队黄庄大队行政处罚与行政复议案[①]

案情简介：

韩某某驾驶的小型汽车因违反机动车排放标准限制通行规定，三次被交通技术监控设备记录。中关村交通大队根据交通技术监控设备固定的证据，认定韩某某实施了违反机动车排放标准限制通行规定的违法行为，适用简易程序，决定对韩某某的上述违法行为合并处以罚款300元。韩某某不服，向海淀区政府提起行政复议。海淀区政府决定维持中关村交通大队作出的被诉处罚决定。韩某某遂向法院提起行政诉讼，请求判决撤销被诉处罚决定和被诉复议决定，并请求审查行政处罚所依据的规范性文件的合法性。

法院认为：第一，本案中，行政处罚所依据的“京环发〔2016〕29号通告”系市环保局会同市交通委、市交管局联合制定，并经北京市人民政府批准后实施，制定主体、内容和程序均符合《北京市

① 北京市第一中级人民法院（2018）京01行终147号行政判决书。案件来源于中国裁判文书网。

大气污染防治条例》的相关规定，可以作为认定被诉处罚决定合法的依据。第二，本案属于非现场处罚。根据中关村交通大队提交的交通技术监控设备拍摄的影像截图，结合涉案车辆为国Ⅱ排放标准的事实，可以认定韩某某驾驶涉案车辆违反机动车排放标准限制通行规定上路行驶。第三，《道路交通安全违法行为处理程序规定》（2008修订）[①]第48条第1款规定："一人有两种以上违法行为，分别裁决，合并执行，可以制作一份行政处罚决定书。"中关村交通大队对韩某某的3次违法行为作出合并罚款共计300元的行政处罚，符合相关法规、规章的规定，并无不当。第四，中关村交通大队在对韩某某进行行政处罚的过程中，履行了告知、作出处罚、送达等行政程序。中关村交通大队作出的被诉处罚决定认定事实清楚，适用法律法规正确，处罚额度适当。海淀区政府在行政复议审查过程中，履行了受理、审查、作出复议决定、送达等行政程序，符合法律规定。故此，案件经一、二审，法院判决驳回韩某某的诉讼请求。

案例评析：

行政处罚法定原则是行政处罚最重要的原则，它是行政法的合法原则或行政法治原则在行政处罚领域的集中表现。行政处罚法定原则可分解为主体法定、依据法定、应受行政处罚的行为法定、程序法定几个层面。本案中，主要争议有三点：第一，案涉行政处罚的依据——"京环发〔2016〕29号通告"系规范性文件，是否可以作为行政处罚的法定依据；第二，相应地，原告韩某某违反机动车排放标准限制通行规定驾车上路行驶的行为是不是应受行政处罚的行为；第三，三次违法行为合并执行并制作一份行政处罚决定书是否符合法定程序。一、二审法院围绕这些争点进行认真审查后作出的判决，令人信服。

---

① 本规定于2020年进行了修改。

思考题

1.《行政处罚法》定义的行政处罚是什么？这一定义具有怎样的意义和作用？

2.行政处罚与行政强制的区别有哪些？

3.行政处罚的哪些原则在听证制度中得到了体现？

4.你在实际工作中，遇到过行政处罚与民事赔偿、刑事处罚并处的情况吗？如果遇到了，应当如何处理？

5.应从哪些方面着手，切实解决实践中“有案不移”“有案难移”“以罚代刑”等问题？

第二章　行政处罚法导论

本章知识要点

□ 1996年《行政处罚法》制定的背景、主要考虑和重要内容

□ 2021年《行政处罚法》修订的背景、主要考虑和重要内容

第一节　行政处罚法的立法沿革

一、《行政处罚法》的制定

（一）《行政处罚法》的制定背景

我国早期有关行政处罚的立法，有两种形式。一种是在单行法律、法规中规定行政处罚。例如《药品管理法》《食品卫生法》《水法》《草原法》《森林法》《土地管理法》《海关法》《环境保护法》等法律和《城市规划条例》《森林法实施细则》等法规中，都规定了行政处罚。另一种是通过制定专门性法律、法规、规章等，来规定行政处罚。其中，法律包括1986年《治安管理处罚条例》，法规包括国务院制定的《投机倒把行政处罚暂行条例》，规章包括海关总署制定的《海关法行政处罚实施细则》，原林业部制定的《违反森林法行政处罚暂行办法》，原国家教委制定的《普通高等学校招生管理处罚暂行规定》，中国人民银行、原监察部制定的《金融稽核检查处罚规

定》等。不少地方也就行政处罚的具体实施作出了规定，例如，山西省政府制定的《山西省食品卫生监督行政处罚办法（试行）》、湖南省政府制定的《违反〈中华人民共和国食品卫生法（试行）〉行政处罚暂行办法》等。

分析早期关于行政处罚的立法可知，行政处罚的领域，大致包括违反治安管理的处罚，违反工商行政管理的处罚，违反财税管理的处罚，违反农林、土地、水利、资源管理的处罚，违反环境保护的处罚，违反文教、卫生、科学、技术处理的处罚等；行政处罚的种类，主要包括警告、拘留、罚款、没收、取消特许的权利、停止营业、劳动教养等；①行政处罚的程序，主要包括立案、调查、审理和裁决、复议、结案等环节，以及简易程序。②

这些立法工作，为行政机关的执法行为提供了依据，对行政处罚制度的系统化和规范化具有重要意义。但客观来看，也存在一些突出问题：一是行政处罚的设定权不明确，有些行政机关随意设定行政处罚；二是执罚主体混乱，不少没有行政处罚权的组织和人员实施行政处罚；三是行政处罚程序缺乏统一明确的规定，缺少必要的监督、制约机制，随意性较大。③这些问题直接导致了行政处罚中的“软”“乱”“滥”等现象，④既影响了政府形象，也损害了人民群众的合法权益。

1987年，国务院法制局着手分析、研究行政处罚在立法和执法实践中存在的问题；1989年，开始起草行政处罚条例；1990年，开始起草行政处罚法。1992年，全国人民代表大会常务委员会认为，行政处罚直接涉及公民基本权利，需要上升为法律的形式来

---

① 苏尚智：《我国的行政处罚》，载《政治与法律》1986年第3期。

② 叶必丰：《论行政处罚的程序》，载《法学评论》1990年第4期。

③ 曹志：《关于〈中华人民共和国行政处罚法（草案）〉的说明》，1996年3月12日在第八届全国人民代表大会第四次会议上。

④ 应松年：《〈行政处罚法〉与依法治国、依法行政》，载《行政法学研究》1996年第3期。

制定，将《行政处罚法》列入立法规划。[①]在立法过程中，针对立法的名称与结构、行政处罚的设定权、行政处罚的程序、综合执法机构的设立等问题，各方进行了激烈讨论。经过多方调研与征求意见，以及对立法草案进行多轮审议修改之后，最终在1996年3月17日，第八届全国人民代表大会第四次会议通过了《行政处罚法》。

《行政处罚法》是继《行政诉讼法》之后，我国行政法律体系中的又一部基本法律。该法明确了行政处罚的设定权，规定限制人身自由的处罚只能由法律规定，并对行政法规、地方性法规和规章的行政处罚设定权进行了严格限制，明确了不同类型行政处罚实施主体的权力界限，确立了“一事不再罚”等重要法律原则，在很大程度上解决了实践中较为突出的行政处罚“软”“乱”“滥”等问题，开创了从设定与实施两个方面规范行政权的立法模式，初步确立了中国式“阶层化”的法律保留制度，并且在立法中首次规定听证程序，将正当程序原则制度化、法律化。上述规定开了我国立法上的先河，并在后来的《立法法》以及《行政许可法》《行政强制法》等重要法律中不断得到体现。可以说，**《行政处罚法》的颁布在我国行政法治，乃至整个法治建设进程中具有里程碑式的意义。**

（二）《行政处罚法》的立法目的与制定依据

《行政处罚法》第1条规定，“为了规范行政处罚的设定和实施，保障和监督行政机关有效实施行政管理，维护公共利益和社会秩序，保护公民、法人或者其他组织的合法权益，根据宪法，制定本法”。这一规定明确了《行政处罚法》的立法目的与制定依据。

1.《行政处罚法》的立法目的

《行政处罚法》的立法目的主要包括两个方面：一方面是规范行

---

① 汪永清编著：《行政处罚法适用手册》，中国方正出版社1996年版，第279页。

政处罚的设定与实施，保障和监督行政机关有效实施行政管理；另一方面是保护公民、法人或者其他组织的合法权益。具体体现在以下四个方面。

一是规范行政处罚的设定和实施。行政处罚是一种典型的侵益性行政行为，可以直接限制或者剥夺违法行为人的人身自由、市场准入、生产经营和财产等权利，必须予以严格限制。《行政处罚法》不仅规范行政机关实施行政处罚的具体行政行为，而且规范立法机关与行政机关对行政处罚的条件、手段、幅度等进行设定的抽象行为。它对行政处罚的种类作了明确规定，对行政处罚的设定权作了严格规范，对行政处罚的实施机关、行政处罚的管辖与适用、行政处罚的决定程序、行政处罚的执行措施等内容作了详细规定。既为行政机关如何设定和实施行政处罚提供了完整的法律依据，也为规范行政处罚的设定和实施创建了坚实的制度基础。

二是保障和监督行政机关有效实施行政管理。制定《行政处罚法》以规范行政处罚的设定和实施，就是既要保障行政机关有效实施行政管理，也要对行政机关的执法活动进行监督。保障和监督实际上是一个问题的两个方面，监督也是为了保障行政机关正确行使职权，有效实施行政管理。《行政处罚法》规定，行政处罚由具有行政处罚权的行政机关在法定职权范围内实施，同时对授权处罚和委托处罚的内容作了明确规定，这既为行政机关和有关组织依法实施行政处罚、有效实施行政管理提供了法律保障，也避免和防止了实践中随意扩大处罚主体、不具备行政处罚权的行政机关和有关组织滥施处罚情形的发生。《行政处罚法》还规定了罚缴分离制度，以及对于行政处罚的内部监督与社会监督，充分体现了监督行政机关行使处罚权的目的。

三是维护公共利益和社会秩序。行政机关对违法行为人实施行政处罚的目的是制裁违法行为，同时预防违法行为的再发生，以维护公共利益和社会秩序。《行政处罚法》有多处规定体现了维护公共利益和社会秩序的立法目的，例如，明确规定当事人应当在行政处罚决定书载明的期限内，履行依法作出的行政处罚决定；为了保证行政机关有效实施行政处罚，赋予行政机关当场处罚权、保存证据权；等等。

四是保护公民、法人或者其他组织的合法权益。这也是《行政处罚法》立法宗旨的基本方面。①在整部法律中，涉及行政机关的权力与公民、法人或者其他组织的权益之间的权衡时，首先考虑的是公民、法人或者其他组织的合法权益；法律规范行政处罚的设定和实施，保障和监督行政机关有效实施行政管理，有效制裁违法行为，也正是为了维护公共利益和社会秩序，保护公民、法人或者其他组织的合法权益，包括行政处罚相对人和社会公众的合法权益。这种保护一方面体现在对行政处罚设定权与实施权的严格规范上，防止行政机关滥设、滥施行政处罚；另一方面体现在行政程序的规定上，保障当事人陈述、申辩与要求听证等权利。

2.《行政处罚法》的制定依据

《行政处罚法》系根据宪法制定的。《立法法》第3条规定，"立法应当遵循宪法的基本原则"。宪法是国家的根本法，是我国法律体系的基石，规定了国家的根本制度、公民的基本权利和义务、国家机构的组成和运行的基本原则等国家和社会生活最基本的问题，具有最高的法律效力和权威。《行政处罚法》作为行政执法与管理领域的通用性、基础性法律，亦应以宪法为根据，符合宪法的原则与精神。《行政处罚法》规范行政处罚的设定与实施，是对宪法所规定的一些原则的具体化。

其一是《宪法》第5条的规定。《宪法》第5条规定，"国家维护社会主义法制的统一和尊严。一切法律、行政法规和地方性法规

① 全国人大常委会法制工作委员会国家法室、行政法室编著：《〈中华人民共和国行政处罚法〉释义》，法律出版社1996年版，第1页。

都不得同宪法相抵触。一切国家机关和武装力量、各政党和各社会团体、各企业事业组织都必须遵守宪法和法律。一切违反宪法和法律的行为，必须予以追究。任何组织或者个人都不得有超越宪法和法律的特权”。《行政处罚法》中处罚法定、公正、公开等基本原则，正是反映了社会主义法治的要求，对于促进行政机关及其工作人员依法行政，自觉接受群众监督具有重要意义。

其二是《宪法》中有关国家职能的规定。《宪法》第一章“总纲”部分规定了国家对自然资源、土地、公共财产、私有财产、社会经济秩序、历史文化遗产、生活环境与生态环境等的保护，从而为特定领域的行政管理与执法活动提供了具体依据。

其三是《宪法》中有关公民基本权利的规定。《宪法》第37条规定，“中华人民共和国公民的人身自由不受侵犯”，这在《行政处罚法》上具体体现为，限制人身自由的行政处罚，只能由法律设定。同时，《行政处罚法》规定当事人享有陈述、申辩、要求听证等权利，也体现了对公民权利的尊重与保护。

二、《行政处罚法》的修订

（一）《行政处罚法》修订的时代背景

1996年《行政处罚法》的颁布意义重大，随着我国社会发展水平与法治建设的不断进步，《行政处罚法》中的部分规定也逐渐与现实需求之间出现了一定的落差，亟须引进新的执法方式与执法程序。2009年8月，《行政处罚法》进行了第一次修改，调整了所引用的刑法规定和治安管理处罚法的表述，以与其他立法的变动形成衔接；2017年9月，《行政处罚法》进行了第二次修改，增加了关于行政处罚决定法制审核的规定：“在行政机关负责人作出决定之前，应当由从事行政处罚决定审核的人员进行审核。行政机关中初次从事行政处罚决定审核的人员，应当通过国家统一法律职业资格考试取得法律职业资格。”

2018年9月，全国人大常委会公布《十三届全国人大常委会立法规划》。其中，《行政处罚法》的修改被列为第一类项目，即“条件比较成熟、任期内拟提请审议的法律草案”。此时距《行政处罚法》颁布已有22年，在这20余年里，我国依法治国与依法行政理念取得了重大发展。

其一，社会主义法治理念不断完善。党的十五大之后，我国完成了从“法制”向“法治”的转变，“依法治国，建设社会主义法治国家”被写入宪法。党的十八大之后，以习近平同志为核心的党中央创造性地提出了新时代全面依法治国的工作布局，明确要求坚持依法治国、依法执政、依法行政共同推进，坚持法治国家、法治政府、法治社会一体建设。党的十九大把“法治国家、法治政府、法治社会基本建成”确立为到2035年基本实现社会主义现代化的重要目标，开启了新时代全面依法治国新征程。

其二，行政体制改革进程不断深入。自改革开放以来，党和政府推行多轮行政体制改革工作，推进政府职能转变，提升政府工作效能。党的十八大之后，行政体制改革工作进一步向纵深推进，党的十八届三中全会作出了《中共中央关于全面深化改革若干重大问题的决定》，将完善和发展中国特色社会主义制度，推进国家治理体系和治理能力现代化作为全面深化改革的总目标，提出“必须切实转变政府职能，深化行政体制改革，创新行政管理方式，增强政府公信力和执行力，建设法治政府和服务型政府”，把全面深化改革与法治建设紧密结合。

其三，对行政权力的监督和约束机制不断加强，公民基本权利得到更加全面的保护。2004年，我国将国家尊重和保障人权写入宪法。《行政许可法》《行政强制法》等重要行政领域法律的制定，进一步规范了行政权力的运行。《行政复议法》《行政诉讼法》《国家赔偿法》的修改，完善了公民的救济渠道，促进了行政纠纷的实质性化解，行政机关及其工作人员的法治能力与意识不断提高。

其四，当前社会发展中出现各种新情况新问题，例如互联网技术的发展，以及新冠肺炎疫情防控带来的应急管理问题等，对行政机关的执法工作提出了新的要求和挑战。在这样的历史背景下，启动《行政处罚法》的修改程序，对于全面贯彻习近平法治思想，适应推进全面依法治国的需要，保障和监督行政机关依法实施行政处罚，保护公民、法人或者其他组织的合法权益，落实完善行政执法体制、严格规范公正文明执法的改革要求，推进国家治理体系和治理能力现代化具有重要意义。

（二）《行政处罚法》修订的指导思想与主要考虑

行政处罚法修改工作坚持以习近平新时代中国特色社会主义思想特别是习近平法治思想为指导，深入贯彻党的十九大和十九届二中、三中、四中、五中全会精神，适应推进全面依法治国的需要，落实完善行政执法体制、严格规范公正文明执法等内容，推进法治政府建设，推进国家治理体系和治理能力现代化。

《行政处罚法》修改工作主要把握以下几点：一是贯彻落实党中央重大决策部署，立法主动适应改革需要，体现和巩固行政执法领域中取得的重大改革成果。二是坚持问题导向，适应实践需要，扩大地方的行政处罚设定权限，加大重点领域行政处罚力度。三是坚持权由法定的法治原则，增加综合行政执法，赋予乡镇街道行政处罚权，完善行政处罚程序，严格行政执法责任，更好地保障严格规范公正文明执法。四是把握通用性，从《行政处罚法》是行政处罚领域的通用规范出发，认真总结实践经验，发展和完善行政处罚的实体和程序规则，为单行法律、法规设定行政处罚和行政机关实施行政处罚提供基本遵循。这些要求具体可从以下方面来理解。

一是要坚持重大改革于法有据。习近平总书记指出，凡属重大改革都要于法有据。在整个改革过程中，都要高度重视运用法治思维和法治方式，发挥法治的引领和推动作用，加强对相关立法工作的协调，确保在法治轨道上推进改革。[①]党的十八大以来，党中央先后通过《中共中央关于全面深化改革若干重大问题的决定》《中共中央关于全面推进依法治国若干重大问题的决定》《中共中央关于深化党和国家机构改革的决定》等重大决议，不断深化行政执法体制改革，将综合执法改革领域从城市管理逐步扩展到市场监管、生态环境、文化市场、交通运输、农业等多个领域，推进行政执法权限和力量向基层延伸和下沉，加大重点领域执法力度，创新执法方式，严格落实行政执法公示、执法全过程记录、重大执法决定法制审核"三项制度"。《行政处罚法》作为我国行政法律体系中的一部基本法律，需要以法律形式将既有的重大改革成果予以确认，并为今后改革的进一步深化提供法律依据，使党关于国家事务的主张经过法定程序转化为国家意志，实现党的主张与人民意志的统一。

二是要坚持法治原则。《中共中央关于全面推进依法治国若干重大问题的决定》指出，各级政府必须坚持在党的领导下、在法治轨道上开展工作。在行政处罚工作中坚持法治原则，是《行政处罚法》制定与修改的题中之义，也是完善社会主义法治、推进国家治理体系和治理能力现代化的必然要求。行政处罚法定原则是法治原则在行政处罚领域的集中体现，包括应受处罚的行为法定、实施行政处罚的依据法定、实施行政处罚的主体及其职权法定、处罚的程序法定等多重内涵。[②]要推进严格规范公正文明执法。严格意味着行政机关要切实履行自身职责，不能"不作为"，对于关系到重大公共

---

① 《在中央全面深化改革领导小组第二次会议上的讲话》（2014年2月28日），载《人民日报》2014年3月1日。

② 应松年、张晓莹：《〈行政处罚法〉二十四年：回望与前瞻》，载《国家检察官学院学报》2020年第5期。

利益和人民切身利益的领域要加大执法力度；不过严格执法必须以法律规定为前提和基准，不能超越法律范围侵犯当事人的权利；公正包含实体公正与程序公正，要求行政机关合理合法作出处罚决定，且在过程上符合正当程序原则，保障当事人的程序权利；文明意味着要采取适当执法手段，将处罚与教育相结合。以上四个方面相辅相成，《行政处罚法》正是为在行政处罚领域的严格规范公正文明执法提供了基本的依据和遵循。最后还要强化对权力运行的制约和监督机制，严格贯彻落实行政执法责任制和责任追究制度，加强对行政处罚工作的内部监督与外部监督。

三是要坚持《行政处罚法》的通用规范地位。就行政处罚的一般原则和规则作出统一规定，是《行政处罚法》起草的初心所在。[①] 在《行政处罚法》的实施中，单行法、地方立法中对行政处罚措施的创新举措，部分超越了《行政处罚法》中的既有规定，需要在修法时予以协调和规范。对此，**需要充分发挥《行政处罚法》在行政处罚实体与程序规范上的统领作用。**“行政处罚”是《行政处罚法》的核心术语，以概念界定为内涵，以行政处罚的分类为外延。对行政处罚的概念与分类进行明确，有助于增强《行政处罚法》调整对象的确定性，避免概念使用的泛化。同时，还要正确处理中央与地方的关系。《行政处罚法》在颁布时对中央和地方的行政处罚设定权进行了严格划分，目的在于维护行政处罚法律规范体系的统一性，防止行政处罚过多过滥的问题。不过随着实践的深入，地方性事务的特殊性和多样性也受到了重视。党的十九大报告将赋予省级及以下政府更多自主权作为深化机构和行政体制改革的重要内容；党的十九届四中全会把“健全充分发挥中央和地方两个积极性体制机制”作为推进国家治理体系和治理能力现代化的重要内容。2018

① 章志远：《作为行政处罚总则的〈行政处罚法〉》，载《国家检察官学院学报》2020年第5期。

年宪法修正案赋予了“设区的市”以地方立法权。这要求《行政处罚法》在规则设计上需要给地方立法预留一定的规则创设空间，允许地方在不抵触立法规定和原则精神的情况下，根据地方实际需要进行补充。

（三）《行政处罚法》的主要修订内容

2021年1月22日，中华人民共和国第十三届全国人民代表大会常务委员会第二十五次会议通过了《行政处罚法》的修订草案。新修订的《行政处罚法》共8章86条。与1996年《行政处罚法》相比，新法存在以下主要变化。

一是明确行政处罚的概念，新增行政处罚种类。新法明确了行政处罚的定义，为认定行政处罚提供判断标准，解决行政处罚界限不清问题，特别是“减损权益”的提出，扩大了行政处罚概念所能涵盖的范围，将虽不涉及相对人法定权利，但对相对人造成某种不利益的行为纳入立法调整范围，表述更为准确、全面，有助于将更多实践中存在的侵益性行为纳入法治轨道。同时，新法补充列举了行政处罚种类，厘清了行政处罚的外延。

二是完善行政处罚的设定，适当扩大行政法规、地方性法规的行政处罚设定权限。新法增加规定，上位法对违法行为未作出行政处罚规定，行政法规、地方性法规为实施上位法，可以补充设定行政处罚。同时，增加约束性要求，拟补充设定行政处罚的，应当通过听证会、论证会等形式广泛听取意见，并向制定机关作出书面说明。行政法规、地方性法规报送备案时，应当说明补充设定行政处罚的情况。明确国务院部门和省、自治区、直辖市人民政府及其有关部门应当定期组织评估行政处罚的实施情况和必要性，对不适当的行政处罚事项及种类、罚款数额等，及时提出修改或者废止的建议。

三是进一步规范行政处罚的实施。新法将行政执法“三项制度”纳入立法，明确行政执法公示要求，严格规范执法全过程记录，细化重大执法决定法制审核的情形和程序。落实行政执法人员持证上岗和资格管理制度要求，明确实施行政处罚的执法人员应当具有行政执法资格，调查或者检查时应当主动出示执法证件，执法人员不出示执法证件的，当事人或者有关人员有权拒绝接受调查或者检查。增加没有主观过错不罚、“首违不罚”等不予行政处罚的事项，增加从旧兼从轻适用规则，明确一事不再罚制度的内涵，延长重点领域违法行为追责期限，使行政执法既有力度，也有温度。完善行政处罚程序，明确告知程序的内容，扩大听证范围，强化听证笔录效力，加强对非现场执法的规范，增加电子送达、电子支付缴纳罚款等制度，明确行政处罚立案与办案期限要求。完善行政处罚与刑事司法衔接机制，建立健全案件移送制度。增加疫情防控有关行政处罚程序规定，明确对于违反突发事件应对措施的行为，依法快速、从重处罚。

四是持续改革行政处罚机制体制。新法在原有相对集中行政处罚权基础上，在城市管理、市场监管、生态环境、文化市场、交通运输、应急管理、农业等领域推行综合行政执法制度，推动解决多头执法、重复执法和执法力量分散问题。增加行政处罚权下放乡镇街道，推动执法重心下移，同时就执法重心下移工作的决定公开、执法能力建设、组织协调与考评等相关制度进行了规定，为改革工作的开展提供了保障。完善行政处罚委托制度，明确委托书的具体要求，防止滥处罚的发生。增加行政处罚裁量基准制度，规定行政机关可以依法制定行政处罚裁量基准，规范行使行政处罚裁量权。

五是加强对行政处罚执法的监督。新法明确了行政机关应当建立健全对行政处罚的监督制度，实施行政处罚应当接受社会监督。明确了行政机关的责任，对行政机关有该制止违法行为不制止、该立案不立案、该处罚不处罚、该移送司法机关不移送等情形的，加大追责力度、扩大追责范围。增加行政处罚实施评估制度，最大限度减少不必要的行政处罚事项，增加行政处罚公开公示制度，行政处罚的实施机关、立案依据、实施程序和救济渠道等信息应依法公示，重大处罚决定应当依法公开。

这些修订落实了党中央关于行政执法制度改革的重大决策部署，体现和巩固了近年来行政执法领域取得的重大改革成果，回应了当前的执法实践需要，有助于推进严格规范公正文明执法，更好地防范行政不作为、乱作为，是新时代推进全面依法治国的一部标志性立法。

第二节 行政处罚法的贯彻实施

“徒法不足以自行”，一部良好的法律只有获得有效的执行，才能最大限度地发挥其效果。在我国，法律确立相关制度之后，国务院针对制度的实施加以安排部署，以保证法律的有效贯彻，行政与立法的这种有效配合构成中国特色社会主义法治政府建设模式和路径的一个重要方面，值得坚持和发扬。1996年《行政处罚法》颁布后，国务院于同年出台《国务院关于贯彻实施〈中华人民共和国行政处罚法〉的通知》，提出认真学习《行政处罚法》，做好规章的修订工作，依法清理行政执法机构，高度重视行政执法队伍建设，加强对行政处罚的监督工作，积极探索建立有利于提高行政执法的权威和效率的行政执法体制，以贯彻实施《行政处罚法》为契机，把政府法制工作提高到新的水平。2021年，《行政处罚法》修法工作取得重大进展，为了进一步贯彻落实《行政处罚法》的规定，在法治轨道上推进国家治理体系和治理能力现代化建设，国务院于2021年11月出台《通知》。《通知》以习近平法治思想为指导，聚焦行政处罚法实施中的重点难点问题，有针对性地进行了部署安排，对于把《行政处罚法》中所建立的优良制度转化为实际的执法效能，将发挥积极作用。根据《通知》要求，《行政处罚法》的贯彻实施应尤其注意以下几个方面的工作。

一是加强对《行政处罚法》的学习、培训和宣传工作。习近平总书记强调，全面推进依法治国，必须抓住领导干部这个“关键少数”，必须建设一支德才兼备的高素质法治工作队伍。[①]《行政处罚法》修法工作体现和巩固了近年来行政执法领域取得的重大改革成果，是对于原有立法的一次全面修订，修改幅度较大，其中增加条文22条，修改50余条，删除1条。如此大幅度的修改与创新也给立法的认识和执行带来了挑战，各级行政机关领导干部和工作人员必须全面理解、准确把握其精神实质和具体要求，不断提高执法能力和水平。为此，《通知》对行政处罚法的培训工作进行了详细部署，提出行政机关工作人员特别是领导干部要带头认真学习《行政处罚法》，深刻领会精神实质和内在要求，做到依法行政并自觉接受监督。同时，全面依法治国必须坚持为了人民、依靠人民，《通知》明确要求将《行政处罚法》宣传纳入本地区、本部门的“八五”普法规划，落实“谁执法谁普法”的普法责任制要求，让人民群众理解这部法律，监督行政处罚行为，维护自身合法权益，体现了为了人民、依靠人民、造福人民、保护人民的法治理念。

二是落实行政处罚设定方面的新规定。习近平总书记强调，人民群众对立法的期盼，已经不是有没有，而是好不好、管用不管用、能不能解决实际问题；不是什么法都能治国，不是什么法都能治好国；越是强调法治，越是要提高立法质量。[②]要坚持立改废释并举，提高立法科学化、民主化水平。我国《行政处罚法》的一大创举，是从规范行政处罚设定权角度对行政处罚的设定进行规范。这一次修订《行政处罚法》，配合行政处罚概念的明确、处罚种类的增列，

---

① 习近平：《在中央全面依法治国委员会第一次会议上的讲话》（2018年8月24日），载《论坚持全面依法治国》，中央文献出版社2020年版，第231页。

② 《在十八届中央政治局第四次集体学习时的讲话》（2013年2月23日），载人民网，http://jhsjk.people.cn/article/28641570，访问时间：2022年8月1日。

对行政处罚的设定制度进行了完善。《通知》对此也就行政处罚的设定问题提出了三个方面的具体要求。其一是加强立法释法相关工作，对违反行政管理秩序的公民、法人或者其他组织，以减损权益或者增加义务的方式实施惩戒的，应当在《行政处罚法》的框架下依法进行，杜绝实践中一些地方和部门以行政管理措施之名行行政处罚之实、规避《行政处罚法》规定的做法。对于行为性质存在争议的，要及时通过解释答复加以明确。其二是依法合理设定罚款数额，坚持宽严相济、过罚相当的原则，在法定范围内进行设定。《通知》还对《行政处罚法》第13条中，尚未制定法律、行政法规，因行政管理迫切需要依法先以部门规章设定罚款的限额作出了规定。其三是强化定期评估和合法性审核，对于不合法的规定及时予以修改、废止。上述规定有利于更加充分地发挥法规、规章在维护行政管理秩序中的作用，从源头上规范行政处罚权的运行。

三是落实行政处罚实施方面的新要求。习近平总书记强调，推进严格执法，重点是解决执法不规范、不严格、不透明、不文明以及不作为、乱作为等突出问题。[①]近年来，我们在整治执法不规范、乱作为等问题上取得很大成效。同时，一些地方运动式、“一刀切”执法问题仍时有发生，执法不作为问题突出。强调严格执法，让违法者敬法畏法，但绝不是暴力执法、过激执法，要让执法既有力度又有温度。修订后的《行政处罚法》对行政裁量权基准制度、“首违不罚”作了规定，完善了行政执法“三项制度”要求，增加了对非现场执法的规范，强化了行政执法与刑事司法的衔接机制，明确了没收违法所得和退赔的优先顺序。《通知》对新规定的实施提出了具体要求，强调行政处罚具有预防、纠正和惩戒等多方面的功能，行政机关应本着依法全面正确履责的思想，坚决杜绝为处罚而处罚、运动式执法、“一刀切”执法等现象，坚持执行罚缴分离，杜绝逐利

① 习近平：《加快建设社会主义法治国家》，载《求是》2015年第1期。

执法。在执法过程中，应严格遵循法定程序，保障相对人陈述、申辩等基本程序权利；在执法技术上，充分运用信息技术，规范各类电子设备和电子送达、支付等系统的使用；在执法手段上，坚持宽严相济，合理行使行政处罚裁量权，特别是提出通过制定免罚清单、与当事人签订承诺书等方式贯彻“首违不罚”等制度，体现了执法方式上的创新和非强制性执法的具体运用。

四是持续改革行政处罚的体制机制。习近平总书记强调，要深化行政执法体制改革。[①]全面正确履行政府职能，优化政府组织结构，是全面深化改革，推进建设法治政府和服务型政府的内在要求。《行政处罚法》落实中央关于行政执法体制改革的部署，围绕综合行政执法改革、行政处罚权下放乡镇政府及街道办事处、委托行政处罚等增加了新规定。《通知》对保证相关制度落实落地提出了具体要求：在综合行政执法体制改革方面，落实《行政处罚法》对省、自治区、直辖市人民政府审批权的最新规定，从综合行政执法事项清单的组织编制、配套制度的建设、协调机制的健全等各方面，规范综合执法改革工作的开展。在赋权乡镇街道实施行政处罚方面，提出“积极稳妥”的实施方针，从听取意见、定期评估、评议考核、指导培训等方面，提升赋权的民主性与科学性，确保“放得下、接得住、管得好、有监督”。在联合执法方面，特别提出提升执法合力，探索跨区域执法一体化合作的制度机制，建立健全行政处罚预警通报机制等。上述举措有助于减少行政机关之间职权的交叉、重复、疏漏，提高行政机关的执法效能，促进政府职能的全面履行。

五是大力加强对行政处罚实施的监督。习近平总书记强调，权力不论大小，只要不受制约和监督，都可能被滥用。[②]因此，要强

---

① 习近平：《在中央全面依法治国委员会第一次会议上的讲话》（2018年8月24日），载《论坚持全面依法治国》，中央文献出版社2020年版，第233页。

② 《在第十八届中央纪律检查委员会第三次全体会议上的讲话》（2014年1月14日），载人民网，http://jhsjk.people.cn/article/26993166，访问时间：2022年8月1日。

化对行政权力的制约和监督。《行政处罚法》修订过程中严格落实“强化对行政权力的制约和监督”的精神。《通知》进一步要求，要加快建设省市县乡四级全覆盖的行政执法协调监督工作体系，强化全方位、全流程监督，提升行政执法质量；完善行政处罚案卷评查、执法人员资格管理、责任追究等制度机制，加大监督力度，对有案不立、有案不移、久查不结、过罚不当、怠于执行的，坚决予以纠正；对行政处罚实施过程中出现的同类问题，及时研究解决；探索建立行政处罚绩效评估制度，完善相关评估指标。

思考题

1.《行政处罚法》的立法目的有哪些？这些目的如何具体体现在条文中？

2. 2021年《行政处罚法》修订的主要考虑和重要内容有哪些？

3. 进一步贯彻实施《行政处罚法》的重点和难点有哪些？

第三章　行政处罚的种类和设定权限

本章知识要点

- □ 行政处罚的种类
- □ 行政处罚的设定权限

第一节　行政处罚的种类

行政处罚种类是行政处罚的外在和具体形式，与公民、法人和其他组织的切身利益密切相关。**划分行政处罚的种类是行政处罚实施的前提条件，对保证行政处罚的合法与有效具有重要作用。**按照不同的标准，可以将行政处罚划分为不同的种类。

2021年《行政处罚法》第9条以处罚客体为标准，对行政处罚的种类由轻到重进行了编排：第1项为名誉罚，第2项为财产罚，第3项为资格罚，第4项为行为罚，第5项为人身罚，第6项为兜底条款。该条对行政处罚的种类加以规范，不仅有利于行政机关依法实施行政处罚，而且也有利于规范行政处罚立法行为。具体来讲：一是明确列举的行政处罚种类，为林林总总的行政执法措施定性提供指引；二是明确列举的行政处罚种类，应当受到《行政处罚法》有关设定、实施和法律责任规定的规范；三是明确列举的行政处罚种类，约束地方性法规、规章及其他规范性文件创设行政处罚种类的冲动。

需要指出的是，**没有明确列入2021年《行政处罚法》第9条的，未必不是行政处罚；列入该条的，也不必然就是行政处罚。**例如，"不得申请行政许可"虽没有列入该条，但结合《行政处罚法》第2条对行政处罚的定义，仍可以判断其属于行政处罚；在大气污染严重的恶劣天气下，地方政府所实施的应急措施，如责令有关企业停产或者限产、限制部分机动车行驶、禁止燃放烟花爆竹、停止工地土石方作业和建筑拆除施工、停止露天烧烤、停止幼儿园和学校户外体育课等，则不属于行政处罚。[①]

一、警告、通报批评

名誉罚，又称声誉罚、精神罚，是指行政机关向违法者发出警诫，申明其有违法行为，通过对其名誉、荣誉、信誉等施加影响，引起其精神上的警惕，使其不再违法的行政处罚，包括警告、通报批评等。

警告是指行政机关对有违法行为的公民、法人或者其他组织提出告诫，使其认识自己违法所在和如何改正的一种处罚种类。[②]**警告是行政处罚中最轻的一种，**一般适用于较为轻微、对社会危害程度不大的违法行为，可以当场作出。目前有90多部法律、200多件行政法规和大量地方性法规、部门规章、地方政府规章规定了警告的行政处罚。

通报批评是指行政机关对违法行为人通过书面批评加以谴责和告诫，指出其违法行为，避免其再犯。通报批评与警告的性质、目的相同，但形式和告知范围不一样。警告通常仅限于直接告知行为人，而通报批评告知的范围较为广泛，不仅限于告知行为人自己，

---

① 袁雪石：《中华人民共和国行政处罚法释义》，中国法制出版社2021年版，第60、86—88页。

② 陈斯喜：《中华人民共和国行政处罚法理论与适用》，法律出版社1996年版，第16页。

还包括告知与行为有关的公民、法人和其他组织。证券管理领域运用较多的公开谴责等也属于通报批评。通报批评的适用范围较广，不仅适用于对行政违法行为的惩处，也适用于行政机关内部监督和党内监督。对行政违法行为予以通报批评，属于行政处罚。上级行政机关对下级行政机关及其工作人员的违法违规行为予以通报批评，以及党组织对党员干部违规违纪行为予以通报批评，则属于党政问责的追责措施，不属于行政处罚。

二、罚款、没收违法所得、没收非法财物

财产罚是指行政机关剥夺违法者因违法行为所获经济利益及其部分财产，通过经济制裁手段实现惩戒目的的行政处罚，包括罚款、没收违法所得、没收非法财物等。

罚款是指行政机关对实施行政违法行为的当事人进行的一种经济性制裁，通过使当事人财产受到损失的方法达到惩戒的目的。[①] **罚款是最为常用、最普遍的行政处罚种类。**罚款不同于罚金，罚金是一种附加刑，适用对象是触犯《刑法》构成犯罪的个人或者组织，实施机关是法院。

没收违法所得是指行政机关依法将当事人因从事违法行为而获得的金钱收入强制无偿收归国有的一种行政处罚。违法所得是违法行为人通过违法手段获取的财产，如通过赌博或者销售伪劣产品获取的财产，本身并不构成行为人的合法财产，不受法律的保护。**对违法所得的没收，本质上是一种追缴，而不是违法行为人因实施违法行为所付出的代价。**

没收非法财物是指行政机关依法将当事人从事违法行为过程中的违禁物品、违法财物和违法工具强制无偿收归国有的一种行政处罚。这里的违禁物品，是法律、法规严禁生产、销售、储存的物品，

① 胡锦光：《行政处罚研究》，法律出版社1998年版，第34页。

如腐烂变质的食品、非法开采的煤炭产品、淫秽录影带、非法出版物、假学历学位证书等；违法工具主要包括非法获利的工具和与所构成违法行为有关的物品，如用于捕杀珍贵动物的猎枪、专门用于走私的车辆等。对于目前实践中争议较大的违法工具是否一律予以没收的问题，应当依据法律法规的规定，根据比例原则，结合违法行为的轻重情节，予以妥善处理。[①]行政处罚中的没收违法所得、没收非法财物，不同于刑法中的没收财产，没收财产是一种附加刑，是对犯罪分子个人所有财产的一部或者全部无偿收归国有。

三、暂扣许可证件、降低资质等级、吊销许可证件

资格罚是指限制或者剥夺当事人行政许可资格，以及行政机关认定、同意的其他非行政许可类资格的行政处罚，包括暂扣许可证件、降低资质等级、吊销许可证件等。

暂扣许可证件是指行政机关依法对违反行政管理秩序的当事人实行暂时扣留许可证件，以暂时剥夺当事人从事某项生产经营活动、执业的权利的行政处罚。这次修法将“暂扣……许可证、暂扣……执照”修改为“暂扣许可证件”，主要考虑与《行政许可法》相衔接，适应正在推行的证照改革。《行政许可法》第39条规定，行政许可证件包括：许可证、执照或者其他许可证书；资格证、资质证或者其他合格证书；行政机关的批准文件或者证明文件；法律、法规规定的其他行政许可证件。许可证件涵括性更大，包括许可证、执照，但不限于许可证、执照。按照证照改革的要求，我国开始探索将营业执照由行政许可改为行政确认，暂扣营业执照不再属于资格罚。

降低资质等级是指行政机关依法对违反行政管理秩序的当事人所取得的行政许可由较高等级降为较低等级，限制当事人生产经营活动范围的行政处罚。**2021年《行政处罚法》的修改中增加列举了**

---

① 袁雪石：《中华人民共和国行政处罚法释义》，中国法制出版社2021年版，第73页。

降低资质等级行政处罚，细化了资格罚行政处罚种类。

吊销许可证件是指行政机关依法对违反行政管理秩序的当事人取消其所取得的行政许可证件，剥夺当事人从事某项生产经营活动、执业的权利的行政处罚。目前多部法律法规规定了吊销许可证、吊销营业执照、吊销登记证书、取消资格的行政处罚。

四、限制开展生产经营活动、责令停产停业、责令关闭、限制从业

行为罚又称义务罚，是指要求当事人不得作出某种行为或者要求当事人作出某种行为的行政处罚，包括限制开展生产经营活动、责令停产停业、责令关闭、限制从业等。

限制开展生产经营活动是指行政机关依法对违反行政管理秩序的当事人限制其从事新的生产经营活动的行政处罚，包括责令停止接受新业务，在吊销许可证件、注销登记、解除协议或者撤销特许经营权后一定期限内禁止开展相关生产经营活动。这项行政处罚种类是新增的内容，是对当事人从事生产经营活动的限制，体现了行政管理精细化趋势。

责令停产停业是指行政机关依法对违反行政管理秩序的当事人，责令其在一定期限内停止全部或者部分生产经营活动的行政处罚。**实践中，责令停产停业可以包括责令停业整顿、责令停止生产、责令停止经营、责令停止活动、责令限制生产、责令暂停相关业务、禁止参加政府采购、禁止参与招标活动等。**

责令关闭是指行政机关依法对违反行政管理秩序的当事人停止全部生产经营活动的行政处罚。《水污染防治法》等20多部法律和《人力资源市场暂行条例》等10多件行政法规规定了责令关闭企业、场所、职业中介机构、公共图书馆、建设项目、网站等行政处罚。**责令关闭是一类较为严厉的行政处罚，在实践中应当针对严重违法行为依法慎重作出。**

限制从业是指行政机关依法对违反行政管理秩序的当事人限制其从事一定职业的行政处罚。**限制从业针对的是公民而非企事业单位，同时限制的是非行政许可的从业活动**。《药品管理法》等30多部法律、《认证认可条例》等近30部行政法规以及70多部地方性法规和政府规章规定了公民不得担任单位法定代表人、负责人、董事、监事、高级管理人员，禁止在一定期限内从事相关工作的行政处罚。

五、行政拘留

人身罚也称自由罚，是指行政机关在一定期限内限制当事人人身自由的行政处罚，主要是指行政拘留。**我国一直以来对限制人身自由的行政处罚较为慎重**，2021年《行政处罚法》第18条第3款规定，“限制人身自由的行政处罚权只能由公安机关和法律规定的其他机关行使”。目前，限制人身自由的行政处罚只能由法律规定，行政法规、地方性法规和规章均无权设定，适用领域主要是治安管理以及环境保护、药品管理等，有权实施行政拘留的只有公安机关、国家安全机关和海警机构。行政拘留不同于刑事拘留：行政拘留是特定行政机关依据行政法律规范对违反行政管理秩序的公民实行的一种惩戒措施，一般为10日内，加重不超过15日；而后者是公安机关依据《刑事诉讼法》对犯罪嫌疑人实施的一种强制措施，一般应于拘留3日内提请人民检察院审查批准逮捕或者释放。

六、法律、行政法规规定的其他行政处罚

上述13类行政处罚是行政处罚的基本种类，也是运用较为普遍的种类。考虑到行政管理的复杂性，不排除行政机关需要根据实际情况增加新的行政处罚种类，因此《行政处罚法》第9条规定了兜底条款，法律、行政法规可以增加新的行政处罚种类。

下面结合2021年《行政处罚法》对行政处罚的定义和种类的规定，来判断一些行政执法过程中经常遇到的、容易产生争议的行政

措施，是否属于行政处罚、属于哪一类的行政处罚。

一是关于收缴非法财物和追缴违法所得。《治安管理处罚法》《海关法》《道路交通安全法》等规定了收缴违禁品、违法工具和追缴违法所得，但未明确收缴和追缴为行政处罚。实践中，对其法律性质争议较大。**多数认为收缴、追缴与没收的适用情形、处理对象、法律效果并无差别，属于行政处罚。**如《税收征收管理法》第72条规定，从事生产、经营的纳税人、扣缴义务人有本法规定的税收违法行为，拒不接受税务机关处理的，税务机关可以收缴其发票或者停止向其发售发票。**但是，有的法律规定的收缴，并非对违法行为的惩戒，而是一项事实行为，不属于行政处罚。**如《境外非政府组织境内活动管理法》第49条中规定，对被撤销登记、吊销登记证书的，由登记管理机关收缴其登记证书、印章并公告作废。

二是关于暂停许可类执业活动。暂停许可类执业活动，是指对已经取得行政许可资格的执业人员，在一定期限内暂停其执业活动，适用对象包括：律师、基层法律服务工作者、公证员、司法鉴定人员、注册会计师、执业医师、护士、专利代理师、注册建筑师、注册工程师、注册消防工程师等。资格罚脱胎于行为罚，限制或者剥夺资格，也就是限制或者禁止生产经营行为和执业行为，因此两者有交叉。同样是限制或者禁止生产经营行为和执业行为，有些法律法规规定的处罚限制或者剥夺违法者的资格，有些法律法规限制或者禁止违法者的相关行为。**为保持统一性，将涉及资格的行政处罚归入资格罚，同时将暂停许可类执业活动纳入资格罚更为适宜。**

三是关于不得申请行政许可。不得申请行政许可，是指在行政许可撤销或者吊销后的一段时间内不得申请同类行政许可，禁止从事相关生产经营和执业活动。有的规章中明确要求行政机关决定违法者一定期限内不得申请行政许可，应当作出行政处罚决定书。**一定期限内不得申请行政许可性质属于行政处罚，可归入资格罚类型。**

四是关于责令停止行为。在法律、法规和规章中，作为行政处罚的责令停止行为与属于责令改正的责令停止违法行为，由于用语近似、内容相近，容易被混淆，但在法理上是可以区分的。**责令停止违法行为是责令违法者停止本不应作出的违法行为，没有增加违法者的义务和负担，因此不属于行政处罚。**2021年《行政处罚法》第28条第1款规定："行政机关实施行政处罚时，应当责令当事人改正或者限期改正违法行为。"但如果责令停止行为是责令违法者停止其相关合法行为，增加了违法者的义务和负担，则属于行政处罚。以责令停止建设为例，《核安全法》规定未经许可从事核设施建造活动的，责令停止建设。这里的建设行为未经许可本身是违法的，因此责令停止建设属于责令改正。《防治海洋工程建设项目污染损害海洋环境管理条例》规定在围填海工程中使用的填充材料不符合有关环境保护标准拒不改正的，责令停止建设。这里的建设行为本身是合法的，但由于建设过程中出现了违法行为而被责令停止建设，因此责令停止建设属于责令停止行为的行政处罚。

五是关于责令作出行为。**责令作出行为容易与责令改正中的责令恢复原状混淆。两者的区分标准也是是否额外增加了当事人的不利负担。**以责令补种为例，《公路安全保护条例》规定责令补种擅自更新采伐的林木，这里的责令补种是责令恢复原状，没有增加违法者的义务和负担，因此属于责令改正。《森林法》规定滥伐林木，责令补种五倍滥伐林木株数，这里的责令补种超出了恢复原状的范围，增加了违法者的义务和负担，因此属于行政处罚。

六是关于行政处罚与行政强制措施。在不少法律、法规和规章中，**有些行政处罚与行政强制措施的名称是相同或接近的，需要作出区分。**如暂扣证照，《道路交通安全法》第110条中规定执行职务的交通警察认为应当对道路交通违法行为人给予暂扣或者吊销机动车驾驶证处罚的，可以先予扣留机动车驾驶证。暂扣机动车驾驶证是行政处罚，先予扣留机动车驾驶证是行政强制措施。又如限制或者暂停部分业务，停止批准新增业务或者分支机构等。《证券法》《银行业监督管理法》在审慎监管措施中规定了上述措施，其性质属于行政强制措施，但不能因此就认为只要是这些名称的行政行为，就一律是行政强制措施，或者创设为一类非行政处罚监管措施。上述行政行为作为对违法行为的惩处手段，符合行政处罚定性的，就应当是行政处罚行为。

第二节　行政处罚的设定权限

行政处罚的设定，是指国家机关依照职权和实际需要，在有关法律、法规或者规章中，创制设定行政处罚的权力。对公民、法人和其他组织设定行政处罚是一项重要的国家权力。**《行政处罚法》所规定的行政处罚的设定权限，遵循三个总的原则：一是符合我国的立法体制**。根据我国《宪法》，我国立法体制是统一的又是分层次的，这主要是指，我国有国家立法权、行政法规制定权、地方性法规制定权、自治条例和单行条例制定权、授权立法权和规章制定权等。**二是根据不同种类行政处罚的性质和对相对人权益的影响程度的不同，区别规定**。比如，对行政拘留的设定，因其涉及公民的人身权利，应当严格限制。**三是符合中国特色社会主义法治建设的现状和需要，既切实可行又具有一定前瞻性**。

2021年《行政处罚法》第10条至第16条，规定了不同位阶的法律规范对于行政处罚的设定权限。《通知》要求，根据《行政处罚法》的规定，加强立法释法有关工作，严格规范行政处罚的设定。起草法律、法规、规章草案时，对违反行政管理秩序的公民、法人或者其他组织，以减损权益或者增加义务的方式实施惩戒的，要依法设定行政处罚，不得以其他行政管理措施的名义变相设定，规避行政处罚设定的要求。对上位法设定的行政处罚作出具体规定的，不得通过增减违反行政管理秩序的行为和行政处罚种类、在法定幅度之外调整罚款上下限等方式层层加码或者“立法放水”。对现行法律、法规、规章中的行政管理措施是否属于行政处罚有争议的，要依法及时予以解释答复或者提请有权机关解释答复。

一、法律设定行政处罚的权限

（一）法律可以设定各种行政处罚

全国人大及其常委会作为我国的最高国家权力机关，其制定的法律位阶仅次于宪法，只要不同宪法相抵触，可以规定任何事项，包括各种行政处罚。人身自由是公民最为基本的权利，限制人身自由是一种极其严厉的处罚，绝大多数国家的法律都不给予行政机关限制人身自由的权力。我国《宪法》明确规定：“中华人民共和国公民的人身自由不受侵犯。”因此，我国对限制人身自由的行政处罚，也作了严格限制，秉持特别慎重的态度。《立法法》规定，对公民限制人身自由的强制措施和处罚，只能制定法律。《行政处罚法》进一步规定，限制人身自由的行政处罚只能由法律设定。也就是说，**除了法律，其他任何形式的规范性文件均不得规定限制人身自由的行政处罚。**

当然，**法律可以设定的行政处罚也是有边际的。**《立法法》第87条规定：“宪法具有最高的法律效力，一切法律、行政法规、地方性法规、自治条例和单行条例、规章都不得同宪法相抵触。”《宪法》第38条规定：“中华人民共和国公民的人格尊严不受侵犯。禁止用任何方法对公民进行侮辱、诽谤和诬告陷害。”第40条规定：“中华人民共和国公民的通信自由和通信秘密受法律的保护。除因国家安全或者追查刑事犯罪的需要，由公安机关或者检察机关依照法律规定的程序对通信进行检查外，任何组织或者个人不得以任何理由侵犯公民的通信自由和通信秘密。”据此，法律不得设定侮辱公民人格尊严的行政处罚；除因国家安全或者追查刑事犯罪的需要外，也不得设定限制或者剥夺公民通信自由和通信秘密的行政处罚。

（二）限制人身自由的行政处罚，只能由法律设定

《立法法》第8条中规定，限制人身自由的强制措施和处罚只能制定法律。限制人身自由的行政处罚属于法律保留事项。行政法规、地方性法规、自治条例和单行条例、规章以及其他规范性文件都不得设定限制人身自由的行政处罚。当然，行政法规、地方性法规、自治条例和单行条例、规章在法律设定限制人身自由行政处罚的基础上，可以作进一步细化规定。

二、行政法规设定行政处罚的权限

1996年《行政处罚法》确定了不同位阶的法律规范有不同行政处罚设定权限的制度。对于行政法规能否设定行政处罚的问题，考虑到我国立法体制赋予国务院有制定行政法规的权限，行政管理涉及面较广，不可能都由法律来规范等实际情况，需要赋予行政法规较大的行政处罚设定权限。2021年《行政处罚法》的修改进一步明确，**在已有上位法的情况下，行政法规原则上仍需在法律规定的给予行政处罚的行为、种类和幅度的范围内规定行政处罚，但是可以在法律规定了违法行为但未规定行政处罚的情况下，补充设定行政处罚**。以此适当扩大了行政法规的行政处罚设定权限。

（一）尚未制定法律的情况下，行政法规可以作创制性规定，设定除限制人身自由以外的行政处罚

《立法法》第65条第1款、第2款规定：“国务院根据宪法和法律，制定行政法规。行政法规可以就下列事项作出规定：（一）为执行法律的规定需要制定行政法规的事项；（二）宪法第八十九条规定的国务院行政管理职权的事项。”第9条规定：“本法第八条规定的事项尚未制定法律的，全国人民代表大会及其常务委员会有权作出决定，

授权国务院可以根据实际需要，对其中的部分事项先制定行政法规，但是有关犯罪和刑罚、对公民政治权利的剥夺和限制人身自由的强制措施和处罚、司法制度等事项除外。”因此，行政法规在没有上位法律的情况下，有相应的立法权限，尤其是可以对国务院行政管理职权的事项作出规定。《行政处罚法》第11条进一步规定，“行政法规可以设定除限制人身自由以外的行政处罚”，也就是说行政法规可以设定《行政处罚法》第9条第1项至第4项，以及第6项规定的行政处罚。

（二）已经有上位法律的情况下，行政法规可以对法律规定的行政处罚作具体规定，但必须在法律规定的违法行为、处罚种类和幅度范围内作出规定

法律对违法行为作出行政处罚规定的，也就意味着法律对什么是违法行为，什么是合法行为，对哪些违法行为给予行政处罚，给予何种行政处罚，给予多重的行政处罚等，均作出了规定。法律在我国法律体系中效力等级高于行政法规。为了执行法律，行政法规可以对法律规定的行政处罚作出具体规定，但为了维护国家法制统一，行政法规不得超越法律，只能在法律规定的给予行政处罚的行为、种类和幅度的范围内规定。也就是说，**法律未认定的违法行为，作为下位法的行政法规原则上不得认定为违法行为；法律对某一违法行为规定了若干类行政处罚，作为下位法的行政法规不得增加新的较重的行政处罚种类；法律对某一违法行为规定了某一行政处罚种类，并规定了行政处罚的幅度，如一定幅度的罚款，作为下位法的行政法规不得超出最高限额**。举例讲，法律规定了三种给予行政处罚的违法行为，作为下位法的行政法规不能在这三种违法行为之外增加给予行政处罚的新的违法行为。法律对某一违法行为规定了警告、处以5000元至2万元的罚款、没收违法所得，作为下位法的行政法规不能增加规定责令停产停业行政处罚，也不能超过上限2

万元规定3万元的罚款。

《立法法》第88条第1款规定："法律的效力高于行政法规、地方性法规、规章。"第96条第2项规定，法律、行政法规、地方性法规、自治条例和单行条例、规章有下位法违反上位法规定情形的，由有关机关依照法定权限予以改变或者撤销。《行政处罚法》第11条规定遵循了法律效力高于行政法规的法律位阶规定，是在行政处罚领域对"下位法不得违反上位法规定"所作的具体化规定。

"无锡美通食品科技有限公司诉无锡质量技术监督局高新技术产业开发区分局质监行政处罚案"①涉及行政处罚的法律适用问题。二审法院认为：《食品安全法》是由全国人大常委会制定的法律，于2009年6月1日施行，较之前由国务院制定的《认证认可条例》《工业产品生产许可证管理条例》及国家质量监督检验检疫总局制定的部门规章《食品生产加工企业质量安全监督管理实施细则（试行）》，具有更高阶位的法律效力。按照上位法优于下位法的规定，对同一事项法律有规定的，应当以法律的规定为准。

（三）已经有上位法律的情况下，上位法律对违法行为未作行政处罚规定，行政法规可以补充设定行政处罚

实践中，有两类特殊情况，法律对某一行为作了禁止性规定，或者明确了当事人的某项义务，但因各种因素，未对违反禁止性规定或者义务性规定的违法行为给予行政处罚。如《大气污染防治法》规定，机动车污染物排放超过规定排放标准的，不得上路行驶。但未对违法上路行驶的车主规定行政处罚。又如《文物保护法》规定，使用不可移动文物，必须遵守不改变文物原状的原则，负责保护建筑物及其附属文物的安全。但未对未经批准用火或者与文物保护无关的用电等违反保护义务的行为规定进行行政处罚。另外，还有一

① 载《最高人民法院公报》2013年第7期。

类特殊情况，法律对某一违法行为给予行政处罚，行政法规能否就同类或者相关违法行为给予行政处罚？如《固体废物污染环境防治法》规定，生产、销售、进口或者使用淘汰的设备，或者采用淘汰的生产工艺的，处以罚款，那么行政法规能否规定，对购买但未使用淘汰设备的行为给予罚款？如果严格按照《行政处罚法》第11条第2款的规定，行政法规就不得对违反上位法律禁止性规定或者义务性规定的行为，以及同类或者相关违法行为设定行政处罚。考虑到上位法律已经对某一行为的违法性作出了认定，为进一步发挥行政法规执行法律的积极作用，《行政处罚法》第11条明确行政法规可以补充设定行政处罚。既然是补充，行政法规在规定行政处罚时，应当充分考虑上位法律的立法精神和已规定的行政处罚整体框架，不能对较轻的违法行为规定较重的行政处罚，也不能对较重的违法行为规定较轻的行政处罚。同时，在补充设定行政处罚时，还应遵循《行政处罚法》第11条第1款的设定权限规定。

为了规范行政法规补充设定行政处罚行为，《行政处罚法》第11条同时增加规定了补充设定行政处罚的事前、事后程序要求，强化监督制约。一是拟补充设定行政处罚的，应当事先通过听证会、论证会等形式广泛听取意见。在行政法规草案提交审议前拟补充设定行政处罚的，应当由起草单位召开听证会、论证会等听取意见。在行政法规草案审议过程中拟补充设定行政处罚的，应当由负责草案修改的单位召开听证会、论证会等听取意见。同时，听取意见要广泛，不能仅限于行政机关内部征求意见。二是拟补充设定行政处罚的，向制定机关作出书面说明。草案起草单位或者修改单位，应当就拟补充设定行政处罚的事项，向国务院作出书面说明，充分阐明补充设定行政处罚的必要性、可行性、征求意见情况及主要考虑。三是行政法规报送备案时，应当说明补充设定行政处罚的情况。《立法法》第98条规定，自治条例、单行条例报送备案时，应当说明对法律、行政法规、地方性法规作出变通的情况；经济特区法规报送备案时，应当说明对法律、行政法规、地方性法规作出变通的情况。行政法规补充设定行政处罚，属于新的变通规定形式，也应当在报全国人民代表大会常务委员会备案时作出说明。

三、地方性法规设定行政处罚的权限

在1996年制定《行政处罚法》时，确定了不同位阶的法律规范有不同行政处罚设定权限的制度。对于地方性法规能否设定行政处罚的问题，总的想法是地方性法规可以在一定范围内，对带有地方特点的行政管理中的违法行为设定行政处罚，作为法律、行政法规的补充。2021年《行政处罚法》的修改进一步明确，**在已有上位法的情况下，地方性法规原则上仍需在法律、行政法规规定的给予行政处罚的行为、种类和幅度的范围内规定行政处罚，但是可以在法律、行政法规规定了违法行为但未规定行政处罚的情况下，补充设定行政处罚**。以此适当扩大了地方性法规的行政处罚设定权限。

（一）尚未制定法律、行政法规的情况下，地方性法规可以作一定创制性规定，设定除限制人身自由、吊销营业执照以外的行政处罚

《立法法》第72条第1款、第2款规定：“省、自治区、直辖市的人民代表大会及其常务委员会根据本行政区域的具体情况和实际需要，在不同宪法、法律、行政法规相抵触的前提下，可以制定地方性法规。设区的市的人民代表大会及其常务委员会根据本市的具体情况和实际需要，在不同宪法、法律、行政法规和本省、自治区的地方性法规相抵触的前提下，可以对城乡建设与管理、环境保护、历史文化保护等方面的事项制定地方性法规，法律对设区的市制定地方性法规的事项另有规定的，从其规定……”第73条第1款、第2款规定：“地方性法规可以就下列事项作出规定：（一）为执行法律、行政法规的规定，需要根据本行政区域的实际情况作具体规定

的事项；（二）属于地方性事务需要制定地方性法规的事项。除本法第八条规定的事项外，其他事项国家尚未制定法律或者行政法规的，省、自治区、直辖市和设区的市、自治州根据本地方的具体情况和实际需要，可以先制定地方性法规……”因此，地方性法规在没有上位法律、行政法规的情况下，有相应的立法权限，尤其是对属于地方性事务的事项。考虑到限制人身自由的行政处罚属于法律保留事项，吊销营业执照事关企业资格消灭这一重大事项，且已经有了《公司法》等全国统一执行的法律规范，因此《行政处罚法》第12条进一步规定，地方性法规可以设定除限制人身自由、吊销营业执照以外的其他行政处罚，也就是说地方性法规可以设定《行政处罚法》第8条规定的行政处罚种类，但不得在法律、行政法规以外创设新的行政处罚种类。

考虑到地方性法规分为省级和设区的市级两个层级，设区的市地方性法规作创制性规定时，除了遵循尚未制定法律、行政法规之外，还要遵循尚未制定本地的省级地方性法规的前提要求。

（二）已经有上位法律、行政法规的情况下，地方性法规可以对法律、行政法规规定的行政处罚作具体规定，但必须在法律、行政法规规定的违法行为、处罚种类和幅度范围内作出规定

法律、行政法规对违法行为作出行政处罚规定的，也就意味着法律、行政法规对什么是违法行为，什么是合法行为，对哪些违法行为给予行政处罚，给予何种行政处罚，给予多重的行政处罚等，均作出了规定。法律、行政法规在我国法律体系中效力等级高于地方性法规。为了执行法律、行政法规，地方性法规可以对法律、行政法规规定的行政处罚作出具体规定，但为了维护国家法制统一，地方性法规不得超越法律、行政法规，只能在法律、行政法规规定的给予行政处罚的行为、种类和幅度的范围内规定。也就是说，法律、行政法规未认定的违法行为，作为下位法的地方性法规原则上

不得认定为违法行为；法律、行政法规对某一违法行为规定了若干类行政处罚，作为下位法的地方性法规不得增加新的较重的行政处罚种类；法律、行政法规对某一违法行为规定了某一行政处罚种类，并规定了行政处罚的幅度，如一定幅度的罚款，作为下位法的地方性法规不得超出最高限额。举例讲，法律、行政法规规定了三种给予行政处罚的违法行为，作为下位法的地方性法规不能在这三种违法行为之外增加给予行政处罚的新的违法行为。法律、行政法规对某一违法行为规定了警告、处以5000元至2万元的罚款、没收违法所得，作为下位法的地方性法规不能增加规定责令停产停业行政处罚，也不能超过上限2万元规定3万元的罚款。

《立法法》第88条规定："法律的效力高于行政法规、地方性法规、规章。行政法规的效力高于地方性法规、规章。"第96条第2项规定，法律、行政法规、地方性法规、自治条例和单行条例、规章有下位法违反上位法规定情形的，由有关机关依照法定权限予以改变或者撤销。《行政处罚法》第12条规定遵循了法律、行政法规效力高于地方性法规的法律位阶规定，是在行政处罚领域对"不得抵触""下位法不得违反上位法规定"所作的具体化规定。

考虑到地方性法规分为省级和设区的市级两个层级，设区的市地方性法规在已经有上位法律、行政法规、省级地方性法规的情况下，可以对法律、行政法规、省级地方性法规规定的行政处罚作具体规定，但必须在法律、行政法规、省级地方性法规规定的违法行为、处罚种类和幅度范围内作出规定。

（三）已经有上位法律、行政法规的情况下，上位法律、行政法规对违法行为未作行政处罚规定，地方性法规可以补充设定行政处罚

实践中，有两类特殊情况，一类是法律、行政法规对某一行为作了禁止性规定，或者明确了当事人的某项义务，但因各种因素，

未对违反禁止性规定或者义务性规定给予行政处罚。如《非物质文化遗产法》规定，禁止以歪曲、贬损等方式使用非物质文化遗产，但未对以歪曲、贬损等方式使用非物质文化遗产的行为规定行政处罚。又如《文物保护法》规定，进行大型基本建设工程，建设单位应当事先报请行政机关组织从事考古发掘的单位在工程范围内有可能埋藏文物的地方进行考古调查、勘探，但未规定未履行法定义务的行政处罚。另一类是法律、行政法规对某一违法行为给予行政处罚，地方性法规能否就同类违法行为给予行政处罚，如《城市绿化条例》对违反城市公共绿地、居住区绿地、风景区林地和干道绿化带等绿化工程，也就是配套绿化，规定了行政处罚。有的经济发达的省市除配套绿化外，还规定了立体绿化，并规定了相应的行政处罚。如果严格按照《行政处罚法》第12条第2款的规定，地方性法规不得就违反上位法律、行政法规禁止性规定或者义务性规定的行为，以及同类违法行为设定行政处罚。考虑到上位法律、行政法规已经对某一行为的违法性作出了认定，为了进一步发挥地方性法规执行法律、行政法规的积极作用，《行政处罚法》第12条明确地方性法规可以补充设定行政处罚。既然是补充，地方性法规在规定行政处罚时，应当充分考虑上位法律、行政法规的立法精神和已规定的行政处罚整体框架，不能对较轻的违法行为规定较重的行政处罚，也不能对较重的违法行为规定较轻的行政处罚。同时，在补充设定行政处罚时，还应遵循《行政处罚法》第12条第1款的设定权限规定。

为了规范地方性法规补充设定行政处罚行为，《行政处罚法》第12条同时增加规定了补充设定行政处罚的事前、事后程序要求，强化监督制约。一是拟补充设定行政处罚的，应当事先通过听证会、论证会等形式广泛听取意见。在地方性法规草案提交审议前拟补充设定行政处罚的，应当由起草单位召开听证会、论证会等听取意见。在地方性法规草案审议过程中拟补充设定行政处罚的，应当由负责草案修改的单位召开听证会、论证会等听取意见。同时，听取意见要广泛，不能仅限于行政机关内部征求意见。二是拟补充设定行政处罚的，向制定机关作出书面说明。草案起草单位或者修改单位，应当就拟补充设定行政处罚的事项，向地方人大及其常委会作出书面说明，充分阐明补充设定行政处罚的必要性、可行性、征求意见情况及主要考虑。三是地方性法规报送备案时，应当说明补充设定行政处罚的情况。《立法法》第98条规定，自治条例、单行条例报送备案时，应当说明对法律、行政法规、地方性法规作出变通的情况；经济特区法规报送备案时，应当说明对法律、行政法规、地方性法规作出变通的情况。地方性法规补充设定行政处罚，属于新的变通规定形式，也应当在报全国人民代表大会常务委员会和国务院备案时作出说明。

考虑到地方性法规分为省级和设区的市级两个层级，设区的市地方性法规在已经有上位法律、行政法规、省级地方性法规的情况下，在上位法律、行政法规、省级地方性法规对违法行为未作行政处罚规定情况下，可以补充设定行政处罚。

此外，对于自治条例和单行条例设定行政处罚的权限，总的原则是，有地方性法规制定权的地方人大及其常委会，在制定单行条例时可以设定行政处罚，没有地方性法规制定权的地方人大及其常委会，在制定单行条例时不得设定行政处罚。因此，随着《立法法》将地方性法规制定主体扩大至设区的市，省级、设区的市级人大及其常委会制定单行条例时可以设定行政处罚，县级人大及其常委会制定单行条例时不得设定行政处罚。

四、国务院部门规章设定行政处罚的权限

《立法法》第80条第2款规定“部门规章规定的事项应当属于执行法律或者国务院的行政法规、决定、命令的事项”，将部门规章定位为执行而非创制规则。因此，**2021年《行政处罚法》第13条首**

先明确国务院部门规章可以在法律、行政法规规定的给予行政处罚的行为、种类和幅度的范围内作出具体规定，同时在尚未制定法律、行政法规的情况下，赋予了部分较轻的行政处罚设定权限。需要指出的是，本次修法没有将补充设定行政处罚的权限赋予国务院部门规章。

（一）国务院部门规章可以对法律、行政法规规定的行政处罚作具体规定，但必须在法律、行政法规规定的违法行为、处罚种类和幅度范围内作出规定

法律、行政法规对违法行为作出行政处罚规定的，意味着法律、行政法规对什么是违法行为，什么是合法行为，对哪些违法行为给予行政处罚，给予何种行政处罚，给予多重的行政处罚等，均作出了规定。法律、行政法规在我国法律体系中的效力等级高于国务院部门规章。为了执行法律、行政法规，国务院部门规章可以对法律、行政法规规定的行政处罚作出具体规定，但为了维护国家法制统一，国务院部门规章不得超越法律、行政法规，只能在法律、行政法规规定的给予行政处罚的行为、种类和幅度的范围内规定。也就是说，法律、行政法规未认定的违法行为，作为下位法的国务院部门规章原则上不得认定为违法行为；法律、行政法规对某一违法行为规定了若干类行政处罚，作为下位法的国务院部门规章不得增加新的较重的行政处罚种类；法律、行政法规对某一违法行为规定了某一行政处罚种类，并规定了行政处罚的幅度，如一定幅度的罚款，作为下位法的国务院部门规章不得超出最高限额。在本次修法过程中，补充设定行政处罚的权限赋予了行政法规、地方性法规，但没有赋予国务院部门规章，也就是说在法律、行政法规对违法行为未作出行政处罚规定时，国务院部门规章不得补充设定行政处罚。

（二）在尚未制定法律、行政法规的情况下，国务院部门规章可以设定警告、通报批评和一定数额罚款的行政处罚

在1996年制定《行政处罚法》时，国务院部门规章是否有设定行政处罚的权限是一个争议问题。权力原则上可以上授、他授，但不可自授。国务院部门规章制定程序较为简单。因此，有不少意见认为不宜赋予国务院部门规章设定行政处罚的权限。但考虑到在实践中国务院部门规章发挥着一定作用，允许其有限的行政处罚设定权限是必要的。①

2015年修改的《立法法》出台后，国务院部门规章能否设定行政处罚又成为一个话题。《立法法》第80条第2款规定："……没有法律或者国务院的行政法规、决定、命令的依据，部门规章不得设定减损公民、法人和其他组织权利或者增加其义务的规范，不得增加本部门的权力或者减少本部门的法定职责。"有人认为，原《行政处罚法》有关国务院部门规章可以设定警告、一定数额罚款的规定减损了当事人的权利，增加了本部门的权力，与《立法法》上述规定不一致。这个问题当时考虑的是特别法与一般法的关系，可留待《行政处罚法》修改时进一步解决。

2021年《行政处罚法》对国务院部门规章的行政处罚设定权限仍持谨慎态度，一方面是严控，在已经制定法律、行政法规的领域，国务院部门规章主要是具体执行，必须在法律、行政法规规定的违法行为、处罚种类和幅度范围内作出规定，不得超越、创制。另一方面是适度授权，在尚未制定法律、行政法规的领域，国务院部门规章有一定设定权限，设定权限限制在警告、通报批评、一定数额的罚款这三类较轻的行政处罚。对于《行政处罚法》第13条规定与

---

① 全国人大常委会法制工作委员会国家法室、行政法室编著：《〈中华人民共和国行政处罚法〉释义》，法律出版社1996年版，第30—31页。

《立法法》第80条第2款规定之间关系的处理，可以将《行政处罚法》第13条规定作为国务院部门规章设定行政处罚的法律依据，同时按照旧的一般法与新的特别法适用规则，优先适用《行政处罚法》第13条的规定。

对于设定的罚款数额，根据《通知》，部门规章设定罚款，要坚持过罚相当，罚款数额要与违法行为的事实、性质、情节以及社会危害程度相当，该严的要严，该轻的要轻。法律、行政法规对违法行为已经作出罚款规定的，部门规章必须在法律、行政法规规定的给予行政处罚的行为、种类和幅度的范围内规定。尚未制定法律、行政法规，因行政管理迫切需要依法先以部门规章设定罚款的，设定的罚款数额不得超过10万元，且不得超过法律、行政法规对相似违法行为的罚款数额，涉及公民生命健康安全、金融安全且有危害后果的，设定的罚款数额不得超过20万元；超过上述限额的，要报国务院批准。在上述这些情况下，部门规章实施一定时间后，需要继续实施其所设定的罚款且需要上升为法律、行政法规的，有关部门要及时报请国务院提请全国人大及其常委会制定法律，或者提请国务院制定行政法规。修改部门规章时，要结合实际研究调整罚款数额的必要性，该降低的要降低，确需提高的要严格依照法定程序在限额范围内提高。

五、地方政府规章设定行政处罚的权限

地方政府规章在我国法律体系中处于较低的位阶。《立法法》第82条第2款中规定："地方政府规章可以就下列事项作出规定：（一）为执行法律、行政法规、地方性法规的规定需要制定规章的事项；（二）属于本行政区域的具体行政管理事项。"因此，**《行政处罚法》第14条首先明确地方政府规章可以在法律、行政法规、地方性法规规定的给予行政处罚的行为、种类和幅度的范围内作出具体规定，同时在尚未制定法律、行政法规、地方性法规的情况下，赋予**

了部分较轻的行政处罚设定权限。需要指出的是，本次修法没有将补充设定行政处罚的权限赋予地方政府规章。

（一）地方政府规章可以对法律、行政法规、地方性法规规定的行政处罚作具体规定，但必须在法律、行政法规、地方性法规规定的违法行为、处罚种类和幅度范围内作出规定

法律、行政法规、地方性法规对违法行为作出行政处罚规定的，也就意味着法律、行政法规、地方性法规对什么是违法行为，什么是合法行为，对哪些违法行为给予行政处罚，给予何种行政处罚，给予多重的行政处罚等，均作出了规定。法律、行政法规、地方性法规在我国法律体系中效力等级高于地方政府规章。为了执行法律、行政法规、地方性法规，地方政府规章可以对法律、行政法规、地方性法规规定的行政处罚作出具体规定，但为了维护国家法制统一，地方政府规章不得超越法律、行政法规、地方性法规，只能在法律、行政法规、地方性法规规定的给予行政处罚的行为、种类和幅度的范围内规定。也就是说，法律、行政法规、地方性法规未认定的违法行为，作为下位法的地方政府规章原则上不得认定为违法行为；法律、行政法规、地方性法规对某一违法行为规定了若干类行政处罚，作为下位法的地方政府规章不得增加新的较重的行政处罚种类；法律、行政法规、地方性法规对某一违法行为规定了某一行政处罚种类，并规定了行政处罚的幅度，如一定幅度的罚款，作为下位法的地方政府规章不得超出最高限额。在本次修法过程中，补充设定行政处罚的权限赋予了行政法规、地方性法规，但没有赋予国务院部门规章和地方政府规章，也就是说在法律、行政法规、地方性法规对违法行为未作出行政处罚规定时，地方政府规章不得补充设定行政处罚。

（二）在尚未制定法律、行政法规的情况下，地方政府规章可以设定警告、通报批评和一定数额罚款的行政处罚

在1996年制定《行政处罚法》时，地方政府规章是否有设定行政处罚的权限是一个争议问题。此次《行政处罚法》修改，考虑到实践中法律、行政法规、地方性法规已经较为完备，但在行政管理方面仍有空白之处，特别是对一些地方经济社会发展过程中的新兴事物，仍需要通过地方政府规章及时予以规范。因此，本次修法对地方政府规章的行政处罚设定权限仍持谨慎态度，一方面是严控，在已经制定法律、行政法规、地方性法规的领域，地方政府规章主要是具体执行，必须在法律、行政法规、地方性法规规定的违法行为、处罚种类和幅度范围内作出规定，不得超越、创制。另一方面是适度授权，在尚未制定法律、行政法规、地方性法规的领域，地方政府规章有一定的设定权限，设定权限限制在警告、通报批评、一定数额的罚款这三类较轻的行政处罚。对于《行政处罚法》第14条规定与《立法法》第82条第6款规定之间关系的处理，可以将《行政处罚法》第14条规定作为地方政府规章设定行政处罚的法律依据，同时按照旧的一般法与新的特别法的适用规则，优先适用该条规定。

在“鲁潍（福建）盐业进出口有限公司苏州分公司诉江苏省苏州市盐务管理局盐业行政处罚案”[①]中，苏州盐务局对鲁潍公司作出行政处罚，虽然符合《江苏省〈盐业管理条例〉实施办法》规定，但由于该实施办法的规定违反了《行政许可法》和《行政处罚法》的相关规定，人民法院在审理时不予参照适用。在已经制定行政法规——《盐业管理条例》的情况下，地方性法规和地方性规章对未办理工业盐准运证的经营单位设定行政处罚，应当遵守《行政处罚法》所确立的原则和规定，只能在行政法规规定的给予行政处罚的

---

① 最高人民法院指导案例5号，最高人民法院审判委员会讨论通过，2012年4月9日发布。

行为、种类和幅度的范围内作出具体规定。由于《盐业管理条例》对盐业公司之外的其他企业经营盐的批发业务没有规定行政处罚，也没有规定对未办理工业盐准运证的单位从事工业盐经营要予以行政处罚，故地方政府规章不能对盐业公司之外的其他企业经营盐的批发业务的行为和未办理工业盐准运证的单位从事工业盐经营规定行政处罚。

此外，地方政府规章设定罚款的限额，依法由省、自治区、直辖市人大常委会规定。

六、定期组织对行政处罚事项及种类、罚款数额进行评估、清理

《行政处罚法》不仅要对设定权限作出规定，保障行政处罚“产生”有序、规范，也有对已经设定的行政处罚提出定期组织评估、清理的要求，形成有进有退、合理有度的良性发展。《行政处罚法》新增了定期组织评估、清理制度，为党中央关于最大限度减少不必要行政执法事项决策部署提供了法律制度保障，有利于防止执法不公、执法随意、执法扰民。重点是：要坚决取消没有法律法规规章依据的执法事项，大力清理已无实施必要、交叉重复的执法事项，对涉及的相关法律法规规章及时进行清理修订。《通知》进一步规定：国务院部门和省、自治区、直辖市人民政府及其有关部门要认真落实行政处罚定期评估制度，结合立法计划规划每5年分类、分批组织一次评估。对评估发现有不符合上位法规定、不适应经济社会发展需要、明显过罚不当、缺乏针对性和实用性等情形的行政处罚规定，要及时按照立法权限和程序自行或者建议有权机关予以修改、废止。要加强对行政规范性文件的合法性审核，行政规范性文件不得设定行政处罚；违法规定行政处罚的，相关规定一律无效，不得作为行政处罚依据。

（一）由国务院部门和省、自治区、直辖市人民政府及其有关部门定期组织评估

立法后评估是一项促进法律制度有效实施、不断加强改进和相关工作的重要制度。《立法法》第63条规定："全国人民代表大会有关的专门委员会、常务委员会工作机构可以组织对有关法律或者法律中有关规定进行立法后评估。评估情况应当向常务委员会报告。"这是立法机关相关部门可以开展立法后评估的规定，既可以是对法律中几项制度的立法后评估，也可以是对整部法律的立法后评估。《行政处罚法》第15条规定的评估也属于立法后评估，但有以下几个特点。

一是由行政机关组织开展立法后评估。例如，国务院部门作为草案起草单位或者实施单位，对法律、行政法规和国务院部门规章中的行政处罚规定，省、自治区、直辖市人民政府及其有关部门作为草案起草单位或者实施单位，对法律、行政法规、地方性法规和地方政府规章中的行政处罚规定，实施立法后评估。《行政许可法》《行政强制法》均规定了立法后评估制度，由设定机关即立法机关定期进行评价，实施机关即政府及其有关部门适时进行评价。在这两部法律的实施过程中，立法机关定期评价很难做到，实施机关适时评价刚性不足。在总结经验的基础上，本次修法聚焦于行政机关立法后评估，这也是对《立法法》相关规定的补充。

二是开展立法后评估是行政机关的一项法定义务。《行政处罚法》第15条的表述用了"应当"，也就是说**开展立法后评估是相关行政机关的法定职责，应当依法履行**。尽管该条未明确开展立法后评估的具体时间要求，但"定期组织评估"要求行政机关开展立法后评估是一项常态性、长期性工作，而非临时性、一时性工作。

三是行政机关组织开展立法后评估主要是对行政处罚制度的评估，而非对整部法律规范的评估。如对整部法律规范的评估，应当

适用《立法法》等相关规定。

（二）评估内容为行政处罚的实施情况和必要性

行政机关对行政处罚规定定期组织评估，评估的内容为该领域或者部门实施行政处罚的情况，包括总体实施情况，各类行政处罚的适用情况，行政处罚裁量权的行使情况，行政复议和行政诉讼情况，以及基层执法部门反映的突出问题等。在此基础上，还应对行政处罚规定存在的必要性进行评估，按照中央要求，最大限度减少不必要的行政处罚事项，重点是没有法律法规规章依据的行政处罚事项，多年来没有实施或者较少实施且已无实施必要的行政处罚事项，以及交叉重复的行政处罚事项。

（三）评估的目的是对不适当的行政处罚事项及种类、罚款数额等提出修改或者废止的建议

经过评估，对于不适当的行政处罚事项以及行政处罚事项是适当的，但行政处罚种类和罚款额度不适当的，国务院部门和省、自治区、直辖市人民政府及其有关部门应当向相关立法机关或者有权机关提出修改或者废止的建议。**提出修改或者废止的建议，也是国务院部门和省、自治区、直辖市人民政府及其有关部门的一项法定职责，应当依法履行。**

七、无权设定行政处罚的禁止规定

按照《立法法》的规定，我国立法形式包括法律、行政法规、地方性法规、国务院部门规章、地方政府规章。在1996年制定《行政处罚法》时，确定了不同位阶的法律规范有不同行政处罚设定权限的制度。《行政处罚法》第16条从反面的角度作了禁止性规定，进一步明确不属于立法形式的其他规范性文件不得设定行政处罚。

其他规范性文件，俗称“红头文件”，是指有权机关依照法定权

限、程序制定并公布，涉及公民、法人和其他组织权利义务，具有普遍约束力，在一定期限内反复适用的公文。在实践中，其他规范性文件是有权机关依法履行职能的重要方式，直接关系群众的切身利益。主要表现形式为：一是国务院除行政法规、决定、命令以外的其他规范性文件，如通知、通告、批复、会议纪要等。二是国务院各部委除规章以外的其他规范性文件。三是省、自治区、直辖市人大及其常委会和设区的市人大及其常委会除地方性法规以外的其他规范性文件。四是省、自治区、直辖市和设区的市人民政府及其部门除规章以外的其他规范性文件。五是没有地方性法规和地方政府规章制定权的县（市）、市辖区、乡镇街道人大和政府的规范性文件。六是军事机关、监察机关、审判机关、检察机关等制定的规范性文件。七是村委会、居委会的规范性文件。八是各种社会组织、企业事业单位的规范性文件等。根据《行政处罚法》第16条的规定，上述其他规范性文件均不得设定行政处罚。凡是以上各种规范性文件设定了行政处罚的，公民、法人和其他组织有权拒绝接受行政处罚，并有权提出纠正意见或者向有关国家机关检举控告。但是，其他规范性文件可以在上一层法律规范赋予的自由裁量权范围内，对行政处罚的行为、种类和幅度作出具体规定。

实践中有一类特殊情况，一些社会团体、行业协会根据法律法规授权，按照章程对成员进行处罚。如《律师法》规定，律师协会应当制定行业规范和惩戒规则，履行对律师、律师事务所实施奖励和惩戒等职责。对上述处罚、惩戒措施的法律性质，尚有不同认识。从加强对社会团体、行业协会监督，防止行业封闭，以及法律关系属于管理与被管理关系等角度看，似应将这些处罚、惩戒措施作为行政处罚行为。如果作为行政处罚行为，那么相关章程、行业规范和惩戒规则，按照法律授权，设定了行政处罚，应当视为《行政处罚法》第16条规定的例外情形。

《行政处罚法》实施20多年来，其他规范性文件不得设定行政处罚的观念已经深入人心，很好地解决了行政处罚设定乱问题。2021年《行政处罚法》的修改保留了原有规定，严格行政处罚设定权的指导思想没有发生变化。实践中，2018年国务院办公厅《关于加强行政规范性文件制定和监督管理工作的通知》明确要求，**严禁越权发文，行政规范性文件不得设定行政许可、行政处罚、行政强制等事项，不得违法减损公民、法人和其他组织的合法权益或增加其义务。同时，要求全面推行行政规范性文件合法性审核机制，严格审核是否违法设立行政许可、行政处罚、行政强制等事项。**

思考题

1.“取缔”“收缴”“训诫”“责令赔偿”“责令恢复原状”“责令限期整改”“撤回行政许可”“撤销行政许可”“不得申请行政许可”“列入黑名单”等，是否属于行政处罚？

2.《行政处罚法》为什么就不同种类的行政处罚，规定了不同的设定权限？

3.从执法人员的角度来看，2021年《行政处罚法》关于地方性法规和规章的行政处罚设定权限的规定，能否满足实践需要？

第四章　行政处罚的实施主体

本章知识要点

- □ 行政处罚实施主体的概念
- □ 实施主体与非实施主体的区分
- □ 综合行政执法与相对集中行政处罚权改革对行政处罚实施主体的影响
- □ 综合行政执法与相对集中行政处罚权改革应坚持的原则
- □ 法律、法规授权的组织实施行政处罚的条件
- □ 行政机关委托其他组织实施行政处罚的条件
- □ 受委托组织的法律地位

第一节　行政处罚实施主体概述

一、行政处罚实施主体的概念与特点

行政处罚实施主体，指的是依法具有行政处罚的实施职权，能够以自己的名义实施行政处罚，并独立承担相应法律后果的行政机关或组织。行政处罚权直接关系到公民、法人和其他组织的合法权益，因而只能由法定的行政机关和授权组织行使。对于行政处罚实施主体这一概念，可以从以下三个方面予以把握。

第一，行政处罚实施主体依法具有行政处罚权。行政处罚权是行政权力的一个重要组成部分，它是国家为了实现其行政职能而创制的一种制裁性权力，与司法制裁权一道起着维护社会秩序、社会安全和保障公民合法权益的作用。行政处罚权由国家强制力保障实施，是国家行政机关制裁行政违法行为的内在需要，其以剥夺或限制被处罚人的权利和利益、增加因违法而致新的义务为内容。由于行政处罚权的行使会对被处罚人造成直接不利后果，特别是可能涉及财产权、人身权等基本权利，如果在行政处罚权的行使中存在违法或不当，就很可能造成对公民、法人和其他组织权利的严重侵害，因此必须对其依法加以严格限制，保障行政处罚权的依法行使。行政处罚实施主体的法定化，正是依法行使行政处罚权在主体方面的具体体现。

第二，行政处罚实施主体能够以自己的名义实施行政处罚。一些组织虽然有权对违反行政管理制度的相对人进行处理，但不能以自己的名义作出行政处罚决定。例如，一些行政机关下属的执法分队、办公室或其他内设机构，虽然在执法活动中可能是行政处罚的直接作出者，但在没有法律法规授权的情况下，它们并不能以执法分队或办公室的名义作出处罚，它们所属的机关才是行政处罚的实施主体。在一些情况下，行政机关根据法律、法规或规章的规定，将相应的处罚权委托给其他具有管理公共事务职能的组织，这些受委托组织自身也并非行政处罚的实施主体，而必须以委托行政机关的名义实施行政处罚。

第三，行政处罚实施主体须独立承担相应法律后果。行政处罚实施主体行使权力，并承担相应法律后果，是权责统一的必然要求。这里所谓的“法律后果”，最为典型的就是当相对人不服行政处罚，提起行政复议或行政诉讼时，作复议被申请人或行政诉讼被告；以及当相对人因行政处罚违法而受到损失时，承担行政赔偿责任。这里需要区分行政处罚的内部责任和外部责任，违法实施行政处罚的主管人员或直接责任人员会受到相应的追责，但这种追责是行政机关或组织内部的责任追究，对外而言，行政处罚实施主体仍作为一个整体承担相应责任。

在行政处罚的实践和理论中，存在一些与行政处罚实施主体相关或类似但有所区别的概念，可能引起一定的混淆，这里有必要加以说明。其一是行政机关。行政机关是行政处罚实施主体的重要部分，但二者不可简单等同：一方面，行政机关不都是行政处罚实施主体。根据《行政处罚法》，只有法律、法规规定有权行使行政处罚权的行政机关才是行政处罚实施主体。另一方面，行政处罚主体不仅包括行政机关，还包括经由法律、法规授权，有权依法实施行政处罚的组织。其二是行政处罚法律关系主体。行政处罚法律关系主体是一个学理概念，指的是在行政处罚法律关系中享有权利和承担义务的机关、组织和个人，既包括行政主体，也包括行政相对人，范围要广于行政处罚的实施主体。其三是行政处罚执法人员。行政处罚执法人员是行政处罚的具体执行人员，机关、组织实施行政处罚，往往需要由具体的执法人员完成，但这些执法人员是作为机关、组织的一员，以机关、组织的名义实施行政处罚的，本身并不是行政处罚的实施主体。

行政处罚实施主体制度是行政处罚制度的基本内容，从1996年起实施的《行政处罚法》第三章专门就行政处罚的实施主体问题进行了规定，实现了实施主体的制度化，对于规范行政处罚权和保障公民合法权益具有重要意义。随着行政体制改革的深入，行政处罚实施主体也面临一些新的发展变化。因此，2021年新修订的《行政处罚法》在实施主体方面的规定上进行了适当调整。根据《行政处罚法》的规定，行政处罚的实施主体包括具有行政处罚权的行政机关，以及法律、法规授权的具有管理公共事务职能的组织；受委托组织不具有主体地位，其法律后果由委托机关承担。

二、行政处罚实施主体制度与综合行政执法

在行政处罚实施主体制度上，《行政处罚法》修订的一个重要内容是确立了综合行政执法的法律地位。《行政处罚法》第18条规定，国家在城市管理、市场监管、生态环境、文化市场、交通运输、应急管理、农业等领域推行建立综合行政执法制度，相对集中行政处罚权。

“综合行政执法”与“相对集中行政处罚权”两个概念之间存在密切联系，它们都是解决多头执法、重复执法、执法扰民和执法队伍膨胀等问题的重要举措，对于提高行政执法效能、维护社会经济秩序、保障和促进社会生产力的发展具有十分重要的意义。同时，二者之间也存在一定的区别。相对集中行政处罚权，是根据《行政处罚法》对部分行政处罚权的相对集中；而综合行政执法则是在相对集中行政处罚权的基础上对执法工作的改革。与相对集中行政处罚权相比，综合行政执法涵盖的范围更广：一方面，综合行政执法不仅针对行政处罚权的权能，还涉及行政执法主体的职责权限、机构设置、人员编制等组织机构上的重要调整；另一方面，综合行政执法所涉领域除了行政处罚之外，还包含行政许可权、行政强制权、行政给付权、行政征收权、行政确认权、行政检查权等多项行政权能。

综合行政执法与相对集中行政处罚权是完善执法体制、提高执法效能的必然要求，也是实现国家治理体系和治理能力现代化的必由之路。在过去，我国执法领域多采取条块结合的管理体制，在实践中导致了部门职责交叉、权责脱节和效率不高等问题，对政府全面正确履行职能产生了不利影响，在一定程度上制约了经济社会发展。因此，在1996年《行政处罚法》实施后的20多年里，综合行政执法与相对集中行政处罚权一直是深化行政管理体制改革、推动行政执法体制创新的重要内容。

《行政处罚法》修订将“综合行政执法”纳入其中，进一步体现

了立法对于行政执法体制改革的整体关注。这种改革涉及横向上的部门之间关系和纵向上的央地关系。在横向上，综合行政执法与相对集中行政处罚权要求打破传统部门之间的界限，《中共中央关于全面推进依法治国若干重大问题的决定》提出了“跨部门综合执法”的要求，《中共中央关于深化党和国家机构改革的决定》和《深化党和国家机构改革方案》进一步提出了“统筹配置行政处罚职能和执法资源，相对集中行政处罚权”，“整合精简执法队伍”，“一个部门设有多支执法队伍的，原则上整合为一支队伍”，“推动整合同一领域或相近领域执法队伍，实行综合设置”。在纵向上，综合行政执法与相对集中行政处罚权要求在中央与地方、市域与基层之间合理配置权责，对于地方特点突出的事务，中央应更多从宏观角度进行调控，而充分发挥地方特别是基层与执法对象距离较近、更加了解公众需求、执法活动针对性强等方面的优势，推进执法重心下移。

在具体工作中，尤其要注意以下几个问题：一是充分发挥地方立法的作用，结合本地区实际需要，对综合执法特别是基层执法队伍的地位与权限作出明确规定，为其执法活动提供法律依据；二是根据综合执法部门职能履行的需要，合理配置相应的人权、财权、事权，实现综合执法部门的权责统一；三是进一步发挥省级市级政府在统筹协调和监督上的功能，形成制度合力，最终达成构建权责清晰、运转高效的综合行政执法体制的目标。

第二节　作为行政处罚实施主体的行政机关

行政处罚实施主体中最常见的一类，是行政机关。行政机关，即国家行政机关，指的是国家按照宪法和有关组织法的规定设立的，依法享有并运用国家行政权，负责对国家各项行政事务乃至相应的社会公共事务进行组织、管理、指挥和监督的国家机关。《行政处罚法》第17条规定，行政处罚由具有行政处罚权的行政机关在法定职权范围内实施。该规定强调了《行政处罚法》的主体法定原则，并非所有的行政机关都有行政处罚权，究竟哪些行政机关有处罚权，须由法律和行政法规规定，行政机关实施行政处罚必须严格遵循其法定职权。

一、行政机关作为行政处罚实施主体的基本条件

《行政处罚法》规定，行政处罚原则上由县级以上人民政府具有行政处罚权的行政机关实施。行政机关具体包括中央行政机关和地方国家行政机关。中央行政机关包括国务院、国务院各部委、国务院直属机构、国务院各部委管理的国家局以及国务院的办公和办事机构等。地方国家行政机关包括地方各级人民政府、地方各级人民政府的职能部门以及地方人民政府的派出机关。同时，根据《行政处罚法》第24条的规定，乡镇人民政府、街道办事处经过省、自治区、直辖市授权，亦可作为行政处罚的实施机关。行政机关成为法定的行政处罚实施主体，须具备以下条件。

一是履行外部行政管理职能。行政机关行使的管理职能大致可分为对外和对内两种。其中，内部机关的主要职责是对行政机关内部的人员和事务实施管理，以保证机关职能的顺利履行，因此一般不具有行政处罚权。此外，负有外部管理职能的行政机关下属的内设机构和派出机构，除非有法律、法规的明确授权，否则不具有独立的法律地位，不能以自己的名义实施行政处罚。

二是经由法律法规授予处罚权。行政机关具有管理社会事务的相应权力，但这种权力并不必然包含行政处罚权。究竟哪些行政机关具有行政处罚权，必须根据法律、法规的规定进行判断。需要注意的是，根据《行政处罚法》第13条、第14条的规定，规章在尚未制定法律、行政法规的情况下，可以设定警告等部分行政处罚，但实施该处罚的机关必须是依法律法规规定具有行政处罚权的机关，

规章不能规定由原本没有行政处罚权的机关来实施这些处罚。

三是在法定职权范围之内实施。不同的行政机关具有不同的管理职权，其行政处罚权的实施必须在其职权范围之内，具体包括：（1）符合部门管辖权规定，不得行使应由其他部门行使的处罚权；（2）符合地域管辖权规定，不得随意跨地域执法；（3）符合级别管辖权规定，下级机关不得行使上级机关的处罚权，上级机关需要提级管辖的，也应当严格按照法律要求进行；（4）遵循行政机关与其他机关的管辖权界限，如违法行为涉嫌犯罪，必须及时移送司法机关处理。

二、综合行政执法与相对集中行政处罚权对行政机关处罚权的影响

综合行政执法与相对集中行政处罚权与过去常见的“联合执法”不同，联合执法是多个具有行政执法权的机关共同进行执法活动，其处罚权等执法权并未在机关之间发生转移；而**在综合行政执法与相对集中行政处罚权中，原先有处罚权的行政机关已经不再行使相应的处罚权，而改由集中后的行政机关行使。**

（一）综合行政执法与相对集中行政处罚权的主要领域

综合行政执法与相对集中行政处罚权工作一开始主要针对的是城市管理领域，随着试点的推进和经验的积累，相对集中行政处罚权的范围逐渐扩展至文化执法、农业执法等多个领域。2018年，中共中央印发《深化党和国家机构改革方案》，提出建立市场监管、生态环境保护、文化市场、交通运输、农业5支综合执法队伍。《行政处罚法》第18条第1款规定，“国家在城市管理、市场监管、生态环境、文化市场、交通运输、应急管理、农业等领域推行建立综合行政执法制度，相对集中行政处罚权”，由一个行政机关统一实施相关领域的行政处罚，从而为相关改革工作提供了明确的法律依据，体

现了重大改革于法有据的精神。根据《行政处罚法》和相关文件的规定，综合行政执法与相对集中行政处罚权在各领域的具体内容主要包括以下几个方面。

1.城市管理领域

城市管理领域的相对集中行政处罚权工作在1997年便已开展，是我国综合行政执法与相对集中行政处罚权工作开展相对较早的领域。根据《国务院关于进一步推进相对集中行政处罚权工作的决定》等文件的规定，当时城市管理领域集中行政处罚权的范围主要包括市容环境卫生管理、城市规划管理、城市绿化管理、市政管理、环境保护管理、工商行政管理、公安交通管理等多个领域。随着城市规模不断扩大，建设水平逐步提高，保障城市健康运行的任务日益繁重，2015年中共中央、国务院出台《关于深入推进城市执法体制改革改进城市管理工作的指导意见》，进一步明确了推进城市管理综合执法的具体范围，包括：住房城乡建设领域法律法规规章规定的全部行政处罚权；环境保护管理方面社会生活噪声污染、建筑施工噪声污染、建筑施工扬尘污染、餐饮服务业油烟污染、露天烧烤污染、城市焚烧沥青塑料垃圾等烟尘和恶臭污染、露天焚烧秸秆落叶等烟尘污染、燃放烟花爆竹污染等的行政处罚权；工商管理方面户外公共场所无照经营、违规设置户外广告的行政处罚权；交通管理方面侵占城市道路、违法停放车辆等的行政处罚权；水务管理方面向城市河道倾倒废弃物和垃圾及违规取土、城市河道违法建筑物拆除等的行政处罚权；食品药品监管方面户外公共场所食品销售和餐饮摊点无证经营，以及违法回收贩卖药品等的行政处罚权。

2.市场监管领域

根据《关于深化市场监管综合行政执法改革的指导意见》，市场监管领域的综合执法范围包括工商、质检、食品、药品、物价、商标、专利等领域的执法职责。在执法主体上，地方应组建市场监管综合执法队伍，市县两级以市场监管部门的名义统一行使行政处罚权以及与之相关的行政检查、行政强制权，包括投诉举报的受理和行政处罚案件的立案、调查、处罚等。2019年2月，市场监管总局发布《关于贯彻落实〈关于深化市场监管综合行政执法改革的指导意见〉的通知》，对基层综合执法体制、省级综合执法体制的设置及其关系进行了更为具体的规定。

3.生态环境领域

根据《关于深化生态环境保护综合行政执法改革的指导意见》，生态环境保护领域的综合执法范围包括环境保护和国土、农业、水利、海洋等部门相关污染防治和生态保护执法职责。在执法主体上，生态环境保护综合执法队伍以本级生态环境部门的名义，依法统一行使污染防治、生态保护、核与辐射安全的行政处罚权以及与行政处罚相关的行政检查、行政强制权等执法职能；在级别上，除直辖市外，县（市、区、旗）执法队伍在整合相关部门人员后，随同级生态环境部门并上收到设区的市，由设区的市生态环境局统一管理、统一指挥。2020年，国务院办公厅出台《关于生态环境保护综合行政执法有关事项的通知》，同意生态环境部印发《生态环境保护综合行政执法事项指导目录（2020年版）》，该目录对生态环境保护领域的处罚事项及实施主体作出了明确规定。

4.文化市场领域

文化市场领域的综合执法范围包括文化、文物、出版、广播电视、电影、旅游市场等。在执法主体上，由文化市场综合执法队伍统一行使相关行政执法职责；各省、自治区文化和旅游部门整合相关执法职责，在相对集中行政处罚权基础上，履行本地区执法指导监督、大案要案督办、跨区域重大案件查处和组织协调等职能。各直辖市和市县两级要整合组建文化市场综合执法队伍，统一行使文化、文物、出版、广播电视、电影、旅游市场行政执法职责，并承担“扫黄打非”有关工作任务，由相关文化和旅游部门负责管理并以部门名义实施执法；县、市、区一般实行“局队合一”体制。

2018年，中共中央办公厅、国务院办公厅印发《关于深化文化市场综合行政执法改革的指导意见》，就文化市场领域的相关改革工作作出全面的指导。2021年，国务院办公厅印发《关于文化市场综合行政执法有关事项的通知》，文化和旅游部印发《文化市场综合行政执法事项指导目录（2021年版）》，就各具体领域实施综合执法的依据和责任主体作出了规定。

5.交通运输领域

交通运输领域的综合执法范围包括交通运输系统内公路路政、道路运政、水路运政、航道行政、港口行政、地方海事行政、工程质量监督管理等领域的行政处罚以及与行政处罚相关的行政检查、行政强制等执法职能。在执法主体上，应组建交通运输综合行政执法队伍，以交通运输部门名义实行统一执法。2018年，中共中央办公厅、国务院办公厅印发《关于深化交通运输综合行政执法改革的指导意见》。2020年，国务院办公厅出台《关于交通运输综合行政执法有关事项的通知》，同意交通运输部印发《交通运输综合行政执法事项指导目录（2020年版）》，该目录对交通运输领域的处罚事项及实施主体作出了明确规定。

6.应急管理领域

应急管理领域的综合执法范围包括法律法规赋予地方应急管理部门的有关危险化学品、烟花爆竹、矿山、工贸等行业领域安全生产监管，以及地质灾害、水旱灾害、森林草原火灾等有关应急抢险和灾害救助、防震减灾等方面的行政处罚、行政强制职能。在执法主体上，应组建应急管理综合行政执法队伍，以本级应急管理部门名义统一执法。在级别上，应急管理综合行政执法职责主要由市县两级承担。日常执法检查、一般违法案件查处以县级为主。设区的市主要承担法律法规直接赋予本级的执法职责，组织查处辖区内跨区域和具有重大影响的复杂案件，监督指导辖区内执法体系建设和执法工作。设区的市及其市辖区按照减少执法层级、不重复执法的要求，原则上实行以区为主的执法管理体制。市县两级应急管理部门原则上实行“局队合一”体制，形成监管执法合力。2020年，中共中央办公厅、国务院办公厅印发《关于深化应急管理综合行政执法改革的意见》，对明确应急管理执法地位、加强专业化监管执法能力建设、规范执法行为、加强执法监督等作出了全面规定。2021年，应急管理部、司法部联合印发《应急管理综合行政执法技术检查员和社会监督员工作规定（试行）》，对于加强应急管理部门执法专业力量建设，强化对行政执法工作的社会监督具有重要作用。

7.农业领域

农业领域的综合执法范围包括渔政、动物卫生监督、植物检疫等。县（市、区）要在全面组建农业综合执法队伍的基础上，根据实际情况探索实行农业农村部门与综合执法队伍的“局队合一”体制。2018年，中共中央办公厅、国务院办公厅印发《关于深化农业综合行政执法改革的指导意见》，就全面整合农业执法队伍、正确把握队伍组建方式、加快健全综合执法体系作出重要部署。2020年，国务院办公厅进一步出台《关于农业综合行政执法有关事项的通知》，同意农业农村部印发《农业综合行政执法事项指导目录（2020年版）》，该目录对农业领域的处罚事项及实施主体作出了明确规定。

上述7个领域并非综合行政执法与相对集中行政处罚权的全部领域。《行政处罚法》第18条采取了“等领域”的表述，这一表述为未来在中央统一部署下，其他领域开展综合行政执法与相对集中行政处罚权工作提供了空间。

（二）综合行政执法与相对集中行政处罚权的原则与限制

1.综合行政执法与相对集中行政处罚权应遵循的原则

综合行政执法与相对集中行政处罚权是我国行政体制改革的重要内容，其主要目的是解决过去行政处罚等执法领域职能配置不合理、责任划分不清晰、执法效能不高等问题，这也意味着综合行政执法不是简单对机关予以合并，而是要有效地服务于上述目的。根据《行政处罚法》《中共中央关于深化党和国家机构改革的决定》《深化党和国家机构改革方案》等文件的规定，综合行政执法与相对集中行政处罚权工作应遵循以下原则。

其一是整合精简原则。要整合精简执法队伍，一个部门设有多支执法队伍的，原则上整合为一支队伍，推动整合同一领域或相近领域执法队伍，实行综合设置。综合行政执法与相对集中行政处罚权是为了解决职权交叉、多头执法、机构臃肿、效率低下、重复处罚等问题。对此，应尽量减少同一类违法行为上存在多个主管机关的情形，而将其整合至同一个部门实施处罚。

其二是关联性原则。《行政处罚法》规定，国务院或者省、自治区、直辖市人民政府可以决定一个行政机关行使有关行政机关的行政处罚权，这里的“有关行政机关”应当与行使行政处罚权的行政机关属于同一领域或相近领域。如果将没有任何联系的事项集中在一起，由一个行政机关实施，执法人员难以掌握，非但无助于提高行政效率，相反会增加行政管理的难度。只有将那些具有“相关性”或“相近性”的项目集中在一起，才符合提高行政执法效率的要求。具体何谓相关性，应当从职能的基础划分、职能目的、职能行使的区域等方面考虑。[①]

其三是统筹配置原则。在综合行政执法与相对集中行政处罚权工作中应统筹考虑各行政机关的能力与资源，选择最适宜的行政机关作为行政处罚的实施机关，提升执法效率，同时要考虑到管理事项的专业程度，一些专业性、技术性较强的领域往往要求行政处罚的实施主体具备相应的技术条件和能力，不能盲目整合。

2.综合行政执法与相对集中行政处罚权的限制

综合行政执法与相对集中行政处罚权亦存在法律上的限制。《行

---

① 王敬波:《相对集中行政处罚权改革研究》，载《中国法学》2015年第4期。

政处罚法》明确指出，**限制人身自由的行政处罚权不应当集中，只能由公安机关和法律规定的其他机关行使**。从现行法律法规看，这里的“其他机关”主要包括：（1）海警机构，即人民武装警察部队海警部队。《海警法》第60条规定，海警机构对依法决定行政拘留的违法行为人和拘留审查的外国人，以及决定刑事拘留、执行逮捕的犯罪嫌疑人，分别送海警机构所在地拘留所或者看守所执行。（2）出入境边防检查机关。《出境入境管理法》第70条规定，“本章规定的行政处罚，除本章另有规定外，由县级以上地方人民政府公安机关或者出入境边防检查机关决定”。（3）国家安全机关。《反间谍法》第29条至第32条规定了国家安全机关对于特定行为具有实施行政拘留的权力。（4）军事禁区、军事管理区、军事设施管理单位。《军事设施保护法》第七章规定了相关的罚则。上述领域通常涉及国家安全和相对人人身自由，应严格按照法律规定，由相应主管机关实施行政处罚，不属于集中范畴。

3.相对集中行政处罚权与相关权力的关系

在之前的相对集中行政处罚权工作中，一个经常遇到的问题是，相对集中处罚权之后，相应的对行政违法行为的认定权以及行政强制权等权力是否随之一并集中。换言之，集中行使处罚权的机关除了作出行政处罚之外，是否有权对相对人的违法行为进行独立认定，是否有权采取行政强制措施等。

根据2012年施行的《行政强制法》第17条“依据《中华人民共和国行政处罚法》的规定行使相对集中行政处罚权的行政机关，可以实施法律、法规规定的与行政处罚权有关的行政强制措施”之规定，与行政处罚有关的强制权一并集中具有法律上的依据。同时，违法行为的认定和在执法过程中采取必要的强制措施，也不可能与处罚权截然剥离开。

不过要注意以下几点：首先，相对集中行政处罚权是将原行政机关的权力交由新的行政机关行使，原行政机关具有相应权力，是权力得以集中的前提，如果原行政机关本就不具备相应权力，那么自然无所谓集中一说。例如《国有土地上房屋征收与补偿条例》规定，房屋征收的强制执行由人民法院进行，那么这种权力就不在相对集中的范围之内，行政机关不能以相对集中行政处罚权为名实施房屋征收中的强制拆除行为。其次，部分专业性较强的违法行为认定权不能盲目集中，例如在城乡规划执法中，一些违建的判断涉及规划、设计方案等技术性问题，需要城乡规划部门先就建筑物是否构成违建作出认定，之后再由城市管理部门等进行处罚。最后，对于行政处罚以外的行政确认等权力的集中，我国目前并无相关法律依据，不能随行政处罚权一同集中。

第三节　行政处罚实施主体中的授权与委托

在行政处罚领域，行政处罚权作为一项制裁性权力，传统看法认为必须由行政机关行使。但是由于行政管理范围不断扩大，以及专业性、技术性日益增强，如果一概要求由行政机关实施行政处罚，无疑会造成机构臃肿的局面。不过如果对这种行政处罚的实施权缺乏必要限制，又极易造成执法主体与职权混乱。因此，《行政处罚法》在制定时特别规定了行政处罚中的授权与委托两种情况，2021年新修订的《行政处罚法》进一步对委托的条件与程序进行了完善。授权与委托是两种不同性质的活动，会带来不同的法律后果，但在实践中又存在一些容易混淆的情形，因此有必要对二者一并加以说明和进行比较。

一、授权与委托概述

在对行政处罚实施中的授权与委托进行阐述之前，有必要先就授权与委托中的一般问题进行说明。本章第一节已经讨论了“行政处罚实施主体”的定义，与此相关的一个概念是学理上所说的“行政主体”。通常认为，行政主体是享有国家行政权，能够以自己的名义行使行政权，并独立承担相应法律后果的机关或组织。这里的行政主体主要包含两个方面：一方面是行政机关，另一方面则是法律、法规授权的组织。法律、法规授权的组织又被称为“被授权组织”，是指行政机关以外的组织经过特定国家机关按照法定形式的授权，从而获得相应行政管理权，具有行政管理的主体资格，可以以自己的名义行使行政管理权，并独立承担由此产生的法律后果的组织。而受委托组织或个人并不属于行政主体。

对于授权与委托之间的区别，可从以下几个方面理解：其一，二者的权力来源不同。授权必须有法律、法规的明文规定作为依据，被授权组织的行政管理权直接来自法律、法规的授予；而委托是行政机关在符合法定条件的情况下，将自身原有的某种职权委托给其他组织行使，后者能够行使相应权力，是基于前者依法作出的委托决定。其二,二者的法律后果不同。授权会使原本并无行政主体资格的组织取得行政主体资格，或使原有行政主体的职权范围扩大、职权内容增加；而委托并不会导致职权以及职责的转移，被委托组织也不能因此取得行使被委托职权的行政主体资格，委托人既是行政职权的享有者，又是行使行政职权的名义人，进而也是行使行政职权引发的一切法律后果的承担者，受委托者必须在委托的范围内以委托者的名义行使相应的职权，并接受委托者的监督。此外，二者在法律依据、具体作出方式以及法定条件等方面亦存在不同。

目前我国一些立法中已经对授权与委托作了区分。例如《行政诉讼法》第2条规定：“公民、法人或者其他组织认为行政机关和行政机关工作人员的行政行为侵犯其合法权益，有权依照本法向人民法院提起诉讼。前款所称行政行为，包括法律、法规、规章授权的组织作出的行政行为。”第26条规定：“公民、法人或者其他组织直接向人民法院提起诉讼的，作出行政行为的行政机关是被告……行政机关委托的组织所作的行政行为，委托的行政机关是被告……”根据前述规定，当事人就被授权组织作出的行政行为提起诉讼的，被授权组织应作被告；而当事人就受委托组织作出的行政行为提起行政诉讼的，应以委托机关为被告，受委托组织不能作被告。又如《国家赔偿法》第7条规定，“法律、法规授权的组织在行使授予的行政权力时侵犯公民、法人和其他组织的合法权益造成损害的，被授权的组织为赔偿义务机关。受行政机关委托的组织或者个人在行使受委托的行政权力时侵犯公民、法人和其他组织的合法权益造成损害的，委托的行政机关为赔偿义务机关”。该条规定同样对授权和委托中的赔偿义务机关作了区分。

具体到行政处罚领域，授权与委托之间区别的一个最直接体现，就是在行政处罚活动中，究竟谁有权以自己的名义实施行政处罚。法律法规授权的组织可以以自己的名义实施行政处罚，而受委托组织尽管是行政处罚的直接作出者，但其并不能以自己的名义实施行政处罚。实践中，一些行政机关的内设机构，或者其他组织根据行政机关所制定的文件，在处罚决定上将自己列为处罚主体，加盖自己的公章，这实际上不符合《行政处罚法》的规定，该处罚决定仍应视为委托机关作出，后续所引发的行政复议、行政诉讼或国家赔偿等活动也应由委托机关参加。此外，一些组织的权力来源较为复杂，部分事项获得了法律法规的授权，部分事项则只是根据行政机关的内部文件进行，此时该组织究竟是法律法规授权的组织还是受委托组织，应视其实施处罚的具体事项而定，不能认为其当然地在所有处罚活动中都具有实施主体的地位。

二、行政处罚实施主体中的授权问题

《行政处罚法》上的授权，指的是国家有权机关通过法律或法规的形式，授权特定组织在特定管理事项上获得相应的行政处罚权，使其具有行政处罚的主体资格，可以以自己的名义实施行政处罚，并独立承担由此产生的法律后果。为克服现实中一些部门和地方乱授权造成乱处罚、滥罚款的现象，1996年《行政处罚法》第17条规定，法律、法规授权的具有管理公共事务职能的组织可以在法定授权范围内实施行政处罚，2021年《行政处罚法》第19条沿袭了这一规定。该条规定明确了被授权组织实施行政处罚的条件，授予一定具有管理公共事务职能的组织以职权，使其可以在法定授权范围内实施处罚，符合提升执法效率和质量的客观需要。不过由于行政处罚的制裁性，这种授权必须慎重。

在具体的授权主体方面，现行的一些法律法规已经作出规定。例如，《水法》规定，流域管理机构有对特定违法行为实施一定数额罚款的权力；《上海市民用机场地区管理条例》规定，机场管理机构有对违反条例的行为进行行政处罚的权力；等等。

在授权的依据方面，《行政处罚法》规定，被授权组织应获得法律、法规的授权。其中，法律指全国人民代表大会及其常务委员会制定的法律；法规包括国务院制定的行政法规，以及省、自治区、直辖市的人民代表大会及其常务委员会和设区的市的人民代表大会及其常务委员会制定的地方性法规。这里存在一个问题，即规章能否作为行政授权的依据。在1989年《行政诉讼法》中，被授权组织仅指法律、法规授权的组织，但2014年修正的《行政诉讼法》将规章授权的组织所作出的行政行为纳入受案范围，相当于认可了规章授权的组织的行政主体地位。不过现行《行政处罚法》将“法律、法规授权的组织”规定为行政处罚的实施主体，从严格的法治主义视角看，这意味着合法的授权依据仅限于法律、行政法规和地方性法规，体现了行政处罚活动中授权的严肃性。对于实践中出现的有行政处罚权的行政机关通过规章将行政处罚权授予其他组织的行为，其本质上属于委托，这种委托是否合法应根据《行政处罚法》第20条、第21条的规定进行判断。

在授权的对象方面，《行政处罚法》第19条规定为“具有管理公共事务职能的组织”。目前实践中此类组织包含以下几种：其一是行政机关的内部机构或派出机构，其本身不具有行政主体的地位，不能以自己的名义实施行政行为，但法律、法规在特定事项上对其进行专门授权，使其具有了独立实施行政处罚的职权。例如《治安管理处罚法》第91条规定，“警告、五百元以下的罚款可以由公安派出所决定”，该规定就等于在警告和五百元以下罚款事项上赋予了派出所实施主体的身份。其二是依法成立的事业组织，或者说事业单位，即国家出于社会公益目的，由国家机关举办或者其他组织利用国有资产举办的，从事教育、科技、文化、卫生等活动的社会服务组织。2011年出台的《关于分类推进事业单位改革的指导意见》和《国务院办公厅关于印发分类推进事业单位改革配套文件的通知》将事业单位分为三类：承担行政职能的事业单位、从事生产经营活动的事业单位和从事公益服务的事业单位。其中前两类将逐步转型为行政机构或企业，法律法规授权实施行政处罚的，应当主要为第三类，即从事公益服务的事业单位。其三是承担一定公共事务管理职能的企业，如一些事业单位改制后转为企业的，或原本就具有一定相关管理职能的国有企业。诸如前述《上海市民用机场地区管理条例》授权机场管理机构对违反条例的行为进行行政处罚，这里的“机场管理机构”实际上就属于企业。另外，关于工会、妇联等社会团体，亦属于“具有管理公共事务职能的组织”，并承担诸如劳动监督管理、妇女儿童保护等领域的一定的管理职能。不过从现行法律来看，尚无有关行政处罚的法律法规授权，其实际上并不具有实施行政处罚的权力。

三、行政处罚实施主体中的委托问题

《行政处罚法》中的委托，指的是具有行政处罚权的行政机关在符合法定条件的前提下，将其行政处罚权的一部分委托给某个组织行使，该组织以作出委托的行政机关的名义实施行政处罚，相应法律后果由行政机关承担。1996年《行政处罚法》第18条、第19条就委托的条件、程序、法律后果等进行了规定，2021年修订的《行政处罚法》第20条、第21条进一步明确了委托书的内容要求和向社会公布的要求，以及受委托组织的条件。

（一）委托的法律依据

委托须依照法律、法规或者规章的规定进行。与一般的行政委托相比，行政处罚的委托有着更加严格的条件限制，因为行政处罚的委托不只是委托一般的公共事务管理职能，它直接涉及被处罚人的权利义务，如果被委托的行政处罚权行使不当，很容易对被处罚人造成严重的侵害后果。因此，行政处罚的委托必须有明确的依据，只有在法律、法规或规章规定行政机关可以将行政处罚权委托给其他组织时，行政机关方可进行委托。全国人大常委会法制工作委员会《关于行政机关是否可以自行决定委托问题的答复》（1996年）指出："必须是法律、法规或者规章明确规定了行政机关可以委托的，该行政机关才能依法进行委托处罚。"这也意味着行政机关不能擅自将自己的处罚权委托给其他组织，否则该委托归于无效。

在法律、法规或规章规定的基础上，行政机关在委托时还要考虑以下几个因素：一是委托是否确有必要，一般来讲，只有在行政机关因人员不足、水平限制、装备不够，或者地理等因素，导致其直接行使行政处罚权确有困难时，方可进行委托；二是由受委托组织实施该处罚是否更加便利，处罚效果是否更好；三是被委托的行政处罚应限于程度较轻、形式较简单的处罚，这样，将行政处罚委托出去并不影响行政机关行政职责的履行，对被处罚人权益影响也相对较小；四是被委托的行政处罚权必须属于委托者的职权范围，且不属于其专属处罚权，否则该委托应属无效。

（二）受委托组织的条件

关于行政处罚中受委托组织的条件，1996年颁布的《行政处罚法》第19条将受委托对象确定为依法成立的管理公共事务的事业组织，这类事业组织在实践中主要是行政机关下属的事业单位。但实践中，委托下级或其他行政机关、企业、社会团体等实施处罚的情形仍普遍存在，其合法性问题并没有得到解决，各地各部门的规定亦存在不一致之处。对此，《行政处罚法》修订时将原第19条第1项“依法成立的管理公共事务的事业组织”改为“依法成立并具有管理公共事务职能”，从而使受委托组织的范围能够更具涵盖性。同时，将第2项“具有熟悉有关法律、法规、规章和业务的工作人员”改为“有熟悉有关法律、法规、规章和业务并取得行政执法资格的工作人员”，强调了受委托主体的工作人员须取得相关执法资格。将第3项“对违法行为需要进行技术检查或者技术鉴定的，应当有条件组织进行相应的技术检查或者技术鉴定”改为“需要进行技术检查或者技术鉴定的，应当有条件组织进行相应的技术检查或者技术鉴定”，删去了“对违法行为”字样，原因在于需要进行技术检查或技术鉴定的不仅仅是违法行为本身，还包括违法行为涉及的各类事实，这样修改后，立法条文的表述更为准确。对于《行政处罚法》第21条规定的受委托组织的条件，可从以下几方面具体理解。

1.受委托组织应依法成立并具有管理公共事务职能

受委托组织应依法成立并具有管理公共事务职能，这在过去“依法成立的管理公共事务的事业组织”的表述下，主要体现为行政机关自行设立下属事业单位，并将一部分行政处罚权委托给该事业单位实施。2011年，中共中央、国务院出台《关于分类推进事业单位改革的指导意见》，提出按照社会功能将现有事业单位划分为承担行政职能、从事生产经营活动和从事公益服务三个类别。对承担行政职能的，逐步将其行政职能划归行政机构或转为行政机构；对从事生产经营活动的，逐步将其转为企业；对从事公益服务的，继续将其保留在事业单位序列，强化其公益属性。之后不再批准设立承担行政职能的事业单位和从事生产经营活动的事业单位。根据这一指导意见，事业单位中可以被委托的组织应指“从事公益服务的事业单位”。[①]

在事业单位之外，实践中还存在行政机关将行政处罚的实施委托给其他行政机关或机构、企业乃至个人的情况。在能否委托其他行政机关或机构实施行政处罚的问题上，目前学界和实务界争议不大，相关规定如《国家工商行政管理总局关于公司登记机关是否有权对非本机关登记注册的公司违反登记管理规定的行为实施行政处罚问题的答复》第2条：“上级公司登记机关可以委托其下级机关直至工商行政管理所对公司违反登记管理规定的行为实施行政处罚。”

在委托企业实施行政处罚的问题上，目前受委托的企业一方面包括过去的行政机关或事业单位改制成的企业，另一方面包括原本就具有一定行政管理职能的国有企业。《北京市民用运输机场管理办法》第22条规定：“对在机场公共区发生的扰乱公共秩序、破坏机场环境的违法行为，有关行政部门可以委托机场管理机构实施行政处罚。”这里的机场管理机构其实是“北京首都国际机场股份有限公司”。《支付结算办法》第239条规定：“对单位和个人承担行政责任的处罚，由中国人民银行委托商业银行执行。”由于过去立法将受委托组织限于事业组织，使得企业作为受委托组织的合法性受到较大质疑。而在2021年《行政处罚法》实施后，受委托企业的性质本身已经不再受到限制，其能否受委托实施行政处罚应视其是否具有

---

① 孔繁华：《授权抑或委托：行政处罚“委托”条款之重新解读》，载《政治与法律》2018年第4期。

管理公共事务职能而定。关于个人能否作为受委托主体，《行政处罚法》第20条已经明确作出否定回答，实践中协警、辅警等执法人员应属于行政辅助人员，不具有执法主体资格。

2.受委托组织应有熟悉有关法律、法规、规章和业务并取得行政执法资格的工作人员

1996年《行政处罚法》要求受委托组织“具有熟悉有关法律、法规、规章和业务的工作人员”，但具体何为熟悉有关法律、法规、规章和业务，内涵较为模糊。本次修法中新增了**受委托组织应有取得行政执法资格的工作人员**的规定，从而对工作人员的资质提出了更为明确的要求。在行政执法资格方面，一些部门已经出台了相关规定。例如，中国人民银行出台了《中国人民银行分支机构工作人员取得行政执法资格法律培训及考核办法》，国家统计局出台了《统计执法证管理办法》，国家广播电视总局出台了《国家广播电视总局行政执法证管理办法》，等等。这些规定对执法人员培训和考核的具体方法进行了规定，一些省份还组织了统一的行政执法人员执法资格考试。

2018年的《国务院办公厅关于全面推行行政执法公示制度执法全过程记录制度重大执法决定法制审核制度的指导意见》指出，高素质的执法人员是全面推行“三项制度”取得实效的关键。并提出加强行政执法人员资格管理，统一行政执法证件样式，建立全国行政执法人员和法制审核人员数据库。健全行政执法人员和法制审核人员岗前培训和岗位培训制度。鼓励和支持行政执法人员参加国家统一法律职业资格考试，对取得法律职业资格的人员可以简化或免予执法资格考试。《法治政府建设实施纲要（2021—2025年）》提出，“统一行政执法人员资格管理，除中央垂直管理部门外由省级政府统筹本地区行政执法人员资格考试、证件制发、在岗轮训等工作，国务院有关业务主管部门加强对本系统执法人员的专业培训，完善相关规范标准”。受委托组织中的工作人员亦须满足执法资格方面

的要求。具体到一个受委托组织应有多少取得行政执法资格的工作人员，现行《行政处罚法》第42条规定，行政处罚应当由具有行政执法资格的执法人员实施。执法人员不得少于两人，法律另有规定的除外。那么，为了保证执法人员数量符合法定人数要求，受委托组织中取得相关执法资格人员的人数以三人以上为宜，这也是过去实践中较为普遍的做法。例如，《技术监督行政处罚委托实施办法》（已失效）、《吉林省食品药品监督行政处罚委托办法》（已失效）等均有类似规定。目前，司法部正在研究起草《行政执法人员管理办法》，办法出台后，受委托组织的相关人员管理活动也应按照办法的规定进行。

3.需要进行技术检查或者技术鉴定的，受委托组织应当有条件组织进行相应的技术检查或者技术鉴定

行政机关之所以委托其他组织实施行政处罚，一个很重要的原因是，在一些专业性、技术性问题上，其自身由于人员、机构设置等因素的限制，不具备相关技术条件。因此，对于需要进行技术检查或者技术鉴定的问题，往往会委托给其他具备相应的技术检查或者技术鉴定能力的组织进行。原先立法采取了“对违法行为”需要进行技术检查或者技术鉴定的表达，但准确地讲，技术检查或鉴定的对象并不是违法行为本身，而是通过对相对人行为涉及的相关事实，诸如损害程度、产品成分等进行检查或鉴定，确定其行为是否构成违法。这里涉及的不仅是技术问题上的检查或鉴定，事实上是将对违法行为进行认定的权力委托给受委托组织。实践中，一些行政机关是将执法过程的一部分，如特定的检测和鉴定问题委托给专业机构进行，之后再根据检测和鉴定结果自行作出认定，这种行为固然从表述上可以称为一种“委托”，但其与《行政处罚法》中所说的委托其他组织实施行政处罚并非同一概念，实际上是行政辅助的一种。

（三）委托的程序

在委托的形式方面，《行政处罚法》第20条规定，**委托须以书面形式，委托书应载明委托的具体事项、权限、期限等内容。**从实践情况来看，行政机关向其他组织委托实施行政处罚，一般以行政处罚委托书的形式进行。行政处罚委托书是证明受委托行政机关或组织实施委托的行政处罚职权的唯一凭据，通常应载明下列事项：委托行政机关和受委托行政机关或组织的名称、地址，委托的具体事项、范围，以及法律依据，双方的权利义务，违反委托的处罚事项的法律责任，等等。签订后报有关主管部门，如同级或上级人民政府法制部门备案。

委托程序的规范化是《行政处罚法》实施的重点，实践中一些行政机关在行政处罚事前不出具委托书，事后方才补办，这种“事后委托”不具有法律效力。[①]《通知》中也特别要求，委托行政处罚严格依法采用书面委托形式，委托行政机关和受委托组织要将委托书向社会公布。对已经委托行政处罚，但是不符合《行政处罚法》要求的，要及时清理；不符合书面委托规定、确需继续实施的，要依法及时完善相关手续。实践中一些规章或其他规范性文件已经就委托问题作出了规定，这种情况下是否还需要签订委托书，本书认为应当视规定的内容而定，对于规定中已经包含委托对象、事项、范围、法律依据、权利义务、法律责任等事项的，可以视同书面委托，如果上述规定不全面，仍需要签订委托书予以明确。

委托须向社会公布是《行政处罚法》修订中增加的重要规定，也是依法公开权力运行流程，形成公开透明、权责清晰的行政处罚委托制度的必然要求。行政行为之所以对相对人具有拘束力，是因

---

① 参见“泰州市海陵区人民政府城中街道办事处与温州市某公司行政强制纠纷上诉案”，（2017）苏12行终63号行政判决书。

为行政主体行使的是国家权力，受委托组织如果不能公布其合法的权力来源，自然无法要求相对人予以服从。根据党的十八届三中全会和四中全会精神，以及中共中央办公厅和国务院办公厅联合印发的《关于推行地方各级政府工作部门权力清单制度的指导意见》，地方各级政府工作部门应当将其行使的各项行政职权及其依据、行使主体、运行流程、对应的责任等，以清单形式明确列示出来，向社会公布，接受社会监督。2018年《国务院办公厅关于全面推行行政执法公示制度执法全过程记录制度重大执法决定法制审核制度的指导意见》指出，全面推行行政执法公示制度。行政执法机关应全面准确及时主动公开包括执法主体、人员、职责、权限、依据等在内的各类信息。执法机关委托其他机关或组织实施行政处罚的，亦应遵循前述的公示要求，通过政府门户网站、行政执法公示平台等渠道，将委托的依据和具体内容等向社会公示。

（四）委托的法律后果

在委托的法律后果方面，**受委托组织不是行政主体，其应当在委托范围内，以委托行政机关的名义实施行政处罚，委托行政机关对受委托组织实施行政处罚的行为应当负责监督，并对该行为的后果承担法律责任**。这种监督和法律责任的承担体现在以下几个方面：一是纠正违法行为的权力。委托行政机关对受委托组织实施行政处罚的全过程进行监督，发现受委托组织存在违法情形时，应及时要求其予以纠正，对于其作出的行政处罚决定认为存在错误的，有权要求其改正，或直接予以变更或撤销，对于直接责任人员可依法给予行政处分。二是解除委托的权力。委托行政机关发现受委托行政机关或组织不符合受委托条件或违法实施行政处罚的，有权暂停或解除委托。三是复议与诉讼主体地位的承担。受委托组织实施行政处罚，相对人不服提起行政复议或行政诉讼的，应以委托行政机关为被申请人或被告，相对人申请行政赔偿的，委托行政机关是赔偿义务机关。四是行政责任的承担。由于委托不当或受委托组织的违法行为，造成重大损失或恶劣影响，符合中央或地方党政机关及其工作人员问责相关规定的，委托行政机关相关负责人须承担相应责任。此外，对于行政机关负责人应当集体讨论决定的行政处罚案件，应当由原行政机关进行，受委托组织的负责人可以作为成员参与集体讨论，但不能由受委托组织负责人自行决定。

受委托组织不得再委托其他组织或者个人实施行政处罚。这一方面是因委托行政机关进行委托的权力来自法律、法规和规章的规定，其根据上述规定，将自身的一部分法定职权委托给受委托组织，使后者能行使一定的权力。而受委托组织本身不具有相关法定职权，其权力来自有权行政机关的委托，只能在委托权限范围内行事，而不能将权力再行委托出去，否则这种权力就没有合法的来源。另一方面是因委托行政机关对受委托组织有监督的义务，如果任由受委托组织继续向下层层委托，势必使委托行政机关难以对行政处罚的实际实施进行有效的监督，从而减损监督的效果，不利于防止违法处罚的发生。

典型案例

济南M公司与山东省济南市交通运输监察支队行政处罚纠纷案[①]

案情简介：

2017年某日，山东省济南市交通运输监察支队（以下称济南支队）以超越许可事项从事道路货物运输经营为由，对济南M公司作出罚款的处罚决定。M公司向法院提起诉讼，认为济南支队不是县级以上道路运输管理机构，无权作出被诉行政处罚决定。法院认为，

① （2018）鲁01行终790号行政判决书。案件来源于《人民司法·案例》2019年第29期。

《道路运输条例》[1]第7条第2款、第3款规定:“县级以上地方人民政府交通主管部门负责组织领导本行政区域的道路运输管理工作。县级以上道路运输管理机构负责具体实施道路运输管理工作。”上述条例授权县级以上道路运输机构具体负责实施道路运输管理工作。鉴于现实中道路运输机构的多头执法问题非常突出,山东省政府决定成立交通运输监察机构,集中行使相关道路运输管理机构的公路运输稽查职权及相应的行政处罚权。济南支队是根据山东省政府的决定成立的相对集中行使公路运输行政处罚权的机构,有权集中行使济南市区范围内相关道路运输机构的公路运输行政处罚权。

案例评析:

本案涉及相对集中行政处罚权改革中行政处罚实施主体的认定问题。行政机关的内设机构或派出机构本身不属于可独立行使职权的行政主体,那么其在相对集中处罚权改革中,在什么情况下能够取得行政主体的资格,以自己的名义实施行政处罚?在过去的实践中,相对集中处罚权改革带有较强的试验和探索性质,地方人民政府以规章或规章以下规范性文件形式,规定由某内设机构统一行使相关领域的行政处罚权,是一种较为常见的做法。但这种做法的法律效果存在很大争议,特别是在进入司法程序后,部分法院如本案法院认为相关机构具备行政主体的资格,而部分法院则认为,相关机构不属于法律、法规授权的主体,不能独立实施行政处罚,相应后果仍由原管理部门承担。2021年修订的《行政处罚法》进一步明确了综合执法与相对集中行政处罚权改革的条件,是实现“重大改革于法有据”的重要举措。《行政处罚法》第18条第2款规定,“国务院或者省、自治区、直辖市人民政府可以决定一个行政机关行使有关行政机关的行政处罚权”,这意味着,对于原本就属于行政机关的,省级人民政府可以直接决定由该机关集中行使处罚权。但对于

---

① 本条例于2019年、2022年进行了修改。

内设机构或派出机构，必须先根据《行政处罚法》第19条的规定，经法律法规授权后，才能具备行政处罚实施主体的资格，以自己的名义实施行政处罚。

思考题

1. 行政处罚的实施主体为什么要坚持严格的法定原则？

2. 综合执法改革的意义是什么，实践中存在哪些需要通过综合执法解决的问题？

3. 授权与委托的区别是什么，如何判断某机构或组织属于授权处罚还是委托处罚？

4. 个人为什么不能成为受委托实施行政处罚的对象？

第五章　行政处罚的管辖和适用

本章知识要点

- 行政处罚的地域管辖、级别管辖与管辖权争议解决机制
- 行政处罚管辖权下沉及其法律问题
- 行政处罚中的“行刑衔接”机制
- 行政处罚中的“一事不再罚”原则
- 行政处罚中的从轻、减轻与不予处罚
- 行政处罚中的裁量基准
- 行政处罚的时效与溯及力问题
- 行政处罚的无效认定问题

第一节　行政处罚的管辖

一、行政处罚的地域管辖

行政处罚的地域管辖，也叫行政处罚的区域管辖，是指以我国行政区域的横向划分为基础和前提，不同行政区域的行政机关在各自管辖区域范围内办理行政处罚案件的权限和分工。

行政处罚的地域管辖是确定某个行政违法行为应由哪一个行政区域的行政机关实施处罚的法律制度。明确规定一个行政区域的行

政机关对于哪些行政违法案件具有管辖权，便于行政违法案件得到及时有效的处理，同时能够有效防止推诿扯皮、重复处罚、滥用职权、多头处罚等情况，从而节约行政执法资源，保障行政执法活动高效有序进行。

由行政违法行为发生地的行政机关管辖是行政处罚地域管辖的基本原则。违法行为发生地，即行为人作出违法行为的地点。违法行为发生地包括违法行为准备地、着手地、实施地、经过地、结果地，即包括实施违法行为的各个阶段所经过的空间。

对于连续发生的若干个行政违法行为，且前行为是后行为的准备阶段，在行为人实施行政违法行为过程中的任何一个阶段被发现，该地都可以被视为违法行为发生地。如贩卖假药的违法行为，李某在甲地制造假药到乙地销售，运输过程经过丙地、丁地，依照本法的规定，甲、乙、丙、丁四地都可能成为违法行为发生地，当地的行政执法机关如发现了这一违法行为，都有权对其实施行政处罚。但是如果这一违法行为是在乙地销售假药时才被查获的，则由乙地的行政执法机关实施行政处罚即可，甲、丙、丁三地的行政机关不应再实施行政处罚，因为行为人在前几地实施的制造和运输假药的行为在此只能看作销售假药行为的前期准备。当然，乙地行政机关在对该销售假药行为实施行政处罚时应考虑到行为人实施了制造、运输假药的违法行为，基于提高行政执法效率的考量，应当由乙地行政机关依法一并处罚。但是，如果制造假药和销售假药的不是同一个人，情况就有所不同。例如，在甲地制造假药的人是王某，李某从王某处收购了假药后到乙地销售，乙地的行政机关查获后对李某销售假药的行为作出行政处罚，同时，甲地行政机关对王某制造假药的行为也必须给予行政处罚。

我国的行政管理是以行政区域的横向划分为基础实施的，地方人民政府管理本行政区域内的经济、教育、科学、文化、卫生、体育事业、城乡建设事业和财政、民政、公安、民族事务、司法行政、计划生育等行政工作，对本辖区内的行政违法活动依法依规实施行政处罚是其应尽的职责。将行政违法行为的发生地作为行政机关管辖行政违法活动的基准点，便于执法机关及时、准确地发现违法行为，迅速调动辖区内的执法资源；便于行政机关保护和勘验现场、调查和搜取证据，尽快查明案件事实；便于有效打击制裁行政违法活动，同时还能够减少调查取证以及执行处罚等方面的费用，以降低行政成本、节约行政资源，符合行政效率原则的要求，是比较科学的立法安排。

此外，**行政违法活动错综复杂，如实施行政违法行为的主体地位不同、违法性质和严重程度不同、实施行政处罚的种类和幅度不同、违法行为的社会影响不同，这些都可能导致违法行为发生地作为行政处罚地域管辖最优解的排除**。在某些情况下，由违法行为发现地执法机关管辖或违法行为人住所地执法机关管辖更能满足行政执法实践对于便捷性的需求。例如，行政违法行为的实施往往是隐蔽的，且流动性较大，有的违法行为的实施地、结果地以及违法当事人的住所地不在同一地点，且在发现违法后果时方知晓违法行为，这样违法行为地点有时就难以查明，但违法案件必须及时处理，否则违法当事人便容易逃避制裁。在这种情况下，由最先查处的行政机关或者说违法行为发现地的执法机关管辖更为适宜。再如，当违法当事人在外地，难以送回违法行为发生地，且违法当事人住所地也能查明核实案情时，由违法当事人住所地行政机关管辖更为方便，在这种情况下，经与违法行为发生地行政机关协商，也可以由违法当事人住所地行政机关管辖。因此，允许法律、行政法规、部门规章根据行政执法实践需要作出灵活化的变通处理，能够有效回应行政执法实践的现实需求，也体现了原则性与灵活性相统一的立法精神。但是需要注意的是，要以法律、行政法规、部门规章对地域管辖的特殊规定为限。

目前一些法律、行政法规、部门规章对行政处罚的地域管辖问

题作出了特殊规定，因此执法机关应当遵循“特别法优先于一般法”的法律适用原则，依照这些特殊规定来确定行政处罚的地域管辖。例如，我国《海关法》第3条规定：“国务院设立海关总署，统一管理全国海关。国家在对外开放的口岸和海关监管业务集中的地点设立海关。海关的隶属关系，不受行政区划的限制。海关依法独立行使职权，向海关总署负责。”因此，在出入境发生的违反有关海关法律、法规的行政违法行为，就不能按照本条“违法行为发生地”这一一般地域管辖原则进行管辖，因为各地海关直接归海关总署领导，与地方人民政府并没有直接隶属关系。因此，对于这一类违法行为实施行政处罚，要根据《海关法》的相关规定执行。再如，《公安机关办理行政案件程序规定》第10条、第11条、第12条、第16条就一般治安案件，针对或利用网络实施违反治安管理秩序的案件，行驶中的客车上发生的治安案件，林区内发生的治安案件，铁路系统的机关、厂、段、所、队等单位内发生的治安案件等管辖问题作出了规定。因此，公安机关在办理上述类型的行政处罚案件时，需要遵循关于地域管辖的特殊规定。

二、行政处罚的级别管辖

行政处罚的级别管辖，是指以我国行政区域的纵向划分为基础和前提，确定某个行政违法行为应由哪一级执法机关实施处罚的法律制度，是行政系统内部具有隶属关系的上下级行政机关之间承办行政处罚案件的分工和权限。行政处罚的级别管辖主要解决的是行政系统内部不同级别的行政执法机关应当管辖哪些行政违法案件的问题。根据行政违法案件的行为主体、违法性质、社会危害程度、复杂程度等因素的差异，不同行政违法案件的行政机关管辖级别也应当有所区分。

一般来说，上级行政机关普遍具有更高的行政执法能力和治理水平，更适宜处理执法实践中疑难复杂、社会广泛关注的案件。基层行政机关数量多，行政执法资源较为充足，更适宜办理基数庞大而绝大多数又属事实清楚、权利义务关系简单明确、争议不大的行政违法案件。明确行政处罚案件的级别管辖规则，便于实现行政违法案件的繁简分流，优化配置行政监管资源，进而提升行政执法效率。

《行政处罚法》并未对行政处罚的级别管辖规则作出明确的具体性规定，只是规定了“行政处罚由县级以上地方人民政府具有行政处罚权的行政机关管辖”这一基本原则。这一规定符合我国目前行政组织的设置现状和行政管理的实际。一般的行政处罚案件由县一级具有行政处罚权的行政机关管辖，一方面，这是考虑到县一级人民政府是我国较为基层的行政单位，县级政府是基层治理的核心组织；另一方面，县一级的行政管理系统相对完备。我国行政机关职能部门的设置大多到县一级，这也为依法实施行政处罚提供了组织基础。**一般而言，绝大多数的行政处罚案件由县一级行政机关承办，只有重大、复杂、涉及范围广的行政处罚案件才会由更高级别的行政机关承办。**

此外，**如果法律、行政法规对某个领域的行政处罚的级别管辖问题作出了例外规定，那么行政机关就应当按照这一例外规定执行。**目前，行政处罚级别管辖原则的例外主要有如下几类情形：一是由国务院工作部门管辖。例如，《银行业监督管理法》第45条规定：“银行业金融机构有下列情形之一，由国务院银行业监督管理机构责令改正，有违法所得的，没收违法所得……”二是由县级以上的地方人民政府工作部门设立的派出机构管辖。这类情况主要存在于工商、海关、税务等行政部门。例如，《税收征收管理法》第74条规定，“本法规定的行政处罚，罚款额在二千元以下的，可以由税务所决定”。三是由乡镇人民政府、街道办事处管辖。本次《行政处罚法》修订中，新增的第24条明确规定，省、自治区、直辖市在特定情况下，可以将基层管理迫切需要的县级人民政府部门的行政处罚权下放至乡镇人民政府、街道办事处。

三、行政处罚管辖权下沉

党的十九届四中全会明确提出要“进一步整合行政执法队伍，继续探索实行跨领域跨部门综合执法，推动执法重心下移，提高行政执法能力水平”，从推进国家治理体系和治理能力现代化的战略高度，吹响了深化行政执法体制改革的号角。其中“跨领域跨部门综合执法”“执法重心下移”等改革部署，切中了我国行政综合执法体制改革的肯綮，为《行政处罚法》的修订以及基层政权综合执法队伍的法治化建设指明了方向。为了贯彻中央精神和为基层治理赋权的改革原则，落实基层整合审批服务执法力量的改革要求，加快构建权责一致、权威高效的基层行政执法体制，推进行政执法权限和力量向基层延伸和下沉，新修订的《行政处罚法》第24条赋予了乡镇执法部门以必要的执法权，以解决实践中片面强调守土有责、责任下放而权力不下放，给街道办事处、乡镇人民政府带来的治理难题。“乡镇、街道行使行政处罚权作为一项新制度，依然面临诸多制度建设任务，下放行政处罚权不能一放了之，乡镇、街道以及地方人民政府及其部门应当做好相关工作，以使乡镇、街道权责相互匹配，保障行政处罚权的合法行使。”①

《行政处罚法》第24条第1款规定，“省、自治区、直辖市根据当地实际情况，可以决定将基层管理迫切需要的县级人民政府部门的行政处罚权交由能够有效承接的乡镇人民政府、街道办事处行使，并定期组织评估。决定应当公布”。该款明确了行政处罚管辖权下沉转移的主体、方式、条件。

首先，由于我国经济社会发展水平存在区域差距，基层行政执

---

① 许安标主编：《〈中华人民共和国行政处罚法〉释义》，中国民主法制出版社2021年版，第92页。

法在信息化建设水平、执法能力、财政支持、执法队伍建设乃至观念等各方面均存在差异。[①]因此并不适宜由法律、行政法规等中央级别立法作出刚性的统一规定，由各省、自治区、直辖市根据本行政辖区内的具体实际情况，相机决定是否授权以及授权的具体条件和范围更为妥当，这更为符合中央当前力推的“放管服”改革精神，有利于调动各省、自治区、直辖市推进基层综合执法体制改革的地方积极性。

其次，经省、自治区、直辖市根据本辖区实际情况决定下放至街道、乡镇的仅限于县级人民政府工作部门的行政处罚权，不包括更高层级的行政机关的行政处罚权。此外，经决定下放的行政处罚权必须是“基层管理迫切需要”的，并且被授权的乡镇人民政府、街道办事处必须能够“有效承接”。“迫切需要”的事权范围目前来看由各省、自治区、直辖市根据本辖区内的实际情况进行裁量判断，应当警惕“过度放权”或“不当放权”导致的消极后果。“有效承接”则是对基层执法队伍建设与执法能力的要求，因此，只有具有专业执法队伍且执法能力够强、执法资源充足，能够满足“有效承接”行政处罚权要求的乡镇和街道，才能够获得下放的行政处罚管辖权，这对于实践中不断提升基层执法能力提出了更高要求。

最后，本款还设定了定期评估制度与公布程序，通过定期评估程序考查行政处罚权下移之后是否会产生负面效果，以及乡镇人民政府和街道办事处是否具备“有效承接”处罚权的执法能力，而公布程序的设置则通过将评估结果进行对外公布的形式，借助公众参与机制来增强定期评估制度的民主合法性。该条款意味着今后获得下放的行政处罚权的乡镇人民政府与街道办事处，必须按照本条款的规定，严格依循法定程序，建立相应的定期评估与公布制度。

---

① 卢护锋：《行政执法权重心下移的制度逻辑及其理论展开》，载《行政法学研究》2020年第5期。

《行政处罚法》第24条第2款规定，“承接行政处罚权的乡镇人民政府、街道办事处应当加强执法能力建设，按照规定范围、依照法定程序实施行政处罚”，这一条款明确了行政处罚权下沉后的执法能力建设议题。首先，行政处罚权下沉转移到乡镇、街道后，一个不容忽视的隐忧就是基层行政执法能力建设问题。如果基层执法队伍能力水平较低、监管执法资源不足，难以胜任日常行政执法活动，便会逐步浮现出“弹性执法”、“悬浮执法”、过度依赖“运动式治理”等难题。因此，该款着重规定了“承接行政处罚权的乡镇人民政府、街道办事处应当加强执法能力建设”。实践中也意味着，**承接行政处罚权的乡镇、街道应当按照该条款的要求，进一步夯实执法队伍建设，提升执法人员业务水平，不断补充执法资源，以满足基层行政执法能力的现实需求**。其次，“按照规定范围、依照法定程序实施行政处罚”这一规范表述意味着，**承接了县级人民政府部门行政执法权的乡镇、街道应当在省、自治区、直辖市决定的事权范围内实施行政处罚，并且应当遵守《行政处罚法》关于处罚程序的相关设定。**

《行政处罚法》第24条第3款规定，“有关地方人民政府及其部门应当加强组织协调、业务指导、执法监督，建立健全行政处罚协调配合机制，完善评议、考核制度”，明确了处罚权下沉后的监督协调机制。本款提出的“执法监督”“行政处罚协调配合机制”“评议、考核制度”，均属于行政处罚权下放之后，行政系统内部予以回应的监督协调与组织保障措施。目前，我国基层行政部门依然存在一定程度的处罚权乱用、滥用等问题，**将县级人民政府部门的行政处罚权限下放至乡镇、街道后，地方人民政府需要建立健全对基层执法活动的监督制约机制，加强业务指导和执法监督，定期对基层执法情况进行评议及考核，通过执法规范化建设与绩效考核机制，提升基层执法能力及其法治化水平。**

对于相关的行政执法人员来讲，行政执法权的下沉带来了其行政法身份、规模与组织形式等多重法律关系的变化。这也意味着行政执法人员今后在处罚决定中，必须从处罚主体资格、处罚依据，处罚程序与案卷质量情况等角度入手，[①]提升处罚决定的合法性与合理性，以应对监督考核机制的新要求。

对于行政处罚权下沉的改革部署，《通知》明确其总体要求是“积极稳妥”。省、自治区、直辖市根据当地实际情况，采取授权、委托、相对集中行政处罚权等方式向能够有效承接的乡镇人民政府、街道办事处赋权。行政处罚权的下放，要注重听取基层意见，关注基层需求，积极稳妥、科学合理下放，成熟一批、下放一批，确保放得下、接得住、管得好、有监督；要定期组织评估，需要调整的及时调整。同时，有关市、县级人民政府及其部门要加强对乡镇人民政府、街道办事处行政处罚工作的组织协调、业务指导、执法监督，建立健全评议考核等配套制度，持续开展业务培训，研究解决实际问题。乡镇人民政府、街道办事处要不断加强执法能力建设，依法实施行政处罚。

四、行政处罚管辖争议与指定管辖

行政执法实践中，不同行政机关之间往往会就某一个行政处罚案件存在管辖冲突与争议。一种情况是，两个以上的行政机关依据法律法规规定，对某一行政处罚案件都具有管辖权。另一种情况则是，某些行政领域内职权交叉、职责不清，或者行政机关为了本地区、本部门的利益相互推诿，导致行政处罚案件管辖权发生争议。为了解决行政处罚实践中争抢管辖或者推诿管辖造成的纠纷，及时确定哪个行政机关对该行政处罚案件具有管辖权，《行政处罚法》第25条确立了行政处罚管辖权纠纷的处理规则与程序，以解决行政执

---

① 许安标主编：《〈中华人民共和国行政处罚法〉释义》，中国民主法制出版社2021年版，第93页。

法实践中存在的管辖争议问题。

《行政处罚法》第25条第1款规定，“两个以上行政机关都有管辖权的，由最先立案的行政机关管辖”，确立了当两个以上行政机关依法律法规规定，对同一行政处罚案件都具有管辖权时确定该案件管辖机关的规则。我国的行政处罚制度尚不完备，行政违法活动错综复杂，各类单行法律法规之间往往存在竞合问题，因而在实施行政处罚过程中，会出现几个行政机关对一个行政违法活动均存在管辖权的情况。当两个以上行政机关都具有管辖权时，最先立案的行政机关最早启动行政处罚程序，耗费了更多行政执法资源，出于提升行政效率、降低执法成本的考量，由最先立案的行政机关管辖案件，更符合行政效率原则，[①]有利于行政处罚案件及时办理完结。

《行政处罚法》第25条第2款规定，“对管辖发生争议的，应当协商解决，协商不成的，报请共同的上一级行政机关指定管辖；也可以直接由共同的上一级行政机关指定管辖”，确立了当两个以上行政机关对同一行政处罚案件产生管辖权争议时的解决规则。我国的行政组织法体系发育尚不成熟，尤其是基层与地方行政机关的职权不够清晰，在公共事务的管理上存在交叉地带，因此在对行政违法行为的管辖上也时常存在交叉，特别是行政处罚涉及本部门利益时，行政处罚管辖权争议更加不可避免。

当对某一行政处罚案件发生管辖权争议时，行政机关之间应当协商解决，本着互谅互让、互相支持、积极配合的态度解决管辖权争议问题。如果行政机关之间的管辖权争议可以通过协商解决，就可以避免启动相对正式的争议解决程序，从而节省行政成本和组织资源。当然，行政机关之间协商解决以自愿为前提，并非强制性的前置性程序，如果不愿意通过协商程序解决管辖权争议，可以直接

---

① 关于行政效率（效能）原则可参见沈岿：《论行政法上的效能原则》，载《清华法学》2019年第4期。

由共同的上一级行政机关指定管辖。指定管辖是指上一级行政机关以决定的方式指定下一级行政机关对某一行政处罚案件行使管辖权。指定管辖权实际上是赋予上级行政机关在处罚管辖上的裁量判断权，是上级行政机关对下级行政机关的行政决定权，指定管辖权的决定一经作出，被指定管辖的下级行政机关就应当遵守执行。而对于两个以上的行政机关对某一行政处罚案件存在管辖权争议的情况，具有争议裁决权的只有其共同的上一级行政机关，这是由我国行政系统内部上下级行政机关之间的科层隶属关系决定的。

《通知》进一步要求，各级人民政府和各部委、直属机构等要进一步完善地域管辖、职能管辖等规定，建立健全管辖争议解决机制。两个以上行政机关属于同一主管部门，发生行政处罚管辖争议、协商不成的，由共同的上一级主管部门指定管辖；两个以上行政机关属于不同主管部门，发生行政处罚管辖争议、协商不成的，司法行政部门要会同有关单位进行协调，在本级人民政府领导下做好指定管辖工作。

五、行政处罚中的执法协助

随着我国市场经济的深度发展，行政违法活动也日益呈现出复杂化的趋势，跨地域、跨部门特征明显，仅凭一个行政机关履行职责难以得到有效的处理和解决，经济社会背景的变迁催生出对行政执法协助制度的需求。譬如对于环境监管、食品安全监管等行政执法事项，往往跨越了单一的区域管辖部门。同样，随着互联网信息技术的发展，对于互联网信息内容执法也往往需要跨行政区域、跨行政部门（工商、网信、通管、文化等部门）的执法协助。因此，行政执法协助制度应运而生。

行政执法协助是指不存在领导隶属关系的行政机关之间基于行政系统的统一性、整体性，在履行执法职责时相互帮助、积极配合，共同完成行政执法任务的制度。行政执法协助制度和行政执法管辖权制度相得益彰，一方面为行政执法机关划定了明确的职责范围，构建权责一致、高效便民的法治政府；另一方面积极发挥行政执法机关的能动性，变“各自为政”为“齐抓共管”，解决了行政执法实践中存在的“分工有余，配合不足”的现实困境。**行政执法协助制度是推进行政机关职能优化、协同高效的重要制度探索，是整合因行政区划、部门职责阻隔而碎片化的行政执法资源，提高行政执法效率，防止执法扰民的重要制度支撑。对此，《通知》要求，逐步完善联合执法机制，复制推广“综合查一次”经验，探索推行多个行政机关同一时间、针对同一执法对象开展联合检查、调查，防止执法扰民。**

《行政处罚法》第26条从请求协助机关和被请求协助机关两个角度对行政执法协助制度作出了规定。首先，从请求协助机关的角度而言，行政机关请求有关机关予以协助必须基于“因实施行政处罚的需要”。行政协助制度的功能在于各个行政机关之间积极配合、互相协助，高质量完成行政执法任务。因此，只有当单个行政机关自行履行职责不能满足实施行政处罚的需要，客观上需要其他有关机关予以配合时，行政机关才可以向其提出协助请求。如果行政机关可以独自实施行政处罚，就没有请求其他机关配合协助的必要，以防部分行政机关以“请求协助”的名义推诿职责，给其他机关增加额外的工作负担。其次，行政执法协助中所谓的“有关机关”，指的是与实施行政处罚相关的其他行政机关，行政执法协助发生在行政系统内部，在法律性质上属于内部行政行为。请求协助的行政机关应当对照部门职能、行政区划，依法向能直接协助该职权行使的被请求机关明确提出具体的协助请求。此外，“协助请求”并非强制性命令，其他机关予以配合并非因为上下级行政机关的科层隶属关系，而是基于行政系统内部统一性的要求。因此，行政协助并不等同于行政委托或行政授权，请求协助机关不得以需要行政协助为由，不履行或者怠于履行本单位的法定职责。“可以向有关机关提出协助请求”表明直接向其他机关请求协助并非唯一途径，行政机关也可以报请与被请求协助机关共同的上级行政机关进行协调。

就被请求协助机关而言，依法予以协助的前提在于“属于被请求机关职权范围内”。行政执法协助制度是落实部门间协助配合机制、提高行政效能、增强政府公信力和执行力的重要手段，因此互相配合、积极协助是行政机关的法定义务，一般情况下无正当理由不得拒绝。《通知》明确了被请求协助机关的协助职责和无正当理由拒绝、拖延提供协助的后果：对其他行政机关请求协助、属于自身职权范围内的事项，要积极履行协助职责，不得无故拒绝、拖延；无正当理由拒绝、拖延的，由上级行政机关责令改正，对相关责任人员依法依规予以处理。

此外，行政协助行为应当依照法律、法规、规章的相关规定进行，防止行政协助行为游离于法治化轨道以外。目前，《行政处罚法》第26条仅对行政处罚协助制度作了原则性规定，尚未对行政协助的方式、条件、程序以及后续责任等相关问题作出具体规范。对此，《通知》要求，要健全行政处罚协助制度，明确协助的实施主体、时限要求、工作程序等内容。在这方面，个别地方政府通过先行先试率先制定的相关规范可资借鉴。

譬如，《湖南省行政程序规定》第17条规定：“有下列情形之一的，行政机关应当请求相关行政机关协助：（一）独自行使职权不能实现行政目的的；（二）不能自行调查执行公务需要的事实资料的；（三）执行公务所必需的文书、资料、信息为其他行政机关所掌握，自行收集难以获得的；（四）其他必须请求行政协助的情形。被请求协助的行政机关应当及时履行协助义务，不得推诿或者拒绝协助。不能提供行政协助的，应当以书面形式及时告知请求机关并说明理由。因行政协助发生争议的，由请求机关与协助机关的共同上一级行政机关决定。实施行政协助的，由协助机关承担责任；根据行政协助做出的行政行为，由请求机关承担责任。”福建省厦门市则是通过地方规范性文件的方式制定了《厦门市行政协助管理办法》，明确行政协助的办理形式、责任承担与监督检查，构建起制度完备、科学规范、运作高效的行政协助管理体系，为其他地区探索构建行政协助制度体系提供了借鉴样本。

《通知》进一步要求，要综合运用大数据、物联网、云计算、区块链、人工智能等技术，先行推进高频行政处罚事项协助，实现违法线索互联、监管标准互通、处理结果互认。同时，鼓励有关地区积极探索跨区域执法一体化合作的制度机制，建立健全行政处罚预警通报机制，完善管辖、调查、执行等方面的制度机制，为全国提供可复制推广的经验。

六、行政处罚中的“行刑衔接”

2013年11月，党的十八届三中全会通过的《中共中央关于全面深化改革若干重大问题的决定》中将“完善行政执法与刑事司法衔接机制”作为全面深化改革的重要战略部署之一。2014年10月，党的十八届四中全会通过的《中共中央关于全面推进依法治国若干重大问题的决定》指出，要“健全行政执法和刑事司法衔接机制，完善案件移送标准和程序，建立行政执法机关、公安机关、检察机关、审判机关信息共享、案情通报、案件移送制度，坚决克服有案不移、有案难移、以罚代刑现象，实现行政处罚和刑事处罚无缝对接”。中共中央、国务院印发的《法治政府建设实施纲要（2015—2020年）》和《法治政府建设实施纲要（2021—2025年）》分别强调“健全行政执法和刑事司法衔接机制”和“完善行政执法与刑事司法衔接机制”，从法治政府建设的高度对“两法衔接”工作不断提出新要求。

为贯彻落实中央关于“两法衔接”工作的改革要求和指示批示，释放“两法衔接”机制的制度潜能、提升其法治化水平，2021年修订的《行政处罚法》为“两法衔接”工作机制提供了明确的法律依据，设定了更为细化的程序规则，这有助于实现行政执法与刑事执法程序的深度衔接，进而充分发挥行政执法与刑事司法的互补优势和资源共享，整合办案资源，强化法律监督，形成制度合力。

（一）行政执法机关与司法机关之间的案件双向移送制度

1.行政执法机关向司法机关的案件移送机制

《行政处罚法》第27条第1款明确了行政执法机关与司法机关之间的案件移送制度，包括行政机关向司法机关移送案件以及司法机关向行政机关移送案件两种情形。对于行政执法机关与司法机关之间案件移送制度的解读，首先需要厘清行政案件与刑事案件、行政违法与刑事犯罪之间的区别。

我国立法对于行政违法和刑事犯罪的界分，主要以情节严重程度、社会危害程度、违法数额大小为区分标准。行为人违反行政法律规范，实施了行政违法行为，由行政执法机关对其进行行政处罚。当该行政违法行为的情节严重程度、社会危害程度、违法数额等达到了应当接受刑罚制裁的标准，违反了刑事法律规范时，该行为就构成刑事犯罪，应当由司法机关追究其刑事责任。因而，行政违法行为和刑事犯罪行为往往具有相同的行为外观构造，但由于量性要求不同而应承担不同的法律责任。譬如《治安管理处罚法》第2条规定："扰乱公共秩序，妨害公共安全，侵犯人身权利、财产权利，妨害社会管理，具有社会危害性，依照《中华人民共和国刑法》的规定构成犯罪的，依法追究刑事责任；尚不够刑事处罚的，由公安机关依照本法给予治安管理处罚。"由此可见，一个涉嫌刑事犯罪的行为往往可能同时违反刑事法律规范和行政法律规范，进而产生刑事责任与行政处罚竞合的问题。

关于行政责任与刑事责任竞合时的处罚适用规则，根据"刑事优先"原则，行政执法机关应当将案件先行移送至司法机关，优先追究刑事责任。所谓"刑事优先"原则，是指在一切调查处理程序中发现有犯罪事实存在时应当首先由有权管辖该案件的侦查或者司法机关依照刑事诉讼程序进行追究。[①]主要依据是，刑事犯罪相较于行政违法社会危害性和法益侵害性更强，应当优先予以制裁；刑罚相较于行政处罚更为严厉、威慑效果更强，应当优先实施。此外，刑事司法程序比行政处罚程序更为严格，刑事裁判认定犯罪需要达到排除合理怀疑的标准，更具权威性和客观性，对行政机关实施行政处罚具有拘束作用。优先追究刑事责任有助于提高执法效率，缩短在行政违法处理和刑事司法犯罪认定之间的“时间差”，最大限度整合执法资源。[②]**因此，行政执法机关发现其办理的行政处罚案件涉嫌刑事犯罪的，应当将案件尽可能地及时移送至司法机关，追究行为人的刑事责任，这是行政执法机关的法定义务，也是执法资源短缺背景下的现实需要。**[③]当然在实践中，行政处罚与刑事司法衔接中的证据材料移交与接收衔接问题存在较多争议，各地也相继展开了不同的探索试验，原则上而言，行政执法机关根据调查收集的证据和查明的案件事实，认为存在犯罪合理怀疑，需要刑事司法机关进一步获取证据以判断是否达到刑事案件立案标准的，就应当尽可能予以移送。

2. 司法机关向行政执法机关的案件移送机制

司法机关向行政机关移送案件，是指司法机关在刑事诉讼程序中将不认为是犯罪或依法不应当追究刑事责任，但应当给予行政处罚的案件移送给具有相应执法权的行政机关。《刑法》第37条规定：“对于犯罪情节轻微不需要判处刑罚的，可以免予刑事处罚，但是可以根据案件的不同情况，予以训诫或者责令具结悔过、赔礼道歉、赔偿损失，或者由主管部门予以行政处罚或者行政处分。”如司法机关经审查认为一个案件依法不需要追究刑事责任或者免予刑

---

① 张智辉：《刑法改革的价值取向》，载《中国法学》2002年第6期。

② 闻志强：《“两法衔接”之功能与价值分析——基于法治中国建设全局视野下的考察》，载《西南交通大学学报（社会科学版）》2016年第1期。

③ 张红：《行政处罚与刑罚处罚的双向衔接》，载《中国法律评论》2020年第5期。

事处罚，就意味着刑事诉讼程序即将宣告终结，司法机关不应当再对案件进行干预。但是，是否对违法行为人实施行政处罚是行政执法机关的固有职权，因此应当将其移送至相应的行政执法机关进一步处理判断。

2021年修订的《行政处罚法》第27条第1款新增规定，“对依法不需要追究刑事责任或者免予刑事处罚，但应当给予行政处罚的，司法机关应当及时将案件移送有关行政机关”。这一新增条款使得行政机关与司法机关之间的案件移送制度更加完整，弥补了1996年《行政处罚法》中“行刑衔接”条款仅有行政机关向司法机关单向移送的立法缺憾。

具体到司法实践中，司法机关向行政执法机关移送案件的程序设置主要存在三类情形。

第一类情形是公安机关在刑事侦查阶段向行政执法机关移送案件。公安机关在立案侦查阶段，认为自行立案或行政机关移送来的案件不构成犯罪但应当实施行政处罚的，应当撤销案件，并随后将案卷材料移送至行政机关。《公安机关办理刑事案件程序规定》第177条规定：“经过审查，对于不够刑事处罚需要给予行政处理的，依法予以处理或者移送有关部门。”《行政执法机关移送涉嫌犯罪案件的规定》第13条规定：“公安机关对发现的违法行为，经审查，没有犯罪事实，或者立案侦查后认为犯罪事实显著轻微，不需要追究刑事责任，但依法应当追究行政责任的，应当及时将案件移送同级行政执法机关，有关行政执法机关应当依法作出处理。”

第二类情形是人民检察院在审查起诉阶段向行政执法机关移送案件。人民检察院对案件依法作出不起诉决定是刑事诉讼程序终结的法定原因之一。如果需要继续追究行为人的行政违法责任，可以在审查起诉阶段直接将案卷材料移送至相应的行政机关。《刑事诉讼法》第177条第3款规定：“人民检察院决定不起诉的案件，应当同时对侦查中查封、扣押、冻结的财物解除查封、扣押、冻结。对被不起诉人需要给予行政处罚、处分或者需要没收其违法所得的，人民检察院应当提出检察意见，移送有关主管机关处理。有关主管机关应当将处理结果及时通知人民检察院。”《公安机关办理刑事案件程序规定》第293条第2款规定：“人民检察院提出对被不起诉人给予行政处罚、处分或者没收其违法所得的检察意见，移送公安机关处理的，公安机关应当将处理结果及时通知人民检察院。”

第三类情形是人民法院在审判结束后将案件移送至行政执法机关。人民法院在审判阶段认为不属于犯罪或应当免除刑事责任的，应当终止审理或宣告无罪，但依法应当给予行政处罚的，应移送行政机关适用行政处罚。此种情形下，法院在结案后应将案卷副本移送到有管辖权的行政机关，由行政执法机关依照法院提供的证据材料，依照处罚程序作出相应的行政处罚决定。

总体而言，**《行政处罚法》第27条在旧有规范的基础上，吸收了司法实践中的诸多有益做法，对司法机关向行政机关移送案件作出统筹性质的新增规定，与《刑法》《刑事诉讼法》相关条文进一步呼应，体现了刑事规范体系与行政规范体系在“行刑衔接”议题上的融合推进。**

（二）“行刑衔接”各类程序装置的建立完善

《行政处罚法》第27条第2款从较为宏观的角度，提出了建立完善行政处罚和刑事司法相衔接的协调配合机制，包括建立健全案件移送制度、加强证据材料移交、接收衔接和完善案件处理信息通报机制等几个制度建设的具体方向。对此，《通知》进一步要求，全面贯彻落实《行政执法机关移送涉嫌犯罪案件的规定》，加强行政机关和司法机关协调配合，按规定畅通案件移送渠道，完善案件移送标准和证据认定保全、信息共享、工作协助等机制，统筹解决涉案物品归口处置和检验鉴定等问题。积极推进行政执法与刑事司法衔接信息平台建设。对有案不移等情形，情节严重构成犯罪的，依法追究刑事责任。

1.案件移送制度

建立健全案件移送制度是推动“两法衔接”机制的重要抓手。所谓行政执法与刑事司法程序的有效衔接，实质上就是违法犯罪案件线索的信息对接与传递。在当前互联网信息、大数据技术背景之下，应当“充分利用已有电子政务网络和信息共享公共基础设施等资源，将行政执法与刑事司法衔接工作信息共享平台建设纳入电子政务建设规划”①，推动建立行政执法机关和刑事司法机关之间的案件资源数据共享机制，②通过搭建数据信息共享的网络技术平台，实现移送案件的网上交办与实时跟踪，提升行政机关与刑事司法机关之间案件交互移送的便捷化与透明度。

2.加强证据材料移交、接收衔接

加强证据材料移交、接收衔接工作是“两法衔接”机制中的核心环节。案件移送过程中最为重要的便是涉案证据材料的移送。行政证据与刑事诉讼证据属于不同法律程序的法定证明材料，二者在证据收集的主体、程序、审查方式等方面均有明显区别，但在一定条件下可以相互转化。譬如依据《刑事诉讼法》第54条第2款，“行政机关在行政执法和查办案件过程中收集的物证、书证、视听资料、电子数据等证据材料，在刑事诉讼中可以作为证据使用”。这一规定“确立了行政证据在刑事诉讼中的合法地位，意味着行政机关在执法办案中所收集的部分证据无需再经过转化即可在刑事诉讼中使用，提高了行政执法和刑事司法两法衔接的办案效率，具有很高的证据价值和诉讼意义”③。因此，加强涉案证据材料的移交与接收衔接有

---

① 张红、刘航：《执法资源有限视角下的行刑衔接程序问题研究》，载《行政管理改革》2019年第2期。

② 练育强：《行刑衔接中的行政执法边界研究》，载《中国法学》2016年第2期。

③ 董坤：《论行刑衔接中行政执法证据的使用》，载《武汉大学学报（哲学社会科学版）》2015年第1期。

助于避免重复取证，进而提升行政执法与刑事诉讼衔接过程中的程序效率。

3.完善案件处理信息通报机制

完善案件处理信息通报机制可实现对“两法衔接”机制的有效监督。行政执法机关与公安机关、人民检察院、人民法院可以通过联席会议和网络平台等形式，及时对案件信息和处理进度予以通报。行政处罚、案件移送、立案侦查、审查起诉等信息均由各部门实时跟踪掌握，使案件能够得到及时有效的移送，从而形成打击违法犯罪的合力，同时提升行政执法的透明度。

第二节　行政处罚的适用

一、责令改正、责令退赔、没收违法所得

（一）责令改正

责令改正或者限期改正违法行为，也叫“首先纠正违法行为原则”，或者“消除危险性原则”，是指行政执法机关命令违法行为人中止违法行为，履行其应当履行的义务，及时恢复被违法行为破坏的行政管理秩序。行政违法行为损害了正常的行政管理秩序，损害了社会公共利益，责令当事人改正违法行为能够消除违法行为的社会危害后果或防止危害后果进一步扩大。因而，行政机关在实施行政处罚时，本着尽快恢复行政管理秩序的目的，应当在进行处罚的同时敦促当事人立即改正，包括恢复原状、赔偿损失、消除影响、防止违法行为再次发生等多种方式，以达到促使违法行为人认真承担责任，避免同类事件再次发生的目的。当事人立即改正有困难的或者情况比较复杂的，可以敦促其限期改正。

行政处罚的根本目的是维护公共利益和社会秩序，保护公民、

法人和其他组织的合法权益，纠正违法行为，教育公民、法人和其他组织自觉守法，防止破坏社会秩序和损害公共利益的行为再次发生。因此，**行政处罚只是手段，而维护行政管理秩序才是根本目的，不能“为了处罚而处罚”。责令改正、限期改正的目的在于及时矫正行政违法行为，以防止损害后果进一步扩大，使法律秩序恢复原状，从而弥补行政处罚“只罚不改”的局限性效果。**

行政实践中，行政机关责令当事人改正或者限期改正违法行为，主要有三种适用形态。第一种是根据法定事由不予行政处罚或免除行政处罚的情形，在这种情形下通常单独适用责令改正。单独适用责令改正的范围较为有限，一般只适用于“违法行为轻微”且“没有造成危害后果”的违法情形。第二种是作为行政处罚的前置程序或构成要件。部分法律、法规将责令限期改正作为行政处罚的前置性程序或者构成要件之一，如果违法行为人在一定期限内不予改正，则可进一步实施行政处罚行为。譬如“根据处罚与教育相结合原则和过罚相当原则，对于‘违法行为轻微’且‘没有造成危害后果’的情形，通常优先适用责令改正。行政相对人对责令改正拒而不理的，说明其违法的主观过错明显”[①]。此时，行政相对人对待责令改正的态度与后续行为将成为行政处罚的构成要件。第三种是责令改正与行政处罚并行适用。这种并行适用模式在立法文本中最为常见，行政机关在作出行政处罚决定时，往往同时责令当事人改正或者限期改正违法行为。

（二）责令退赔、没收违法所得

责令退赔是受害人合法财产被违法行为人违法侵占后恢复原状的补偿方法。所谓“退”是将违法所得中的原物从违法行为人处追

---

① 吴高盛主编：《〈中华人民共和国行政处罚法〉释义及实用指南》，中国民主法制出版社2015年版，第71页。

缴后返还受害人，所谓“赔”是在退还不足的情况下，按照行政机关裁决确定的赔偿数额强制执行违法行为人的合法财产以弥补受害人的损失。没收违法所得，是指行政执法机关依法对行为人违法所得财物的所有权予以强制性剥夺，使其财产状况恢复到行为前原状的处罚方式。对行为人违法所得的处理顺序是先责令退赔给受害人，如果还有结余，应当全部予以没收，这是基于优先保护受害人财产权益的考虑。

没收违法所得是《行政处罚法》中的法定行政处罚种类。违法所得也是“所得”，在未被没收之前，这种财产利益实际处于违法当事人的控制和支配之下，没收这种利益，即使它是违法取得的，也同样会对当事人产生惩戒的心理和精神效果，具有行政处罚的制裁性特点。[①]《行政处罚法》第28条第2款对于违法所得进行了概括定义，将违法所得定性为“实施违法行为所取得的款项”，并确定了责令退赔与没收违法所得之间的逻辑次序，即先对违法行为人责令退赔，再没收其违法所得。同时，该款还规定“法律、行政法规、部门规章对违法所得的计算另有规定的，从其规定”，**在各类规范文本与行政实践中，对于违法所得始终存在“违法活动取得的全部收入”与“违法活动取得的非法收益”两种认定方式并存的局面，**[②]**本款并未对违法所得的计算方式进行统一规范，而是认可了不同计算方式的合法性，授权不同类型的行政监管机关通过部门规章进行差异性立法，这也符合现代行政国家的监管现实需求。**

责令退赔和没收违法所得背后的法理是“任何人都不能从违法行为中获利”。如果行为人能够从自己的违法行为中获得利益且不被事后追缴、没收，违法的成本小于违法获取的利益，那么实质上就是在变相地纵容违法行为，损害法律的权威性。实践中，部分违法

---

① 冯军：《行政处罚法新论》，中国检察出版社2003年版，第120页。

② 王青斌：《行政法中的没收违法所得》，载《法学评论》2019年第6期。

行为所能获取的利益远远大于行政执法机关对其科处的罚款的限额，因此，只有剥夺行为人从其违法行为中获得的利益，提高违法成本，才能真正激励公民遵纪守法。

针对实践中责令退赔违法所得制度不够规范和具体的问题，《通知》明确要求，各地区、各部门细化责令退赔违法所得制度，依法合理保护利害关系人的合法权益；当事人主动退赔，消除或者减轻违法行为危害后果的，依法予以从轻或者减轻行政处罚。

二、行政处罚中的“一事不再罚”

所谓“一事不再罚”，是指针对行为人的一个违法行为，行政执法机关不得依据同一违法事实给予行政相对人两次以上的行政处罚。《行政处罚法》中确立“一事不再罚”原则的目的“在于防止重复处罚，体现过罚相当的法律原则，以保护当事人的合法权益”[①]。

1996年《行政处罚法》关于“一事不再罚”原则仅限于第24条的粗略规定，“对当事人的同一个违法行为，不得给予两次以上罚款的行政处罚”。**2021年《行政处罚法》修订，其第29条规定：“对当事人的同一个违法行为，不得给予两次以上罚款的行政处罚。同一个违法行为违反多个法律规范应当给予罚款处罚的，按照罚款数额高的规定处罚。”由此，《行政处罚法》对于“一事不再罚”的界定更加清晰完整，在处罚实践中也更具可操作性。**

1996年《行政处罚法》第24条将“一事不再罚”局限于罚款事项，其背后有特定的历史背景作铺垫。“一事不再罚是否是行政处罚的基本原则，经再三研究，在现行管理体制下作法律规定要特别慎重，搞不好会影响行政管理效能。现行体制下简单规定一事不再罚的条件不成熟，这是属于行政体制改革总体考虑的问题。但一事

① 全国人大常委会法制工作委员会国家法室、行政法室编著：《〈中华人民共和国行政处罚法〉讲话》，法律出版社1996年版，第88页。

不再罚原则应当在行政处罚法中有所体现，于是针对执法中最突出的乱罚款问题规定了一事不再罚款。”[①]2021年修订的《行政处罚法》第29条在字面意义上，依然将“一事不再罚”原则仅仅适用于行政罚款领域，因此，“对于罚款以外的其他类型处罚，譬如没收违法所得、暂扣或吊销许可证等处罚类型，原则上可以予以并处。因为不同类型的处罚在制裁效果和目的上都有较大差异，允许并处更有利于行政目的的实现”[②]。

《行政处罚法》第29条规定“同一个违法行为违反多个法律规范应当给予罚款处罚的，按照罚款数额高的规定处罚”，这可被视为本次修法的一大亮点。对于“同一个违法行为”的认定问题，需要综合考虑法律规范的具体规定、违法行为的当事人是否为同一人、行为是否为独立的一个违法行为等多重因素予以判断。[③]另外，对于一个违法行为同时违反多个行政法律规范的问题，行政处罚实践中一直存在“最先罚款”和“择一重处”两种处理思路。实践中，仅以处罚决定的作出时间作为“一事不再罚”的判断标准，容易造成诸多负面效果。其中一个较为明显的消极后果便是容易导致处罚结果的随机性问题，譬如针对相同的行政违法行为，只是因为最先进行处罚的行政机关不同，罚款数额就相差很大，这种处罚结果的随机性，有违行政处罚公正和平等原则的要求。[④]

因此，《行政处罚法》第29条增设的规范，在一定程度上解决了处罚实践中“最先罚款”和“择一重处”的争议。**当一个违法行**

---

① 江必新主编：《行政处罚及其司法审查实用大全》，中国人民公安大学出版社1996年版，第226页。

② 马怀德：《〈行政处罚法〉修改中的几个争议问题》，载《华东政法大学学报》2020年第4期。

③ 许安标主编：《〈中华人民共和国行政处罚法〉释义》，中国民主法制出版社2021年版，第102—103页。

④ 李洪雷：《论我国行政处罚制度的完善——兼评〈中华人民共和国行政处罚法（修订草案）〉》，载《法商研究》2020年第6期。

为同时违反了多个行政法律规范，应当给予罚款处罚的，按照罚款数额高的规定予以处罚，需要强调的是，所谓罚款数额高的规定是指法律规定的法定罚款数额，而非行政机关实际处以的罚款数额。[①] 确定“择一重处”的处罚原则有助于实现过罚相当的实质正义要求，同时也可避免对同一违法行为进行重复评价。这也要求行政执法人员在今后的处罚实践中，要严格遵守《行政处罚法》在“一事不再罚”这一领域的规则变化，进一步明确“择一重处”的处罚原则，防止处罚争议现象的出现。

三、行政处罚的责任能力

行政责任能力，是指行为人构成行政违法和承担行政责任所必须具备的行政法意义上的辨认和控制自己行为的能力。责任能力的本质是从法律上评价行为人是否具有辨识能力和控制能力，它的目的是通过一系列的材料和证据，得出相对人有无控制能力和辨识能力的结论。行政责任能力是违法主体承担行政处罚责任的前提，因为只有违法主体对自己的违法行为具备认识、判断、辨别、控制的能力，其违法行为才具备可苛责性，行政处罚的实施才有惩戒意义。对于法人、其他组织而言，自其成立之时即具有责任能力。但公民要具有行政责任能力则必须具有正常的认知判断能力，这种能力与公民的年龄和精神状况密切相关，这就涉及行政责任年龄问题和对精神病人、智力残疾人的责任认定问题。

（一）行政责任年龄

行政处罚的责任年龄，是指《行政处罚法》规定的违法行为人承担行政责任所需要达到的年龄。按照人类成长的一般经验而言，

---

① 许安标主编：《〈中华人民共和国行政处罚法〉释义》，中国民主法制出版社2021年版，第104页。

一个正常人生理上的成长到一定时期，大脑对自己的行为就具有一定的判断与支配能力，同时对外部客观世界也具备了一定的认识，这时自己的行为才代表了自己的意志，并且是受自己意志支配的，因而才能对自己的行为负责。在这个时期之前，未成年人由于年龄尚小，体力、智力均处于未完全发育阶段，普遍不具备独立意识和控制、辨别个人意志和行为的能力，主观恶性较小，因此实施违法行为时往往带有冲动、盲目性。此外，未成年人普遍生理、心理还未发育成熟，易于教育矫正。如果因实施违法行为而受到行政处罚，会给他们幼小的心灵带来伤害，不能达到行政处罚的实施目的，也不利于未成年人的健康成长。因此，应当设置科学合理的行政责任年龄制度，由法律规定行为人对自己的违法行为负法律责任所必须达到的年龄。《行政处罚法》第30条以未成年人的年龄为界限，将未成年人的行政责任年龄划分为两种类型：无责任能力与相对责任能力。

无责任能力阶段是指未达到最低行政责任年龄，不能成为受罚主体，对其所实施的违法行为，不予行政处罚。《行政处罚法》将十四周岁作为公民承担行政责任的最低年龄，是考虑到未满十四周岁的未成年人普遍不具有辨别和控制自己行为和意志的能力。**未满十四周岁的未成年人违反行政法律规范，不满足行政违法构成中的主体要件，不构成行政处罚意义上的违法，不予行政处罚。本着“教育为主、惩罚为辅”的原则，应当责令其监护人严加看管、认真教育，使未成年人认识到自己的错误，避免类似行为再次发生。**

相对责任能力阶段是指已超过最低行政责任年龄，但并不完全具备辨别和控制自己行为和意志的能力，因而在实施行政处罚时应当适当予以照顾。**已满十四周岁不满十八周岁的未成年人实施违法行为的，由于其已达到了最低行政责任年龄，因此应当承担行政处罚责任，但应当从轻处罚或者减轻处罚，给违法的未成年人迷途知返乃至改过自新的机会。**从轻处罚指的是在规定的处罚方式和处罚幅度内，在几种可能的处罚方式中选择较轻的处罚方式，或者在一种处罚方式内从其较低限进行处罚，减轻处罚是指在法定的处罚方式和处罚幅度最低限以下进行处罚。这两种方式都体现了对未成年人实施行政处罚的谦抑性原则，贯彻了对违法青少年实行感化、教育、挽救的方针，有利于挽救违法的未成年人，保障未成年人的健康成长。

（二）精神病人、智力残疾人的责任认定

"精神病人"是指由于患有精神障碍，导致辨别、控制能力减弱甚至丧失而处于精神异常状态的人。[①]"智力残疾"这一概念始见于中国全国残疾人抽样调查领导小组制定的《全国残疾人抽样调查方案》，智力残疾通常表现为智力明显低于一般人的水平，并显示出适应行为的障碍。[②]智力残疾包括智力发育期间（十八周岁之前）由各种有害因素导致的精神发育不全或智力迟钝，以及智力发育成熟后由各种有害因素导致的智力损害或老年期的智力明显衰退等情形。

判断对违反行政管理秩序的"精神病人"或"智力残疾人"是否给予行政处罚，关键要看发生行政违法行为时，"精神病人"或"智力残疾人"是否处于不能辨认或者不能控制自己行为的状态之下。如果处于这种状态之下，便意味着"精神病人"或"智力残疾人"在主观上对其行政违法行为不存在故意或过失，因此并不具备承担行政处罚的责任能力。[③]同时，间歇性精神病人在精神正常、能够辨认和控制自己行为时实施违法行为的，应当给予行政处罚。

对于法律性质上虽然属于"精神病人"或"智力残疾人"，但又

---

① 冯军：《刑事责任论》，法律出版社1996年版，第135—138页。

② 李聪、田宝：《智力残疾研究的回顾与展望》，载《社会科学论坛》2020年第5期。

③ 全国人大常委会法制工作委员会国家法室、行政法室编著：《〈中华人民共和国行政处罚法〉释义》，法律出版社1996年版，第72—73页。

尚未完全丧失辨识控制行为能力的行为人类型，如何划定行政处罚的责任能力，这个问题在《行政处罚法》修改之前一直没有明确，本次修法之后，“可以从轻或者减轻行政处罚”的规定，赋予了行政处罚机关一定的裁量判断权限，可以根据行为人在医学上丧失行为能力的轻重情况，在个案中来决定是否从轻或减轻行政处罚。

四、“从轻或者减轻行政处罚”

从轻处罚是指行政机关在法定处罚方式和处罚幅度之内，通过裁量权的行使，对违法行为人在几种可能的处罚类型中选择较轻的处罚方式，或者在一种处罚方式下选择幅度的较低限进行处罚。与之相对应，减轻处罚则是指行政机关在法定处罚方式与处罚幅度最低限以下，对违法行为人适用行政处罚。

行政处罚始终秉承“处罚与教育相结合”的原则，处罚并非最终目的，更重要的是纠正当事人的违法行为。因此，2021年修订的《行政处罚法》第32条对于主动消除或者减轻违法行为危害后果、受他人胁迫或者诱骗实施违法行为、主动供述行政机关尚未掌握的违法行为以及配合行政机关查处违法行为有立功表现的当事人予以从轻或减轻处罚，从而能够很好地实现行政处罚的制度目标，是“坚持行政处罚以教育和处罚相结合，以纠正违法行为，教育公民、法人和其他组织自觉守法为目的立法精神的体现”[①]。

五、“不予行政处罚”

不予处罚是指某个行为具备行政违法行为的绝大部分外观形式，只是由于主体、主观、情节或者社会危害性上的特殊性，而被法律免除了该行为的违法性，在法律上不认为是违法，因而不给予行政

---

① 全国人大常委会法制工作委员会国家法室、行政法室编著:《〈中华人民共和国行政处罚法〉释义》，法律出版社1996年版，第77页。

处罚。[1]本次《行政处罚法》修订之前，理论界一直存在“不予处罚”与“免予处罚”的概念区分争议，修订后的《行政处罚法》中并没有“免予处罚”这一概念，只有“不予处罚”这一法定称谓，因此在“不予处罚”概念下，行政机关具有裁量权的“可以不予处罚”情形实为“免予处罚”。[2]

按照《行政处罚法》第33条第1款的规定，不予行政处罚，是指某个违法行为同时满足“行为轻微”“当事人及时纠正”“未造成危害后果”这三个构成要件时，行政机关不得予以行政处罚。我国行政处罚实践中对于“不予处罚”违法行为的要件认定缺乏统一、客观的判断标准。可以说，不予处罚制度长久以来处于相对消极的状态，伴随近年来“放管服”改革的深入推进，为了营造激励更优的市场环境，促进数字经济等新兴科技产业的发展，实现监管体系与规制执法手段的改革创新，不予处罚制度重新获得重视，典型的如《反不正当竞争法》第25条规定：“经营者违反本法规定从事不正当竞争，有主动消除或者减轻违法行为危害后果等法定情形的，依法从轻或者减轻行政处罚；违法行为轻微并及时纠正，没有造成危害后果的，不予行政处罚。”以及2020年发布的《深圳经济特区优化营商环境条例》第100条第2款规定：“对市场主体违法情节较轻且能主动消除、减轻危害后果的或者教育劝导后予以纠正的违法行为，应当依法从轻、减轻行政处罚。对违法行为轻微并及时纠正，没有造成危害后果的，依法免予行政处罚。”《行政处罚法》中的不予处罚制度在当前营商环境建设进程下有望持续发挥重要功能。此外，对于缓解有限的行政执法资源和繁重的执法任务之间的矛盾，不予处罚制度也能够发挥一定的作用。对于行政违法行为情节轻微并及时纠正，没有造成危害后果的，不予行政处罚，可以实现节约

---

① 曹康泰主编：《行政处罚法教程》，中国法制出版社2011年版，第98页。

② 袁雪石：《中华人民共和国行政处罚法释义》，中国法制出版社2021年版，第220页。

行政执法资源，降低行政执法成本的目标。[①]

2021年修订后的《行政处罚法》还规定了“首违不罚”制度，规定“初次违法且危害后果轻微并及时改正的，可以不予行政处罚”。“可以”一词意味着行政机关对于初次违法行为拥有裁量判断的空间，可以处罚也可以不予处罚。**从这一表述可以推导出“首违不罚”的三个构成要件：属于初次违法、危害后果轻微并且当事人及时改正。因此，只有同时满足以上三个要件才能适用“首违不罚”制度。**在《行政处罚法》修改之前，“首违不罚”制度便已经作为一项政策创新试验，广泛应用于诸多地区的市场监管执法实践中。尽管可以从1996年《行政处罚法》相关条款中推论解释出“首违不罚”制度的依据，[②]但是由于各地对于“首违不罚”的行政规范效力位阶低，容易引发合法性争议。因此，2021年《行政处罚法》修订时将“首违不罚”制度吸纳至法定条款之中，正式赋予了该制度合法性。《通知》进一步要求，各地区、各部门要全面落实“初次违法且危害后果轻微并及时改正的，可以不予行政处罚”的规定，根据实际制定发布多个领域的包容免罚清单；对当事人违法行为依法免予行政处罚的，采取签订承诺书等方式教育、引导、督促其自觉守法。

可以说，在优化营商环境的放松规制背景下，执法人员应当合理运用“不予处罚”这一条款，尤其在市场监管执法过程中，实现对市场主体的包容审慎监管，但是“不予处罚”以及“首违不罚”制度的运用，也必须严格依循《行政处罚法》设定的构成要件，不得超出法定适用范围。

在“不予行政处罚”条款下设定“主观过错推定”模式，是《行政处罚法》修改的一大看点。对于行政处罚中的主观要件，始终

① 张红：《免予行政处罚制度的现实困境与解决之道》，载《中国司法》2020年第4期。

② 章剑生：《罚抑或不罚？——基于行政处罚中“首次不罚”制度所展开的分析》，载《浙江学刊》2011年第2期。

存在理论争议，一部分学者坚持认为行政处罚应秉持责任主义，行政相对人只有存在主观过错的情况才能归责。[①]另一部分学者则从秩序维护与执法资源角度持相反观点。2021年修法中采取的“主观过错推定”的折中模式，较好地实现了权利保障与行政效率之间的价值平衡，是一种较为稳妥的修法方案。

此外，**2021年修订后的《行政处罚法》还增设了处罚教育条款。《行政处罚法》第33条第3款规定，“对当事人的违法行为依法不予行政处罚的，行政机关应当对当事人进行教育”**。行政机关不予行政处罚的同时对当事人进行教育，通过教育手段来实现守法目的，这体现出便宜主义的处罚色彩。“便宜主义的行政处罚适用，可以使行政机关获得一定的灵活应对空间，在执法方式的选择层面致力于以较低成本的执法手段，更好地实现纠正违法行为和促进公民守法意识的行政处罚目的。”[②]另外，按照《行政处罚法》第6条的规定，“实施行政处罚，纠正违法行为，应当坚持处罚与教育相结合，教育公民、法人或者其他组织自觉守法”。对轻微违法者不予处罚的同时进行说服教育，同样能起到防止和减少违法行为，减小社会危害性的功能作用，是落实《行政处罚法》第6条“处罚与教育相结合”原则的体现。因此，执法人员在作出不予行政处罚决定的同时，后续环节也必须高度重视教育的价值功能。

六、行政处罚的裁量基准

行政处罚的裁量基准制度是行政执法主体对法律规定的行政处罚自由裁量空间，根据过罚相当等原则并结合本地区经济社会发展状况以及执法范围等情况，细化为若干裁量格次，每个格次规定一

---

① 王贵松：《论行政处罚的责任主义》，载《政治与法律》2020年第6期。

② 陈悦：《行政处罚制度完善的便宜主义进路》，载《苏州大学学报（哲学社会科学版）》2020年第2期。

定的量罚标准，并依据违法行为的性质、情节、社会危害程度和悔过态度，处以相对固定的处罚种类和量罚幅度，同时明确从轻或从重处罚的必要条件的一种执法制度。裁量基准存在于行政系统内部，是政府自身制定的一种具有内部拘束力的行政规则，在性质上应当属于一种行政自制规范。裁量基准通常就裁量事项中相同或类似的事项作一般性的规定，使执法人员遇到相同或类似的事项时作相同或类似的处理，从而有利于规范和控制行政裁量权，增加行政相对人对行政行为结果的可预期性。

在行政执法实践中，裁量基准发挥了如下重要功能：一是有助于控制行政裁量权的运行。行政机关明确设定裁量基准之后，有助于抑制基层执法人员的恣意，降低政企合谋或者压力妥协的可能性，限制其考虑不相关因素而滥用裁量权。二是提升行政裁量的品格。裁量基准能够适合具体的规制对象而作出相适应的具体化、个性化的调整。行政机关可以将各种需要考虑的因素明确地纳入裁量基准，指导行政人员具体的裁量决定，进而提升行政裁量的品格。三是减少行政裁量的不确定性。裁量基准能够进一步提升可预见性，明确裁量应遵守的规则，减弱法的不确定性，使裁量能够前后一致，保持一种适当的公平。

《行政处罚法》第34条规定，“行政机关可以依法制定行政处罚裁量基准，规范行使行政处罚裁量权。行政处罚裁量基准应当向社会公布”。首先，该条明确了行政处罚裁量基准的价值功能。裁量基准作为一类典型的“内部行政法”，是法治政府与有限政府的具体体现。**“可以依法制定行政处罚裁量基准”的表述，意味着行政机关可以选择是否制定行政处罚裁量基准，当客观条件不成熟或者特定行政领域无必要时，行政机关也可以选择不制定裁量基准，但是一旦选择制定行政处罚裁量基准，就必须“依法制定”，这要求裁量基准的制定，不仅要符合上位法规范以及行政法基本原则，同时也要受到法定程序的拘束**。该条明确了制定行政处罚裁量基准的价值与功能，核心便在于“规范行使行政处罚裁量权”，尤其是通过裁量基准的制定，减少基层行政执法实践中滥用裁量权的普遍现象。其次，该条设定了行政处罚裁量基准的公布义务。裁量基准作为行政系统内部的规则，严格来说，其对外并不具有法律拘束力，但由于它构成了裁量权的判断标准，对相对人的权利义务也会产生实质性影响，因此应当向社会公布。《行政处罚法》第34条设定的裁量基准公布义务，排除了行政机关选择是否公布行政处罚裁量基准的判断权限。**“应当公布”意味着公布程序是行政处罚裁量基准必经的法定程序，未经公布的行政处罚裁量基准不应作为后续行政处罚的执法依据。**

《通知》对推行行政裁量基准制度提出了更高期待，要求各地区、各部门全面推行行政裁量基准制度，规范行政处罚裁量权，确保过罚相当，防止畸轻畸重。

七、刑罚的折抵

行政执法实践中，某一违法行为有可能同时触犯刑事法律规范和行政法律规范，进而产生行政处罚与刑罚竞合的法律问题。为了实现刑事司法程序与行政执法程序的深度衔接，确保违法行为人受到公平公正的法律制裁，有必要规定刑罚与行政处罚竞合时的规则适用机制，防止出现处罚总量上的简单叠加、一事多罚现象。从法律性质上讲，行政处罚与刑罚是两种性质迥异的制裁方式。刑罚的折抵作为联结二者的制度装置，其实质功能在于禁止对行为人的同一违法行为进行重复评价，进而有助于保护违法行为人的合法权益。

《行政处罚法》第35条第1款规定，“违法行为构成犯罪，人民法院判处拘役或者有期徒刑时，行政机关已经给予当事人行政拘留的，应当依法折抵相应刑期”。该款规定的是行政拘留与拘役、有期徒刑的折抵适用。拘役是短期剥夺犯罪分子的人身自由，就近实行劳动改造的刑罚，主要适用于罪行较轻，但又必须实行短期关押的犯罪人员，期限为1个月以上6个月以下。有期徒刑作为最主要的刑事制裁手段，是指在一定期限内剥夺犯罪分子的人身自由，并监禁于一定场所的刑罚，刑期为6个月以上15年以下。拘役和有期徒刑都是限制犯罪人员的人身自由的刑事处罚，虽然和行政拘留在处罚性质、适用机关以及具体期限上存有区别，但在处罚方式上却具有高度同质性，因而两者具有折抵适用的法理基础。当行为人的违法行为涉嫌刑事犯罪且已经被依法判处拘役或有期徒刑，而行为人已经因同一行为被行政拘留，在执行拘役、有期徒刑时便应当予以折抵。

《行政处罚法》第35条第2款规定，“违法行为构成犯罪，人民法院判处罚金时，行政机关已经给予当事人罚款的，应当折抵相应罚金；行政机关尚未给予当事人罚款的，不再给予罚款”。依照同样的法理，虽然罚款与罚金分属不同的处罚体系，法律属性上区别显著，但两者都是针对违法行为人的财产进行的法律制裁，在处罚方式上具有相似性与可换算性，因而具备折抵适用的可行性。当行为人的违法行为涉嫌刑事犯罪且被依法判处罚金，而行为人已经因同一行为被行政机关处以罚款，在执行罚金时应当将已经缴纳的行政罚款进行换算折抵。

八、行政处罚的时效

行政处罚的时效，是指行政处罚的追责时效，即行政处罚机关和其他有处罚权的组织对违法行为人依法给予行政处罚的有效期限，如果超出这一期限，则不能再行追究。行政处罚的目的一方面在于制裁行为人的违法行为，另一方面在于教育违法行为人遵纪守法，避免再次违反行政法律规范。而一个延迟的行政处罚，不仅难以起到训诫、教育的作用，反而会使违法行为人长期处于一种错误的信赖之中，而无法意识到自己行为的违法性。因此，规定行政机关对违法行为人实施行政处罚的时效期限，有助于敦促行政机关及时行使行政执法权，有利于提高行政处罚的效率，尽快恢复被违法行为侵害的行政管理秩序。假设没有时效限定，对行政违法行为的追诉会变得极为漫长，与处罚相关的事实证据也将难以追查，这将极大消耗行政执法的成本与资源。因此，《行政处罚法》中设定时效期限具有重要意义。

《行政处罚法》第36条第1款规定，"违法行为在二年内未被发现的，不再给予行政处罚"。即在该违法行为发生后的两年之内，对该违法行为具有处罚权的行政机关没有发现这一侵害行政管理秩序的违法事实，而是在规定的两年后才发现了这一违法事实，那么对该违法行为人就不得给予行政处罚。如果违法行为在行为发生的两年之内已被行政机关发现，但违法行为人在两年内未被查获或违法行为人逃避处罚，在两年后行政机关仍应当依法给予行政处罚。关于如何认定"二年内未被发现"，本款规定的发现违法行为的主体是处罚机关或有权处罚的机关，公安、法院、检察、纪检监察和司法行政机关等都是行使公权力的机关，对违法行为的发现都应当具有该款规定的"发现"的法律效力。因此，上述任何一个公权力机关对违法违纪行为只要启动调查、取证、立案程序，均可视为"发现"。

《行政处罚法》第36条第2款规定的是行政处罚时效期限的计算方法，"前款规定的期限，从违法行为发生之日起计算；违法行为有连续或者继续状态的，从行为终了之日起计算"。**行政处罚的时效从何时起计算，共有两种计算方法。在一般情况下，从违法行为发生之日起计算，所谓"违法行为发生之日"，应当理解为违法行为成立之日；对于违法行为有连续或者继续状态的，则从行为终了之日起计算。**

九、行政处罚的溯及力

"法不溯及既往"是处理新旧法律适用问题的一项基本法治原则。"法不溯及既往"的原则意味着法律只能适用于相关规范颁布生效以后发生的行为和事件，而不可以适用于颁布生效之前所发生的行为和事件，以此限制国家权力的滥用，维护社会经济秩序的持续性与稳定性。该原则在刑法的适用问题上衍生出“从旧兼从轻”原则。当一个人的犯罪行为发生在新刑法颁布以前，此时要考虑的是先适用旧刑法，即犯罪行为发生时的法律规定。需要注意的是，如果适用新的刑法更有利于被告人，或者新刑法处罚较轻，则应该对被告人适用新刑法。“从旧兼从轻”原则作为一条最基本的刑法适用原则，在审理刑事案件的司法实践中已得到普遍适用。2021年《行政处罚法》修订，将刑法理论中的“从旧兼从轻”原则明确引入行政处罚领域，填补了新旧行政法律规范适用领域的空白，从而更加有利于保护行政相对人的合法权益，这也是此次修法的一项显著进步。

《行政处罚法》第37条规定，禁止不利于被处罚人的溯及既往，但允许有利于被处罚人的溯及既往，即“从旧兼从轻”原则在行政处罚中的适用。当行为人的违法行为发生在新的行政法律规范颁布以前，此时应当适用旧的行政法律规范，即违法行为发生时的行政法律规范。但是，如果适用新的行政法律规范更有利于维护行为人的利益，譬如处罚较轻或不认为是违法，则应该依据新的行政法律规范处理。

十、行政处罚的无效

行政处罚的无效指的是行政执法机关作出的行政处罚行为因法定原因而不发生法律效力。**《行政处罚法》第38条将行政处罚行为无效细分为三种具体情形：一是行政处罚缺乏法定依据。当行政机关实施行政处罚，没有任何法律法规等规范依据作为支撑时，行政处罚行为本身也将丧失法律效力。二是行政处罚实施主体不具有行政主体资格。三是行政处罚未遵守法定程序构成重大且明显违法。**

在立法构造上，《行政处罚法》第38条分为两款，第1款主要解读了缺乏依据以及不具备行政主体资格导致的行政处罚无效，第2款则解释了只有“构成重大且明显违法”的违反法定程序情形，才会导致行政处罚无效，从而与普通意义上的程序瑕疵区分开来。《行政处罚法》第38条的规范构造，在一定程度上受到《行政诉讼法》的直接影响，2014年《行政诉讼法》第75条明确了无效行政行为的判断标准，“行政行为有实施主体不具有行政主体资格或者没有依据等重大且明显违法情形，原告申请确认行政行为无效的，人民法院判决确认无效”。2018年《最高人民法院关于适用〈中华人民共和国行政诉讼法〉的解释》第99条进一步将行政行为无效具体化为：行政行为实施主体不具有行政主体资格；减损权利或者增加义务的行政行为没有法律规范依据；行政行为的内容客观上不可能实施以及其他重大且明显违法的情形。2021年修订后的《行政处罚法》第38条关于行政处罚无效的判断，就此与《行政诉讼法》及其司法解释对无效行政行为的界定保持了逻辑一致。

《行政处罚法》第38条第2款专门界定了违反法定程序导致的行政处罚无效，将其限缩为“构成重大且明显违法”的特定情况，相比其他重大且明显违法的情形，“重大且明显违反法定程序所留下的解释空间较大，为避免这一标准导致过大的不确定性，应将其限于法律规范明确规定或者学说所承认构成无效的情形”[①]。对“构成重大且明显违法”的认定也应当审慎，主要应针对处罚机关遗漏和拒绝行政处罚关键程序的行为，譬如法律明确规定应当听证而未经听证作出的行政处罚，执法人员应当回避而未回避作出的行政处罚。通过对“构成重大且明显违法”情形的严格限定，以此尽可能实现程序合法与执法效率之间的价值平衡。此外，行政行为无效是自始无效、当然无效，对行政法律秩序可能产生的消极影响较大。因此，“从维护法安定性，维护行政存续公益性的角度出发，对无效事由的

① 张青波：《拒绝权视角下的无效行政行为》，载《环球法律评论》2019年第3期。

界定应当抱持相对审慎的立场”[①]。

典型案例

林某某与莆田市食品药品监督管理局涵江分局处罚上诉案[②]

案情简介：

2015年某日，莆田市食品药品监督管理局涵江分局（以下简称涵江分局）对莆田市涵江区某摊位经营者林某某销售的乌鸡进行抽检。随后，执法人员依法对林某某的摊位进行检查并向林某某送达检验报告，该报告显示抽检的乌鸡检验结果为不合格。涵江分局认为林某某销售兽药残留不符合农产品质量安全标准的乌鸡，该行为违反了《农产品质量安全法》[③]第33条第2项的规定，遂依据2009年《行政处罚法》第23条和《农产品质量安全法》第50条第3款的规定，作出莆涵食药监罚（2016）3号《行政处罚决定书》，决定对林某某处以责令停止销售兽药残留不符合农产品质量安全标准的乌鸡的违法行为，没收违法所得60元，并处以2000元罚款。林某某收到处罚决定后，将罚没款2060元缴纳完毕。随后，涵江分局认为该处罚决定法律适用有误，本案处罚的行为发生在市场销售阶段，应当适用《食品安全法》，涵江分局遂决定重新开展调查。涵江分局向林某某送达了《行政处罚意见告知书》《行政处罚听证告知书》，林某某提交了《当事人陈述申辩书》并要求举行听证。经过听证程序，涵江分局重新作出（2016）3-1号《行政处罚决定书》。涵江分局依据2009年《行政处罚法》第23条和《食品安全法》[④]第124条第1款第1

① 翁岳生主编：《行政法》，中国法制出版社2009年版，第677页。

② （2017）闽03行终223号行政裁定书。案件来源于中国裁判文书网。

③ 本法后来经过了修改。

④ 本法后来经过了修改。

项之规定，责令其停止违法行为，并决定对林某某处以没收违法所得人民币60元，并处罚款人民币50000元的行政处罚。

案例评析：

本案涉及行政处罚适用中的“一事不再罚”原则。**所谓“一事不再罚”是指针对行为人的一个违法行为，行政执法机关不得依据同一违法事实给予行政相对人两次以上的行政处罚。“一事不再罚”原则的目的在于防止重复处罚，保护当事人的合法权益，体现“过罚相当”的法律原则。**在本案中，林某某只存在一个违法事实，即销售兽药残留不符合农产品质量安全标准的乌鸡。然而，执法机关却针对林某某的这一个违法行为先后作出了莆涵食药监罚（2016）3号《行政处罚决定书》和（2016）3-1号《行政处罚决定书》两个行政处罚决定，且在作出第二次行政处罚决定时未作出撤销第一次处罚决定的正式决定，也并未将第一次罚没的款项返还给林某某，明显构成针对林某某一个违法行为进行重复处罚的情形，违反了2009年《行政处罚法》第29条规定的“一事不再罚”原则，应当将其中一次的行政处罚决定予以撤销。执法机关发现其作出的处罚决定有误，决定主动纠正错误时，应当先撤销先前作出的错误的行政处罚决定，再重新作出行政处罚决定。否则，极有可能构成对违法行为人的重复处罚，侵害当事人的合法权益。

某电子商务有限公司诉上海市杨浦区生态环境局行政处罚及上海市杨浦区人民政府行政复议案[①]

案情简介：

2019年6月某日，上海市杨浦区生态环境局对某电子商务有限

① 上海市高级人民法院发布10起2020年行政审判典型案例之六。案件来源于北大法宝。

公司涉嫌违反社会生活噪声污染行为立案调查后，作出行政处罚决定，认定该公司生产经营场所的室内噪声排放值超过《社会生活环境噪声排放标准》规定的噪声排放标准1dB，边界噪声超标违反了规定，因此作出处罚决定，责令该公司改正边界噪声超标的行为并罚款若干元。该公司提起诉讼，上海市第二中级人民法院经审查认为，《社会生活环境噪声排放标准》规定了商业活动中边界噪声排放限值、测量及评价依据。本市环境保护部门针对环境保护行政处罚裁量制定了《上海市环境保护行政处罚裁量基准规定》，杨浦生态环境局选择适用了上述裁量基准规定中其他环境保护违法行为的罚款幅度的兜底条款，作出了幅度偏重的处罚。根据已查明的事实，某电子商务有限公司在行政程序中积极配合整改，法院经综合考量直接判决变更杨浦生态环境局作出的罚款金额。

案例评析：

本案涉及行政处罚中裁量基准的功能，**行政机关自身制定的行政裁量基准，将对后续行政行为产生法律拘束效力，行政机关作出处罚行为必须依循已制定的裁量基准，行政机关未正确适用处罚裁量基准的，被诉行政处罚行为则不具有合法性、合理性，并在行政诉讼中面临败诉风险**。本案中，上海市杨浦区生态环境局的执法处罚决定，未能正确适用已颁布制定的《上海市环境保护行政处罚裁量基准规定》，作出了过重的处罚，因此被法院作出了否定性的评价。尤其是《行政处罚法》新增的第34条规定："行政机关可以依法制定行政处罚裁量基准，规范行使行政处罚裁量权。行政处罚裁量基准应当向社会公布。"该条款进一步明确了裁量基准对于行政处罚裁量权限的拘束作用，也意味着各级行政执法机关在日常执法活动中，必须严格适用已公布的处罚裁量基准，不得滥用裁量权，否则将承担不利后果。

思考题

1. 行政处罚中发生的管辖权争议如何解决？管辖权争议解决程序是怎么规定的？

2. 如何理解“一事不再罚”原则？执法人员在行政处罚中如何适应2021年《行政处罚法》对这一规则的变化？

3. 裁量基准在行政处罚过程中发挥了何种功能？执法人员如何正确适用行政处罚裁量基准？

4. “放管服”改革的背景下，执法人员在行政处罚中如何贯彻执行“首违不罚”制度？“首违不罚”的具体适用条件是什么？

5. 如何理解行政处罚中的“行刑衔接”制度，尤其在行政执法过程中如何履行向司法机关的案件移送程序？

第六章　行政处罚的程序

本章知识要点

- □ 行政处罚中的回避制度
- □ 行政执法三项制度在行政处罚中的体现
- □ 行政处罚中调查取证的方式、要求与证据种类
- □ 行政处罚简易程序的适用范围与步骤
- □ 行政处罚普通程序的适用范围与步骤
- □ 行政处罚的听证程序
- □ 行政处罚决定书的内容

第一节　行政处罚程序概述

一、行政处罚程序的概念和特征

行政处罚程序，是指行政机关在实施行政处罚时应当遵守的方式、步骤、时限和顺序。它是行政主体实施行政处罚时应当遵守的法定义务。除了一般性程序规定，行政处罚程序有三项具体的程序制度需要重点掌握，即简易程序、普通程序和听证程序。对于行政处罚程序，可以从以下三个方面予以把握。

第一，行政处罚程序具有法定性。行政处罚程序由行政法律、

法规明确规定，不得违反。行政主体在实施行政处罚时如果违反行政处罚程序，那么所作出的行政处罚决定将面临程序违法的风险。另外，法定性也意味着不得随意变动行政处罚程序。需注意，在行政执法实践中，要杜绝重实体、轻程序的思想，若法律尚无修改或者授权，就不能以更好地实现行政处罚实体效果为由，去突破现行行政处罚的基本程序。例如，在非现场执法情形中，不能以技术无法实现行政处罚程序或者实现行政处罚程序成本过高等为由来突破既有法定程序。

第二，行政处罚程序具有两个目的追求。一是保障行政机关有效实施行政管理，二是在实施管理中保护公民、法人或者其他组织的合法权益。如听证程序，从合法的角度，通过听证可以更加充分地保证案件事实的查明，从而使行政处罚充分建立在查明事实的合法性基础之上；从合理的角度，听证制度也可以让行政主体更加充分地听取案件有关情况，在行使自由裁量权时采取合适的处罚形式和处罚幅度，从而促进合法合理的行政处罚决定的作出，提高行政执法效率，改善行政主体和行政相对人的关系。

第三，行政主体既要保证行使职权的效果和效率，又要平等尊重和保护相对人在程序上的权利。相对人虽然需履行行政程序义务，但是也可以行使程序上的权利，如陈述权、申辩权，通过参与行政处罚程序以及对行政主体实施监督以保护自己的合法权益。

行政处罚程序从广义上来讲，包括立案、调查、取证、申辩、处罚决定和处罚执行等；从狭义上来讲，行政处罚程序是指《行政处罚法》规定的两个基本程序，即行政处罚决定程序和行政处罚执行程序。其中，行政处罚决定程序是指行政处罚的实施主体及其执法人员在作出行政处罚决定的过程中必须遵循的规范和制度的总称。

作为法定程序，行政处罚决定程序的功能与作用表现在两个方面：一是控制权力，即控制行政处罚决定的权力，以防止、减少和消除行政处罚决定权滥用的情况；二是保障权利，即保障公民、法人和其他组织的合法权益。通过赋予行政相对人和第三人以程序性权利，确立和保障行政相对人和第三人在行政处罚法律关系中的地位，使其得以通过参与和监督行政处罚过程来维护自己的合法权益。

2021年修订后的《行政处罚法》在补充完善行政处罚程序类型上，相较于常态的处罚程序，增加了应急处罚程序；相对于现场处罚程序，增加了非现场（不见面）处罚程序；适应了社会经济发展水平，在简易程序部分提高了罚款数额的上限；在与其他行政法律、法规的衔接方面借鉴《行政诉讼法》的证据制度，增加了行政处罚的证据制度；等等。

二、行政处罚程序的一般规定

行政处罚程序的一般规定包括：行政处罚信息公示规定、查明事实规定、证据规定、行政执法人员资格与条件规定、回避规定、告知规定、当事人陈述与申辩规定、行政处罚全过程记录规定、处罚决定公开规定、突发事件中的行政处罚特殊规定和保密规定等。

（一）行政处罚信息公示规定

行政处罚信息公示，是指行政处罚的实施机关、立案依据、实施程序和救济渠道等信息应当公示。具体而言，实施行政处罚的机关应当通过政府网站、公共图书馆、政务服务大厅等途径，将本机关可以实施的行政处罚的有关信息向社会公示，方便公众查阅。实施机关需要公示的内容包括：机关名称、机关地址、联系方式等。立案依据需要公示的内容包括：事实依据和法律依据，事实依据是指导致行政处罚的违法行为，法律依据是据以实施行政处罚的法律法规。实施程序需要公示的内容包括：行政处罚的简易程序流程、普通程序流程、听证程序流程等。救济渠道需要公示的内容包括：提出行政复议的条件和步骤，以及提起行政诉讼的条件和步骤。行政处罚信息公示属于行政公开的一项内容，有助于行政处罚过程中相对人以及社会公众对行政处罚信息知情权的实现。

行政处罚信息公示属于事前公示，面对的是一般社会公众。这决定了行政处罚信息公示区别于具体行政处罚过程中对相对人的信息公开，后者追求的是被处罚人知晓自己被处罚的有关信息，而前者追求的是行政机关通过信息公示使社会公众知晓行政处罚信息。因此，行政机关应当及时履行行政处罚的公示职责，以保障社会公众知情权的实现。同时，根据《行政处罚法》第39条的规定，行政处罚信息公示的范围是实施机关、立案依据、实施程序与救济渠道，以及与前列性质相同的其他需公开的信息，如行政处罚权的集中实施的信息，包括集中实施的处罚权内容、集中实施机关等。此外，公开信息时要简明扼要、通俗易懂。

（二）查明事实规定

《行政处罚法》第40条规定："公民、法人或者其他组织违反行政管理秩序的行为，依法应当给予行政处罚的，行政机关必须查明事实；违法事实不清、证据不足的，不得给予行政处罚。"查明事实是行政机关对相对人进行行政处罚的前提。

查明事实的规定，是根据《行政处罚法》第5条第2款规定的"设定和实施行政处罚必须以事实为依据，与违法行为的事实、性质、情节以及社会危害程度相当"原则对行政机关作出的约束性规定。违法事实，是指公民、法人或其他组织违反行政管理秩序的事实，包括具体的违法行为，以及违法行为的性质、情节以及社会危害程度等方面的重要事实。行政机关进行行政处罚，首先必须查明事实，确定公民、法人或者其他组织有违反行政管理秩序的违法行为，具体包括：是什么样的人（法人或者其他组织）实施的行为；是在什么时间实施的行为；是在什么地点实施了什么样的违法行为；行为的具体情况、过程；行为造成了什么样的结果；

等等。

事实的查明，必须以证据为支撑。“先取证，后处罚”是重要的行政处罚原则，行政机关必须全面、客观、公正地调查，收集有关证据，根据证据查明事实，从而给予行政处罚。同时，行政机关为了查明案件事实，按照法定程序和方法，发现、提取和固定的证据，可以作为行政救济程序中认定行政行为合法的依据，对于防止行政机关滥用权力具有重要作用。因此，如果证据不足，违法事实就无法查明，不能给予行政处罚。

（三）证据规定

行政处罚证据是行政机关或法律授权的组织用来证明公民、法人或其他组织违法并应受行政处罚的案件的一切客观事实，即行政机关实施行政处罚的事实根据。根据《行政处罚法》第46条的规定，行政处罚证据包括书证、物证、视听资料、电子数据、证人证言、当事人的陈述、鉴定意见、勘验笔录和现场笔录。关于行政处罚证据的获取，既可由行政执法人员依职权调查取得，也可以由当事人提供。当事人提供的证据，行政机关应当进行复核，符合相关要求的证据，应予采纳。

《行政处罚法》第46条第2款和第3款规定了证据被采纳的积极条件和消极条件。**积极条件即查证属实，其蕴含了两个意思：一是证据是真实的，即证据所反映的内容应当是真实发生的，客观存在的；二是证据与待证事实是有关联的，可用来证明待证事实。消极条件即证据不是以非法手段取得的。**

《行政处罚法》规定的“以非法手段取得的证据”与《行政诉讼法》的规定相同，但是具体什么情形属于“以非法手段取得的证据”，并无明确规定。因此，可以参考《最高人民法院关于适用〈中华人民共和国行政诉讼法〉的解释》第43条的规定，即属于“以非法手段取得的证据”的情形包括：第一，严重违反法定程序收集的证据材料；第二，以违反法律强制性规定的手段获取且侵害他人合法权益的证据材料；第三，以利诱、欺诈、胁迫、暴力等手段获取的证据材料。

此外，随着电子技术监控设备的广泛使用，电子记录也广泛应用于证明违法事实，《行政处罚法》第41条也对电子技术监控设备作了规定。其中，明确规定电子技术监控设备形成的监控记录可以作为确认违法事实所依据的证据，具体需满足两个条件：一是监控记录所记录的违法事实应当真实、清晰、完整、准确；二是监控记录应当经过审核并符合要求。电子技术监控设备记录违法事实应当真实、清晰、完整、准确，这是监控记录能够作为证据的事实条件。但是，如何判断监控记录是真实、清晰、完整、准确的，则需要行政机关通过审核确定。行政机关的审核是监控记录能够作为证据的程序条件。**只有经过行政机关的审核，监控记录不存在违反相关法律的规定，并且是真实、清晰、完整和准确的，行政机关才可以确认该监控记录符合要求，可以作为查明案件事实的证据使用。**

《通知》就电子技术监控设备的规范设置和使用作出了规定。行政机关设置电子技术监控设备要确保符合标准、设置合理、标志明显，严禁违法要求当事人承担或者分摊设置电子技术监控设备的费用，严禁交由市场主体设置电子技术监控设备并由市场主体直接或者间接收取罚款。原则上，行政机关不得因设备不正常运行而给予当事人行政处罚，除非有证据能够证明当事人存在破坏或者恶意干扰电子技术监控设备、伪造或者篡改数据等过错。《通知》同时要求，行政机关要定期对利用电子技术监控设备取证的行政处罚决定进行数据分析；对同一区域内的高频违法行为，要综合分析研判原因，推动源头治理，需要改进行政管理行为的，应及时采取相应措施，杜绝以罚代管。并且要严格限制电子技术监控设备收集信息的使用范围，不得泄露或者向他人非法提供。

（四）行政执法人员资格与条件规定

根据《行政处罚法》第42条的规定，行政处罚应当由具有行政执法资格的执法人员实施。执法人员不得少于两人，法律另有规定的除外。执法人员应当文明执法，尊重和保护当事人合法权益。执法人员在进行行政处罚时，需具有有关机关核发的行政执法资格证。实践中，为了解决编制不足的问题，行政机关可聘用履行行政执法辅助职责的人员，该类人员被称为执法辅助人员。执法辅助人员不具有行政处罚执法资格，但可以在行政机关及其行政执法人员的指挥和监督下开展事务性、技术性、保障性等辅助工作。

执法人员的人数要求为：执法人员实施行政处罚时人数不得少于两人，如《治安管理处罚法》第87条规定的“检查时，人民警察不得少于二人”。《行政处罚法》关于执法人员人数的限制规定在一般规定里，即不论是简易程序还是普通程序，哪怕是行政机关进行当场处罚，执法人员也应当是两人以上，除非法律另有规定。

执法人员的执法要求为：执法人员应当文明执法，尊重和保护当事人合法权益。文明执法，本质是因为执法人员的执法目的之一是维护人民的利益，故而在执法过程中，除了严格按照法律规定执法以外，同时也应当注意自己的执法方式和执法态度，尊重当事人的人身权与人格权，保障当事人依法享有的权利。

（五）回避规定

回避，是指行政执法人员同处理的事务有利害关系或者其他关系可能影响公正执法的，应当退出相关执法活动的制度。对于回避的规定，可以从以下三个方面理解。

首先，回避主体是与案件有直接利害关系或者有其他关系可能影响公正执法的执法人员。**与案件有关系，意味着不限于和案件中的人有关，同时也可能和案件中的物或者其他财产有关。**此外，在关系的类型上，有关系不仅是指有直接利害关系，还包括有可能影响公正执法的其他关系。

其次，回避分为两种，一种是依职权回避，另一种是依申请回避。依职权回避是指执法人员在得知自己存在回避的情形之后，应当主动向行政机关负责人说明，由行政机关负责人另行指派其他执法人员。此外，**当事人在获知执法人员存在回避的情形且执法人员没有主动回避的，也可以申请执法人员回避，这被称为依申请回避。**当事人申请回避的，只需要提交证明执法人员可能存在回避情形的证据材料即可，执法人员最终是否回避由行政机关审查并由行政机关负责人决定。

最后，回避决定作出之前，为了保障调查工作顺利开展，防止证据灭失，执法人员不停止调查工作。

（六）告知规定

告知规定是关于行政机关在作出行政处罚决定之前，应当告知当事人法定事项的规定。行政处罚告知义务的规定与当事人的知情权密切相关，行政机关的告知是当事人获取行政处罚信息的重要保证。告知规定的重点在于告知的法定事项，根据《行政处罚法》第44条的规定，其主要包括两部分，**即拟处罚信息和当事人在行政处罚中享有的权利。**

首先，行政机关应当告知当事人拟作出的行政处罚内容。第一，行政处罚的内容。包括所欲施加的行政处罚的种类，如警告，罚款，没收违法所得，责令停产停业，暂扣或者吊销许可证、暂扣或者吊销执照，行政拘留等，以及行政处罚的幅度。第二，行政处罚的事实和理由。即当事人在什么时间，什么地点实施了什么违法行为，事实应当清楚、明确，并且有相应的证据予以证明。第三，作出行政处罚的依据，即拟作出的行政处罚所依据的具体法律法规。

其次，行政机关应当告知当事人依法享有的陈述、申辩、要求听证等权利。行政机关应该告知的权利，除了《行政处罚法》第44条明确列举的陈述、申辩、要求听证的权利之外，还有诸如非现场执法[①]中的当事人查询电子监控记录的权利，等等。行政机关在进行权利告知时，同时应当告知权利的行使方式、行使途径和行使期限，从而切实保障当事人的权利得以在实践中实现。

（七）当事人陈述与申辩规定

《行政处罚法》第45条规定了当事人享有陈述、申辩的权利。陈述、申辩权的规定是行政处罚中保障当事人权利，促进事实查明，限制行政机关恣意行为的重要规定。对于陈述、申辩规定可以从以下三个方面把握。

首先，当事人享有的陈述、申辩权是法定权利，行政机关不得限制或者剥夺。当事人可以放弃行使陈述、申辩权，但是这种放弃应当在知晓自己享有该权利的情况下，自主选择放弃。如果当事人明确表示放弃陈述和申辩，或者逾期没有提出，则认为当事人放弃陈述和申辩。在当事人放弃陈述和申辩的情况下，行政主体可在陈述和申辩期限内作出行政处罚。

其次，行政机关应当保障当事人陈述、申辩权的实现。行政机关应当启动相关行政程序，妥善处理当事人提出的陈述、申辩，包括：充分听取当事人的意见；复核当事人提出的事实、理由和证据；如果成立，行政机关应当予以采纳。当事人提出的事实、理由和证据，涉及的违法行为构成与违法情节等重要事项，行政机关应当以同等的态度公正地进行复核。

最后，陈述、申辩不加重处罚。行政机关作出行政处罚，应当

---

① 非现场执法（在城市管理等领域又称“非接触性执法”），是指行政机关运用现代信息系统，通过监控、摄像、录像等技术手段，在执法人员不直接接触行政相对人的情况下，采集、记录其违法证据，进而对其作出行政处罚的执法方式。参见茅铭晨：《从自定走向法定——我国〈行政处罚法〉修改背景下的非现场执法程序立法研究》，载《政治与法律》2020年第6期。

“以事实为依据，以法律为准绳”，在查明事实的基础之上作出行政处罚决定。当事人陈述、申辩的对与错，当事人态度的好与坏，都不影响违法事实的成立。因此，行政机关不得因当事人陈述、申辩而给予更重的处罚，这是法律作出的特别规定，有利于保护相对人充分行使程序权利。

（八）行政处罚全过程记录规定

行政处罚全过程记录规定，是行政执法“三项制度”[①]之一——行政执法全过程记录制度在《行政处罚法》中的贯彻和体现。**行政处罚全过程记录，是指行政机关应当以文字、音像等形式，对行政处罚的启动、调查取证、审核、决定、送达、执行等进行全过程记录并归档保存。**

对于行政处罚全过程记录，需要把握以下四点。第一，进行全过程记录的主体是作出行政处罚的行政机关。第二，行政机关进行全过程记录时，可以采用不同的形式，文字与音像是目前最常见的方式。第三，**“全过程”覆盖行政处罚的启动、调查取证、审核、决定、送达、执行等行政处罚的所有环节。**若行政处罚的记录缺乏任一环节，那么记录就是不完整的。第四，行政机关在对行政处罚进行全过程记录之后，要归档保存，以便进行回溯。

（九）处罚决定公开规定

公开是行政处罚的重要原则之一，行政处罚决定公开是《行政处罚法》贯彻落实行政执法“三项制度”改革的成果之一。《行政处罚法》就事前公开和事后公开两个方面对行政处罚公开进行了规定。

---

① 行政执法“三项制度”是指全面推行行政执法公示制度、执法全过程记录制度、重大执法决定法制审核制度。参见《国务院办公厅关于全面推行行政执法公示制度执法全过程记录制度重大执法决定法制审核制度的指导意见》。

上文的行政处罚信息公示属于事前公开，而处罚决定公开属于事后公开。

行政处罚决定公开，是对具有一定影响的行政处罚决定行政机关应当依法予以公开。具有一定影响的行政处罚决定，是指该行政处罚决定不仅影响当事人，还可能对其他不特定多数人群产生影响。因此，这种行政处罚决定的公开具有公共利益指向。公共利益可以解释为不特定的人的利益。如根据《环境保护法》第62条的规定，重点排污单位不公开或者不如实公开环境信息的，由县级以上地方人民政府环境保护主管部门责令公开，处以罚款，并予以公告。重点排污单位不公开环境信息的违法行为侵害了不特定人的利益，因此，环境主管部门对其处罚后，就应该把这一处罚决定向社会公开。

对于"一定影响"的认定，则要求行政机关牢牢把握"社会公共利益"原则，同时遵循最小侵害原则，使行政处罚决定的公开对处罚相对人造成的非必要伤害最小化。行政处罚决定作出后，有可能通过法定程序被改变，如可能因为行政复议或行政诉讼而被依法变更、撤销、确认违法或者确认无效。因此，《行政处罚法》第48条第2款作出规定，如果公开的行政处罚决定被依法变更、撤销、确认违法或者确认无效，那么行政机关应当在三日内撤回行政处罚决定信息并公开说明理由。其中"三日"的起算时间应当为公开的行政处罚决定被依法变更、撤销、确认违法或确认无效的裁定或判决生效之日，以及时地保障相关当事人的合法权益。

（十）突发事件中的行政处罚特殊规定

突发事件中的行政处罚特殊规定，是指在发生重大传染病疫情等突发事件中，行政机关基于控制、减轻和消除突发事件引起的社会危害，对违反突发事件应对措施的行为依法快速、从重处罚的规定。这种特殊规定可以从以下五个方面予以把握。

第一，重大传染病疫情等突发事件，是指突然发生，造成或者可能造成严重社会危害，需要采取应急处置措施予以应对的自然灾害、事故灾难、公共卫生事件和社会安全事件。**只有在发生了上述突发事件之后，且在突发事件尚未结束之前的这段时间，行政机关才可以对违法行为依法快速、从重处罚。**

第二，对于一般的违法案件，哪怕是发生在突发事件期间，如果并不涉及违反突发事件应对措施，那么应当按照正常程序进行处罚。

第三，突发事件的特殊规定是为了控制、减轻和消除突发事件引起的社会危害。如果行政机关对当事人的违法行为快速、从重处置后，反而引起争议和混乱，加重了突发事件引起的社会危害，那么这样的快速、从重处罚仍然是不合适的，不符合立法本意。

第四，对于突发事件特殊规定中的快速、从重处罚的理解。对于快速处罚，要求加快程序实施速度以缩短时间尽快作出行政处罚决定。“在保障当事人合法权益的前提下，缩短立案、调查取证、内部审批等流程的时间，采取串联改并联的办法，一些程序可同时进行，在较短时间内作出行政处罚决定。”①对于从重处罚，既不是要作出超出当事人应当承担的行政责任的行政处罚，也不是要作出当事人应当承担的行政责任对应的顶格行政处罚，而是视当事人违法行为的情节和社会危害性，作出比一般情况下更加严重的行政处罚。“在突发事件应对过程中发生的干扰破坏应急处置工作等行为，性质恶劣，危害后果大，从重处罚有利于在特殊时期更好地惩戒违反行政管理秩序的行为，起到稳定社会秩序、妥善应对突发事件的作用。”②

---

① 许安标主编：《〈中华人民共和国行政处罚法〉释义》，中国民主法制出版社2021年版，第141页。

② 许安标主编：《〈中华人民共和国行政处罚法〉释义》，中国民主法制出版社2021年版，第141页。

第五，根据《通知》的明确要求，发生重大传染病疫情等突发事件，行政机关对违反突发事件应对措施的行为依法快速、从重处罚时，也要依法合理保护当事人的合法权益。

（十一）保密规定

根据《行政处罚法》第50条的规定，行政机关及其工作人员具有保密义务，即行政机关及其工作人员对实施行政处罚过程中知悉的国家秘密、商业秘密或者个人隐私，应当依法予以保密。保密义务规定的重点在于保密义务的主体和保密义务的对象。

保密义务的主体是行政机关及其工作人员。**行政机关是实施行政处罚的主体，作为行政处罚法律关系中的一方主体，对于在实施行政处罚过程中知悉的国家秘密、商业秘密或者个人隐私，当然具有保密的义务。**而工作人员是具体执行行政处罚的工作人员，为避免工作人员因为个人私利而出卖或者公开所知悉的国家秘密、商业秘密或者个人隐私，本法规定工作人员也属当然保密义务的主体。

行政机关及其工作人员依法保密的对象是其在实施行政处罚过程中知悉的国家秘密、商业秘密或者个人隐私。对于国家秘密，需要注意的是，根据《保守国家秘密法》第19条的规定，保密事项范围应当根据情况变化及时调整，在实施行政处罚过程中，执法人员应当关注保密事项的调整情况，不得滥用保守秘密条款将依法应当予以公开的事项进行保密。对于商业秘密，需要掌握其内涵，即商业秘密是指不为公众所知悉、具有商业价值并经权利人采取相应保密措施的技术信息、经营信息等商业信息。对于个人隐私，行政机关及执法人员在涉及个人隐私认定时，首先应注意个人隐私与普通个人信息的区别，既不能把应当属于个人隐私的事项作为普通个人信息予以公开，也不得将可以公开的事项作为个人隐私进行过度保护，影响第三人或公众的知情权。

从保密对象的来源上看，行政机关及其工作人员应当保守的国家秘密、商业秘密或者个人隐私是其在实施行政处罚过程中知悉的。这是《行政处罚法》第50条对保密义务对象的限制，即如果行政机关及其工作人员泄露了国家秘密、商业秘密或者个人隐私，但是该国家秘密、商业秘密或者个人隐私并不是其在实施行政处罚过程中知悉的，就不适用《行政处罚法》调整。

第二节　简易程序

一、简易程序的概念

行政处罚简易程序也称当场处罚程序，是指行政处罚的实施主体对事实清楚、案情简单、后果轻微的行政违法行为，当场给予行政处罚的一种简便程序。该程序设立的目的是降低程序成本、缩短行政过程、拓宽行政裁量权、提高行政效率等。[①]对于简易程序的理解，可以从以下几个方面把握。

（一）简易程序一般适用于事实清楚、案情简单、后果轻微的行政违法案件

不同的行政违法案件适用不同的行政处罚程序，而简易程序一般适用于事实清楚、案情简单、后果轻微的行政违法案件，如交警当场发现的违章停车等。对于这类案件，由于事实清楚、案情简单、后果轻微，一般不存在争议，如果适用一般程序，进行立案、调查、收集证据等，不仅效率低下，而且浪费执法资源。**但是如果案件事实不清、案情复杂、后果严重，需进一步调查取证，甚至召开听证**

① 张淑芳：《论行政简易程序》，载《华东政法大学学报》2010年第2期。

会，那么就不能适用简易程序，只能适用普通程序。

（二）简易程序需遵循行政处罚程序的一般规定

《行政处罚法》中关于行政处罚程序的一般规定普遍适用于行政处罚全过程，具有总则意义，简易程序、普通程序、听证程序都应当遵循。因此，**除非简易程序中有特殊规定，否则简易程序也应当遵循行政处罚程序的一般规定。**尤其是涉及程序公正和当事人合法权益的事项，如行政机关的告知制度，当事人的陈述、申辩制度等，如果行政机关不履行告知义务，拒绝听取当事人的陈述、申辩，那么所作出的行政处罚将面临程序违法而被撤销的风险。

（三）简易程序的适用具有“选择性”

根据《行政处罚法》第51条的规定，对于符合条件的行政违法案件，行政机关可以当场作出行政处罚决定。因此，对于满足适用简易程序的行政处罚案件，一般情况下，行政机关可以适用简易程序当场作出行政处罚，但是如果行政机关认为案件需要适用普通程序，那么行政机关也可以适用普通程序。此外，在适用简易程序的过程中，如果行政机关认为案件事实存在争议，需要进一步调查取证，也可以从简易程序转为普通程序。关于是否采用当场处罚的程序，需要执法人员在符合当场处罚条件的基础上，以作出合法行政处罚为目的，决定是否选择简易程序作出行政处罚。

二、简易程序的适用条件

根据《行政处罚法》第51条的规定，适用简易程序一般需要满足以下几个条件。

第一，违法事实确凿。这是指当事人确有违法事实，且案情简单、违法事实清楚、证据确凿，没有进一步调查取证需要的违法行为。一般来说，适用简易程序的案件，执法人员在现场就可以查明事实或者目睹，无需专门调查取证。近年来各种执法仪器的普及，更是从证据材料方面保障了当场处罚案件的证据的充分性，使得适用简易程序作出的行政处罚决定同样可以建立在严格的事实清楚、证据充分的基础之上。

第二，有法定依据。依法行政是行政执法的基本原则，“法无明文规定即禁止”约束行政处罚行为的实施。行政机关适用简易程序作出的行政处罚，应当有法律、行政法规、地方性法规和规章作为依据，如无明文规定，不得进行行政处罚。

第三，符合规定的行政处罚的种类和幅度。根据《行政处罚法》的规定，可以当场作出的行政处罚的种类仅限于罚款和警告，并且还有严格的罚款幅度。根据《行政处罚法》第51条的规定，对公民处以200元以下、对法人或者其他组织处以3000元以下罚款或者警告的行政处罚的，可以当场作出行政处罚决定。此外，该条还规定，“法律另有规定的，从其规定”。这也就意味着，其他法律对适用简易程序的行政处罚的种类和幅度有规定的，适用该法律的规定。例如，《治安管理处罚法》第100条规定：“违反治安管理行为事实清楚，证据确凿，处警告或者二百元以下罚款的，可以当场作出治安管理处罚决定。”《道路交通安全法》第107条第1款规定：“对道路交通违法行为人予以警告、二百元以下罚款，交通警察可以当场作出行政处罚决定，并出具行政处罚决定书。”

三、简易程序的具体内容

区别于一般程序，简易程序的处罚步骤、方式、时限和顺序有所简化。根据《行政处罚法》第52条和第53条的规定，执法人员当场作出行政处罚决定的，应当履行以下法定程序。

第一，表明执法身份。这是简易程序的首要步骤。了解执法人员的执法身份，是当事人应有的权利。执法身份表明了行政主体有权给予行政处罚的主体资格，即行政处罚主体合法。为此，执法人员对当事人当场作出行政处罚时，应当向当事人出示其合法的执法证件，以表明其执法身份。执法证件应当载明或者表征其所代表的行政机关的名称及该执法人员的职务等内容。证件可以是工作证，也可以是执法证或者二者都出示，或者出示法定的徽章等，相关法律规定可能不尽相同。例如，《人民警察法》第23条规定："人民警察必须按照规定着装，佩带人民警察标志或者持有人民警察证件，保持警容严整，举止端庄。"《广东省〈行政执法证〉管理办法》第2条第1款规定："本省行政执法机构的行政执法人员从事行政执法活动，应当持有《行政执法证》或者国家法律、行政法规、部门规章规定的其他执法证件。"

第二，告知拟作出的行政处罚内容及事实、理由、依据，并告知当事人依法享有的陈述、申辩、要求听证等权利。行政执法人员表明身份后，应当履行告知义务，指出违法事实，说明理由和法定依据，以及拟作出什么种类何种程度的处罚，并且应当告知当事人享有的权利。**告知程序是依据告知规定而应当为之的程序步骤，是简易程序和普通程序都应当具备的步骤。**

第三，听取当事人的陈述和申辩。在执法人员履行告知义务之后，当事人没有选择放弃陈述、申辩权的，执法人员应当听取当事人的陈述和申辩，对于当事人提出的意见应当认真对待，充分考虑。如果意见成立，应当采纳，并且执法人员不得因为当事人的申辩而加重处罚。当事人的陈述、申辩权是其享有的法定权利，行政机关应当采取措施保障当事人权利的实现，故而应当听取当事人的陈述和申辩。

第四，填写行政处罚决定书。执法人员在查明事实之后，应当填写预定格式、编有号码的行政处罚决定书。行政处罚决定书应当载明当事人的违法行为，行政处罚的种类和依据、罚款数额、时间、地点，申请行政复议或者提起行政诉讼的途径和期限，行政机关名称，以及被处罚人的姓名、住所（被处罚单位的名称、住所、法定代表人）等表明被处罚相对人身份的重要信息，并由执法人员签名或者盖章。具体而言，当事人的违法行为，是指执法人员查明的当事人确实存在的违法事实。行政处罚的种类和依据，是指该行政处罚是警告还是罚款，所依据的规范性法律文件是什么。罚款数额，即如果行政处罚是罚款，那么具体数量是多少。时间、地点，是指填写该行政处罚决定书的时间和地点。申请行政复议或者提起行政诉讼的途径和期限，该内容一方面确定了当事人享有的申请行政复议和提起行政诉讼的权利，另一方面告知了当事人申请行政复议和提起行政诉讼的途径和期限，解决了当事人不知权利、不知到哪儿行使权利、不知什么时间行使权利、不知如何行使权利的困难。行政机关名称，是指作出该行政处罚决定的行政机关名称。执法人员的签字或者盖章，是现场作出行政处罚决定书的执法人员的签字或者盖章，如果作出行政处罚决定书的执法人员不止一人，应当是所有参与作出行政处罚决定书的执法人员共同签字或者盖章。

（水行政处罚机关名称）
行政处罚决定书（当场处罚）

×水×当罚字［　　　　］第　　　号

姓名：＿＿＿＿ 性别：＿＿＿＿ 年龄：＿＿＿＿ 职业（务）：＿＿＿＿＿＿

工作单位或住所：＿＿＿＿＿＿＿＿＿＿＿＿＿＿＿＿＿＿＿＿＿＿＿＿

身份证号码：＿＿＿＿＿＿＿＿＿＿ 电话：＿＿＿＿＿＿＿＿＿＿＿＿

经查，你于＿＿＿＿＿＿＿＿＿＿＿＿＿＿在＿＿＿＿＿＿＿＿＿＿＿＿＿＿

因＿＿＿＿＿＿＿＿＿＿＿＿＿＿违反了＿＿＿＿＿＿＿＿＿＿＿＿＿＿的规定，

根据＿＿＿＿＿＿＿＿＿＿之规定，给予＿＿＿＿＿＿＿＿＿＿的处罚。本行政机关已经告知你依法享有陈述和申辩的权利，并听取了你的陈述和申辩，对你提出的事实、理由和证据进行了复核。

如不服本处罚决定，可以自收到本处罚决定书之日起60日内向____________________申请行政复议，也可在六个月内向______________人民法院提起行政诉讼。

地点：________________________

被处罚人签名：__________________

执法人员签名：______ 证件号：__________

执法人员签名：______ 证件号：__________

（水行政处罚机关印章）

年　月　日

（水行政处罚机关名称）
行政处罚决定书（当场处罚）

×水×当罚字［　　　　］第　　　号

当事人：____

住　址：____

法定代表人：____________ 证照类型及编号：____________________

联　系　人：____________ 联系电话：________________________

经查，你单位于__________________在______________________因____违反了____的规定，根据____之规定，给予你单位________________________________的行政处罚。同时告知你单位

依法享有陈述和申辩的权利，并听取了你单位的陈述和申辩，对你单位提出的事实、理由和证据进行了复核。

如不服本处罚决定，可以自收到本处罚决定书之日起60日内向__________申请行政复议，也可在六个月内向__________人民法院提起行政诉讼。

地点：__________

签收人签名：__________

执法人员签名：______ 证件号：______

执法人员签名：______ 证件号：______

（水行政处罚机关印章）

年　月　日

第五，交付行政处罚决定书。行政处罚决定书是当场处罚的书面证据材料，是行政机关出具的、载明该行政机关对当事人依法给予的行政处罚的有关内容的法律文书，也是相对人依法申请行政复议或者提起行政诉讼的法定依据。因此，在简易程序中，要求执法人员当场交付行政处罚决定书，也就是直接送达行政处罚决定书，这是简易程序中送达的方式。但是，有可能发生当事人不签收行政处罚决定书的情况，为此《行政处罚法》第52条第1款新增了处理方法，即**行政机关应当在行政处罚决定书上注明，只要注明，行政机关交付的义务就视作已经履行。**

第六，当场处罚的执行。《行政处罚法》第67条规定了罚缴分离制度，即作出罚款决定的行政机关应当与收缴罚款的机构分离，作出行政处罚决定的行政机关及其执法人员不得自行收缴罚款，而是当事人自收到处罚决定书之日起十五日内自行向指定的银行或者通过电子支付系统缴纳罚款。适用简易程序作出的行政处罚同样适用此项规定。但是《行政处罚法》第68条和第69条规定了例外情形。对于适用简易程序作出的行政处罚决定，在满足“依法给予一百元以下罚款的”或者“不当场收缴事后难以执行的”任一情形时，行政机关及其执法人员可以当场收缴罚款；对于在边远、水上、交通不便的地区，行政机关及其执法人员适用简易程序或者普通程序作出罚款决定后，在满足当事人向指定的银行缴纳罚款确有困难的情形下，经当事人提出，行政机关及其执法人员可以当场收缴罚款。

第七，备案。执法人员在当场作出行政处罚决定后，应当依法向其所在的行政机关进行备案。备案的内容是执法事实、证据、当事人的申辩记录以及执法决定。备案的行为可以是一事一报，也可以是定期上报。行政机关在收到执法人员当场作出的行政处罚决定备案后，应当及时对备案材料进行审查，审查当场处罚决定是否合法，违法事实是否确凿，处罚是否公正、得当。如果发现问题，应当及时纠正。

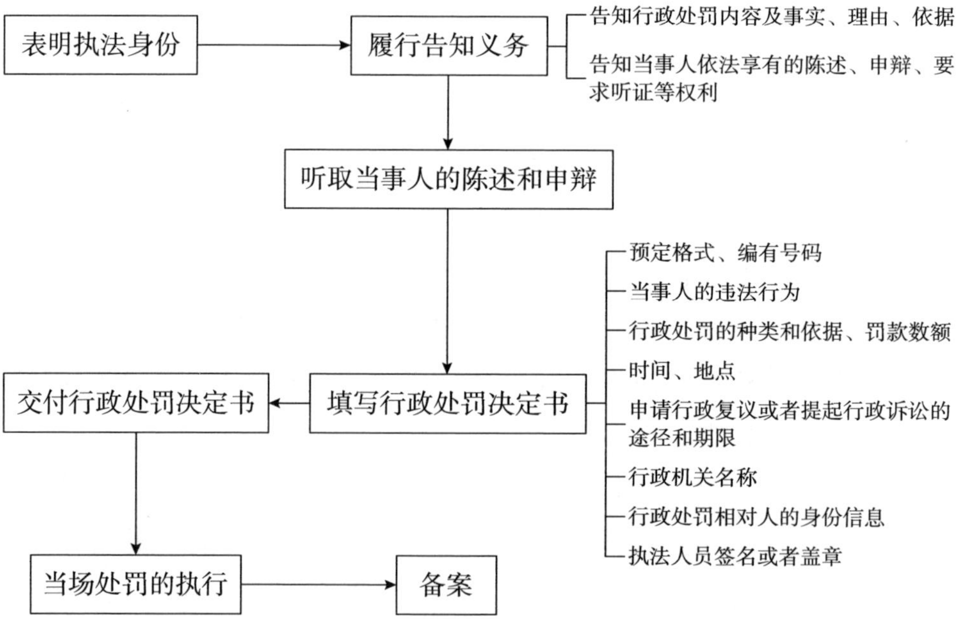

图1　简易程序的流程

典型案例

上海D建筑材料有限公司诉上海市浦东新区人民政府事故调查报告批复案①

案情简介：

某新建工程的建设单位是张江镇政府，在工程建设过程中，上海D建筑材料有限公司承接了人行道砖的供货业务。建材公司委托王某某运输该新建工程的工地货物，并与王某某结算货物运输款。2018年11月19日13时10分左右，叉车在行驶过程中侧翻，将王某某压在了车下，导致王某某死亡。

浦东新区人民政府委托原浦东新区安监局对该事故组织事故调查组进行调查。原浦东新区安监局、浦东新区公安分局、张江镇政府等组成调查组赴现场调查取证，拟写了《事故调查报告》，认为建材公司将人行道砖块配送和装卸发包给了不具备安全生产条件的自然人王某某，发包后未履行安全管理职责，是事故发生的间接原因，建议由原浦东新区安监局依法给予行政处罚。浦东新区人民政府于2019年2月作出《批复》，同意《事故调查报告》对事故原因的分析和对事故责任的认定及处理意见。建材公司不服《批复》中对事故发生原因和责任的认定，并认为《事故调查报告》作出的程序违法，向法院提起行政诉讼，要求撤销《批复》。

案例评析：

在安全事故调查中，调查组成员参与调查是履行职务行为。基于正当程序原则，为防止偏见、排除合理怀疑，组成调查组的单

---

① 上海市浦东新区人民政府与上海D建筑材料有限公司行政其他二审行政判决书，（2020）沪行终280号。案件来源于中国裁判文书网。

位也理所应当与所调查的事故没有直接利害关系，故作为涉案新建工程项目建设单位的张江镇政府，在有可能作为被调查对象的情况下，应当主动回避，不参与涉案事故调查过程以及对事故原因的分析判断和事故责任的认定处理。如果行政机关因其职权的内容和特点，在事故调查过程中负有不可替代的辅助性职责，则该行政机关虽可派员进入事故调查组，但调查程序中应有限制性要求，即该行政机关工作人员不能参与事故调查过程及调查报告的讨论和决定程序。如果不加以回避和限制，则被诉行政行为的执法程序不合法，将违反《行政处罚法》的有关规定，即执法人员与案件有直接利害关系或者有其他关系可能影响公正执法的，应当回避。

本案中，张江镇政府既是建设单位，又作为调查员，与案件具有一定的利害关系，理应回避，其行为构成程序违法。

第三节 普通程序

一、普通程序的概念与适用范围

（一）普通程序的概念

普通程序又称为一般程序，是指除了适用简易程序之外，对一般违法行为实施行政处罚所应普遍适用的程序。为了使行政机关能够正确、及时、有效地实施行政处罚，也为了使受到行政处罚的行政相对人和相关人能够参与到行政处罚的作出过程中，《行政处罚法》对实施行政处罚的普通程序作出了统一、明确的规定，行政处罚实施主体进行行政处罚时应严格按照法定程序进行，否则行政处罚决定的效力会受影响。

（二）普通程序的适用范围

除可以适用简易程序的违法案件外，其他案件都应当适用普通程序。根据《行政处罚法》第51条的规定，“违法事实确凿并有法定依据，对公民处以二百元以下、对法人或者其他组织处以三千元以下罚款或者警告的行政处罚的，可以当场作出行政处罚决定”。所以，满足以下条件可以适用简易程序：一是违法事实确凿，即违法事实清楚、证据确凿，对此可结合执法人员收集证据的情况以及当事人对违法事实的认定是否有分歧等综合判断；二是有法定依据，即对法律法规的选择和适用较为明确，不存在法律适用争议；三是对公民处以200元以下、对法人或者其他组织处以3000元以下罚款或者警告的行政处罚，即行政处罚结果较轻。以上三个条件同时满足的，行政处罚实施主体可当场作出行政处罚决定。

前述三个条件缺少任何一个都不能适用简易程序，只能适用普通程序。对此理解可注意以下两点：一是就普通程序与简易程序的关系来看，简易程序是为了提高行政效率，将满足法定条件案件的行政处罚程序进行简化，但普通程序才是实施行政处罚的一般程序，具有普遍适用性。即使满足前述三个条件，行政处罚实施主体也是“可以”选择而非必须适用简易程序。二是普通程序是兜底程序，在执法实践中，对当场不能判断是否符合适用简易程序条件的，均可适用普通程序。

二、普通程序的步骤

行政处罚的决定程序大致包括以下几个步骤：**（1）立案；（2）调查取证；（3）提出拟行政处罚意见，告知事实理由、听取陈述申辩（或听证）；（4）法制审核（重大行政处罚案件）；（5）行政机关负责人或集体讨论作出行政处罚决定，制作处罚决定书；（6）送达。**

（一）立案

立案是行政处罚实施主体启动行政处罚的标志，表明行政处罚程序开始。根据《行政处罚法》第54条，行政机关发现公民、法人或者其他组织有依法应当给予行政处罚的行为，符合立案标准的，应当及时立案。《行政处罚法》对立案标准没有明确规定，从执法实践来看，不少法规、规章对不同领域违法行为的立案标准进行了规定。如《农业行政处罚程序规定》第30条规定："符合下列条件的，农业行政处罚机关应当予以立案，并填写行政处罚立案审批表：（一）有涉嫌违反法律、法规和规章的行为；（二）依法应当或者可以给予行政处罚；（三）属于本机关管辖；（四）违法行为发生之日起至被发现之日止未超过二年，或者违法行为有连续、继续状态，从违法行为终了之日起至被发现之日止未超过二年；涉及公民生命健康安全且有危害后果的，上述期限延长至五年。法律另有规定的除外。"《市场监督管理行政处罚程序规定》第19条第1款规定："经核查，符合下列条件的，应当立案：（一）有证据初步证明存在违反市场监督管理法律、法规、规章的行为；（二）依据市场监督管理法律、法规、规章应当给予行政处罚；（三）属于本部门管辖；（四）在给予行政处罚的法定期限内。"

总的来看，立案标准可概括为以下三点。

一是经过调查，初步证明当事人有实施违法行为的事实。存在违法事实是立案的基本条件，此处涉嫌违法的事实与作为行政处罚决定的事实基础不同，立案只要求有初步线索或证据证明当事人涉嫌违法，不要求达到证据确凿的证据成熟度。立案线索或证据来源的方式有很多，如日常检查、抽查中发现，公民、法人或其他组织投诉举报，上下级机关交办或报请查处，其他部门移送以及新闻媒体披露等，对线索进行核查初步证明有违法行为即可。

二是属于本行政机关管辖。《行政处罚法》第17条规定："行政处罚由具有行政处罚权的行政机关在法定职权范围内实施。”在条块管理的行政体制之下，因专业分工不同，各级政府及组成部门拥有不同事务管辖权，行政机关只能对其管辖范围内的事项立案，若发现违法行为不属于本机关管辖的，应当向有管辖权的行政机关移送。

三是在法定的追诉期内。为了提高行政管理效率以及维护行政管理秩序的稳定，《行政处罚法》规定了行政处罚时效制度。《行政处罚法》第36条第1款规定：“违法行为在二年内未被发现的，不再给予行政处罚；涉及公民生命健康安全、金融安全且有危害后果的，上述期限延长至五年……”在法定追诉期内的违法行为，行政机关才应立案。同时，《行政处罚法》第76条第2款增设了不及时立案的法律责任，即行政机关对符合立案标准的案件不及时立案的，由上级行政机关或者有关机关责令改正，对直接负责的主管人员和其他直接责任人员依法给予处分。

（二）调查取证

行政处罚遵循“先取证，后决定”的基本规则。行政处罚会对行政相对人的权益产生不利影响，行政机关在作出行政处罚决定之前，必须查清事实，获得足以证明案件事实的证据材料，这是作出行政处罚决定的事实基础。只有在有充分的事实和证据的基础上，行政机关才能作出行政处罚决定。行政机关不得在作出处罚决定后补充收集证据，若行政处罚决定被提起行政复议或者行政诉讼，行政机关一般也不能在复议或诉讼阶段补充收集证据。从调查取证的具体过程来看，应注意以下几点。

1.调查取证的方式与证据种类

《行政处罚法》第46条规定的证据种类包括书证、物证、视听资料、电子数据、证人证言、当事人的陈述、鉴定意见、勘验笔录与现场笔录，这与《行政诉讼法》规定的证据种类一致。在行政调查中，固定书证、物证，询问行政相对人、受害人或其他利害关系人是执法人员了解案情的常见方式；对违法行为现场、事故现场、违法物品所在地等进行实地勘察也是常用的调查手段；必要情况下，基于专业技术需要，可由鉴定部门出具鉴定意见。此外，在调查过程中通常会形成一种特殊的证据即现场笔录，是指行政机关执法人员对行政违法行为当场处理而制作的文字记载材料，侧重于对执法过程和结果的及时记录。“行政机关制作现场笔录，旨在即时取得证据并防止行政相对人事后翻供。”①

除采取一般调查措施外，执法人员在调查收集证据时，必要时可以进行检查。“现场检查通过对特定的人员、物品、场所等进行直接检查，可以更为直观、确切地确定相关事实是否存在，确定事实的性质与程度。”②但是，采取检查措施必须遵守以下前提：一是确有必要时。当采取询问当事人、证人，现场勘验等调查方式不足以查清案件事实，且有充分线索表明涉案证据有可能出现在相关人员的人身或住所等地时，才能进行检查。二是必须有法律、法规的明确规定。由于行政检查是具有一定强制性的行政措施，会对公民、法人或其他组织的人身权、财产权产生重要影响，因此只有在法律、法规明确规定的情形下才可采取。如《治安管理处罚法》第87条第1款规定：“公安机关对与违反治安管理行为有关的场所、物品、人身可以进行检查。检查时，人民警察不得少于二人，并应当出示工作证件和县级以上人民政府公安机关开具的检查证明文件……”

2.调查取证的实体要求是全面、客观、公正

调查取证，必须“全面、客观、公正”地调查、收集有关证据。全面就是要求执法人员收集当事人有无违法行为以及违法情节轻重

① 袁杰主编：《中华人民共和国行政诉讼法解读》，中国法制出版社2014年版，第94页。

② 章剑生主编：《行政程序法学》，中国政法大学出版社2004年版，第143页。

的各种证据，形成合理的证据链，全面反映案件真实情况。客观就是要求执法人员从实际情况出发收集证据，不能先入为主或者以主观臆断的方式收集证据。公正主要是指依法实施行政处罚可能涉及双方或多个当事人，此时收集证据就要做到公正，不能为偏袒某方而在收集证据上失去公正。

需要注意的是，若行政相对人对最终的行政处罚决定提起行政复议或诉讼，执法人员收集的证据材料会被行政复议机关或法院作为审查对象。因此，**执法人员收集证据不仅要与《行政诉讼法》规定的证据种类相一致，还要与《行政诉讼法》及相关司法解释有关证据的要求相一致。**如根据《最高人民法院关于行政诉讼证据若干问题的规定》，询问、陈述、谈话类笔录，应当有行政执法人员、被询问人、陈述人、谈话人签名或者盖章。现场笔录，应当载明时间、地点和事件等内容，并由执法人员和当事人签名；当事人拒绝签名或者不能签名的，应当注明原因；有其他人在现场的，可由其他人签名。现场勘验，勘验人应邀请当地基层组织或者当事人所在单位派人参加；当事人或其成年亲属应当到场，拒不到场的，不影响勘验的进行，但应当在勘验笔录中说明情况；勘验笔录要记载勘验的时间、地点、勘验人、在场人、勘验的经过和结果，由勘验人、当事人、在场人签名；等等。

3.调查取证的程序和手段应当合法

《行政处罚法》第42条第1款规定："行政处罚应当由具有行政执法资格的执法人员实施。执法人员不得少于两人，法律另有规定的除外。"第43条第1款规定："执法人员与案件有直接利害关系或者有其他关系可能影响公正执法的，应当回避。"第55条第1款规定："执法人员在调查或者进行检查时，应当主动向当事人或者有关人员出示执法证件。当事人或者有关人员有权要求执法人员出示执法证件。执法人员不出示执法证件的，当事人或者有关人员有权拒绝接受调查或者检查。"**出示执法证件、告知身份是保障行政相对人知**

情权、参与权的重要措施，也是全面推行执法公示制度的内容之一。《国务院办公厅关于全面推行行政执法公示制度执法全过程记录制度重大执法决定法制审核制度的指导意见》指出，“鼓励采取佩戴执法证件的方式，执法全程公示执法身份”。

此外，《行政诉讼法》等法律法规对收集证据的程序或手段有要求的，执法人员也应遵守。如根据《最高人民法院关于适用〈中华人民共和国行政诉讼法〉的解释》第43条的规定，严重违反法定程序收集的证据材料，以违反法律强制性规定的手段获取且侵害他人合法权益的证据材料，以利诱、欺诈、胁迫、暴力等手段获取的证据材料，属于以非法手段取得的证据，不得作为认定案件事实的根据。

4.调查取证中的特殊方式

（1）抽样取证

行政机关在收集证据时，可以采取抽样取证的方法。抽样取证是执法人员在行政执法过程中较为常见的取证方式，一般是针对具有同质性的物证而言的。抽样取证的程序大致如下：通知当事人或相关人员到场；制作抽样取证清单；制作抽样取证记录；特定情形下进行检验、鉴定；抽样证据的确定或返回。抽取的样品确定能够作为证据使用的，应当依照法律的规定实行扣押、先行登记保存等，经核实不属于证据的，应当及时返还样品。

（2）先行登记保存

执法人员在遇到证据可能灭失或以后难以取得的情况下，经行政机关负责人批准，可以对证据先行登记保存，防止证据材料变质或可能被当事人或相关人员转移、销毁等。先行登记保存的目的在于及时固定证据，防止证据事后难以取得。根据《行政处罚法》第56条的规定，行政机关采取登记保存措施的，应当在七日内及时作出处理决定。因此，若七日内行政机关没有作出处理决定，应视为自动解除。行政机关登记保存后应积极采取记录、复制、拍照、录像等方式固定证据。一旦证据得到有效固定，应及时解除先行登记保存措施。若七日内发现证据与违法事实没有关联或没有违法行为，也应及时解除。若七日内发现证据本身涉嫌违法或具有危害性，或需要进一步检验、鉴定，具有查封扣押权的行政机关可以采取查封、扣押等措施，以便进一步查明案件事实。

登记保存是一项行政强制措施，其法律后果是登记保存期间“当事人或者有关人员不得销毁或者转移证据”。登记保存改变了当事人或相关人员的财产、物品等的事实状态，限制其对财物的利用，当事人合法权益受到影响，应属于《行政复议法》《行政诉讼法》的救济范围，实践中也有单独就登记保存行为进行司法审查的裁判。一般而言，采取登记保存后大致会有两种情形：一是行政机关登记保存之后又实施了行政处罚行为，登记保存作为行政处罚的过程性行为，其法律效果可被行政处罚行为吸收。二是行政机关采取登记保存后，由于不存在违法行为、不够立案条件或有免于处罚等情形而不存在后续行政处罚行为时，登记保存可视为独立的具体行政行为。因此，“对登记保存行为不服的，如果之后有相应的处理，则以处理决定为对象，以作出处理决定的程序违法为由，提起行政复议或行政诉讼；如果之后无相应的处理，则直接以登记保存措施为对象，请求解除登记保存、确认违法或并予国家赔偿”①。

（三）提出拟行政处罚意见，说明理由并听取陈述申辩

1.说明理由、听取意见制度的意义

《行政处罚法》第44条与第45条分别明确了行政处罚的说明理由与听取意见制度。第44条规定：“行政机关在作出行政处罚决定之前，应当告知当事人拟作出的行政处罚内容及事实、理由、依据，

① 王贵松：《登记保存的合法性判断》，载《中国工商报》2012年3月27日，第3版。

并告知当事人依法享有的陈述、申辩、要求听证等权利。”第45条规定：“当事人有权进行陈述和申辩。行政机关必须充分听取当事人的意见，对当事人提出的事实、理由和证据，应当进行复核；当事人提出的事实、理由或者证据成立的，行政机关应当采纳。行政机关不得因当事人陈述、申辩而给予更重的处罚。”行政处罚的说明理由与听取意见制度是行政处罚正当程序的基本要求，通过该项制度的确立，行政处罚程序成为一个可供行政主体与行政相对人进行沟通、对话与交流的平台，可以让行政相对人真正参与到行政处罚决定作出的过程中，体现了行政相对人的主体地位，对于约束行政权力，实现相对人参与具有重要意义。

2.说明理由

说明理由是指行政机关及其执法人员在作出行政处罚决定之前，除非法律另有规定，应当向行政相对人说明调查的事实证据，拟实施行政处罚的理由、依据，行政处罚决定从重、从轻、减轻的理由以及行使自由裁量权的情况等，主要包括事实认定、法律适用和自由裁量三个方面。行政行为说明理由是要求行政机关对行政处罚活动进行说理明事的一个过程，对行政机关提出了更高的要求。说明理由制度不仅能够约束行政裁量权，提高行政行为的透明度和可接受性，也能保障行政相对人的知情权和参与权，是行政相对人重要的程序权利。若行政处罚过程中，行政机关及执法人员没有向当事人告知拟作出行政处罚的内容及事实、理由、依据，当事人可以向行政机关及其执法人员提出说明理由的要求。同时，说明理由不仅是行政处罚的程序要求，也是行政执法程序乃至正当法律程序普遍适用的原则。行政机关作出影响相对人权利义务决定时是否需要说明理由，经历了一个从不需要说明理由到需要说明理由的过程，是正当程序原则确立的重要制度。这也是《国务院办公厅关于全面推行行政执法公示制度执法全过程记录制度重大执法决定法制审核制度的指导意见》即“三项制度”的基本内容之一，即主动告知当事人执法事由、执法依据、权利义务等内容。

3.听取陈述申辩

在行政处罚过程中，听取意见主要分为两种形式：一是听取当事人陈述申辩，即行政机关及其执法人员以书面或口头形式听取当事人对告知的事实、理由和依据发表意见；二是听证，即行政机关通过召开听证会的形式听取当事人意见，是一种更为正式的听取意见的形式。事先听取当事人意见具有以下作用：一是实现信息对称，行政机关吸收当事人的合理意见，确保行政处罚决定在信息充分、全面的基础上作出；二是让当事人切实参与到行政处罚的实施过程中，体现当事人主体地位并提高其对行政处罚的可接受度。为了确保当事人陈述申辩权能够充分实现，《行政处罚法》明确规定了行政机关不得因当事人陈述、申辩而加重处罚。需要注意的是，行政机关及其执法人员说明理由、听取当事人意见的程序是在调查取证之后、作出行政处罚决定之前进行的，不能以调查过程中的询问以及作出最终处罚决定之后的说明理由替代前述程序，否则仍构成违反法定程序。

要求行政机关说明理由、进行陈述申辩是当事人的程序权利，当事人自然可以放弃。在实施行政处罚的过程中，行政机关及其执法人员已经依法履行告知义务，当事人自愿、明确表示放弃的，此时未经陈述申辩并不违反法定程序。需要注意的是：第一，当事人对陈述申辩权的放弃应当是主动的和自愿的，行政机关及其执法人员不得以暴力、胁迫、利诱等方式使当事人放弃，若以暴力、胁迫、利诱等其他方式迫使当事人放弃的，视为当事人没有放弃。第二，当事人对陈述申辩权的放弃应有明确的意思表示。意思表示的形式，既包括当事人以书面或口头形式明示放弃陈述申辩权，也包括当事人在法定期限内未提出陈述申辩意见，而被推定为放弃陈述申辩权。

4.违反法定程序的法律后果

根据《行政处罚法》第62条的规定，行政机关及其执法人员在作出行政处罚决定之前，未依照法律规定向当事人告知拟作出的行政处罚内容及事实、理由、依据，或者拒绝听取当事人的陈述、申辩，不得作出行政处罚决定。这是从正面对行政机关及其执法人员履行程序义务的要求，起到立法导向作用。而实践中往往存在未进行说明理由、听取意见的行政处罚行为的效力问题。

根据《行政诉讼法》的规定，行政行为违法分为一般违法与重大且明显违法两种情形。其中第70条规定："行政行为有下列情形之一的，人民法院判决撤销或者部分撤销，并可以判决被告重新作出行政行为：（一）主要证据不足的；（二）适用法律、法规错误的；（三）违反法定程序的；（四）超越职权的；（五）滥用职权的；（六）明显不当的。"第75条规定："行政行为有实施主体不具有行政主体资格或者没有依据等重大且明显违法情形，原告申请确认行政行为无效的，人民法院判决确认无效。"违法的行政行为被撤销之前仍然有效，无效行政行为则自始无效、绝对无效。《行政处罚法》第38条第2款规定，"违反法定程序构成重大且明显违法的，行政处罚无效"。行政机关及其执法人员在作出行政处罚决定之前，不向当事人告知给予处罚的事实、理由和依据，或者拒绝听取当事人的陈述、申辩的，《行政处罚法》修订之前规定的是"行政处罚决定不能成立"，2021年修订后明确为"不得作出行政处罚决定"，皆是对未经过说明理由、听取意见作出处罚决定的严重否定，应属于重大且明显违反法定程序的情形。因此，"未告知事实理由、听取陈述申辩"作出的行政处罚决定应是无效行政行为。

（四）重大行政处罚法制审核制度

1.确立重大行政处罚案件法制审核制度的背景与意义

建立重大行政处罚法制审核制度，实质是建立起行政处罚的内部监督制度，一方面能够通过法制审核，为行政首长以及集体讨论作出行政处罚决定提供法制参考，阻却重大行政处罚的违法性；另一方面可以通过对处罚决定的事前监督、过程监督，保护公民、法人或其他组织的合法权益。重大行政执法决定法制审核作为完善执法程序的制度逐步引入行政执法程序中，早在2014年10月，《中共中央关于全面推进依法治国若干重大问题的决定》提出“严格执行重大执法决定法制审核制度”；2015年12月，《法治政府建设实施纲要（2015—2020年）》重申“严格执行重大行政执法决定法制审核制度，未经法制审核或者审核未通过的，不得作出决定”；2018年12月，《国务院办公厅关于全面推行行政执法公示制度执法全过程记录制度重大执法决定法制审核制度的指导意见》发布，要求各级行政执法机关要明确审核机构、审核范围、审核内容、审核责任。2021年修订后的《行政处罚法》进一步明确了行政处罚法制审核的具体范围，是对党中央、国务院提出的“严格执行重大行政执法决定法制审核制度”的有效落实。

2.法制审核的范围与内容

法制审核范围的确定并非易事，法制审核范围过宽，虽能最大限度提升处罚决定的合法性，维护行政相对人的合法权益，但会增加程序负担，影响执法效率。反之，法制审核范围过窄，达不到制度设计初衷，不能实现有效阻却违法行政处罚的目的。法制审核的范围是在平衡程序的公正与效率价值后作出的选择。《国务院办公厅关于全面推行行政执法公示制度执法全过程记录制度重大执法决定法制审核制度的指导意见》指出：“凡涉及重大公共利益，可能造成重大社会影响或引发社会风险，直接关系行政相对人或第三人重大权益，经过听证程序作出行政执法决定，以及案件情况疑难复杂、涉及多个法律关系的，都要进行法制审核。”

具体来看，《行政处罚法》将其分为四种情形。一是涉及重大公共利益的。涉及公共利益的案件关系到多数人利益，需要进行法制审核。二是直接关系当事人或第三人重大权益，经过听证程序的。

根据《行政处罚法》第63条的规定，对于较大数额罚款，没收较大数额违法所得、没收较大价值非法财物，降低资质等级、吊销许可证件，责令停产停业、责令关闭、限制从业等案件，当事人都可以申请听证。听证案件一般涉及当事人重大权益，严重影响其从业、营业资格以及财产权益等，对此类案件进行法制审核有利于保障当事人的合法权益。三是案件情况疑难复杂、涉及多个法律关系的。较之于调查取证人员而言，法制审核人员法律专业优势突出，疑难复杂案件经过法制审核不仅可以对前期调查人员的事实认定、法律适用进行审核监督，也可给予调查人员专业化的分析与协助，为行政机关负责人作出决定提供法制参考。四是法律、法规规定应当进行法制审核的其他情形。即授予其他法律、行政法规、地方性法规对法制审核的范围进行列举。

3.法制审核的工作人员要求

为了提升法制审核的专业性，确保法制审核程序的制度效能，《行政处罚法》第58条对法制审核人员的执业要求进行了规定，即行政机关中初次从事行政处罚法制审核的人员，应当通过国家统一法律职业资格考试取得法律职业资格。为了满足实践需要，对实践中已长期从事法制审核工作，但没有取得法律职业资格的公务员，也从立法上准予其继续从事该项工作。这一法律执业专业化的要求早有体现，2018年《公务员法》修订，明确了公务员从事法律执业工作的任职条件，其中第25条第2款规定："国家对行政机关中初次从事行政处罚决定审核、行政复议、行政裁决、法律顾问的公务员实行统一法律职业资格考试制度，由国务院司法行政部门商有关部门组织实施。"此外，为了体现行政处罚法制审核程序的独立性与专业性，根据职权分离与回避制度的基本要求，进行法制审核的人员不得参与相关案件的调查、听证等程序；与调查人员、听证主持人等类似，与案件事实有利害关系的工作人员也应当进行回避。

（五）行政机关负责人或集体讨论作出行政处罚决定，制作行政处罚决定书

1.行政机关负责人或集体讨论作出行政处罚决定

行政机关负责人根据调查结果以及法制审核结果，就不同情况，分别作出如下决定：确有应受行政处罚的违法行为的，根据情节轻重及具体情况，作出行政处罚决定；违法行为轻微，依法可以不予行政处罚的，不予行政处罚；违法事实不能成立的，不予行政处罚；违法行为涉嫌犯罪的，移送司法机关。

对情节复杂或者重大违法行为给予行政处罚，行政机关负责人应当集体讨论决定。“这里所说的集体讨论，作出决定，并非就如何处罚予以表决”[①]，也并非意味着按照“少数服从多数”的原则进行表决，而是经过负责人集体充分讨论之后，由行政首长在考虑不同意见的基础上作出最终决定。若经过行政机关负责人多数决定而由行政机关首长承担责任，则是不科学、不合理的。一般而言，为了发挥集体讨论的作用，行政首长应当按照多数人的意见作出决定，作出相反决定的，应充分说明理由并在会议记录中载明。

2.行政处罚决定书是行政处罚行为成立的标志

在行政处罚行为中，行政机关的意思表示体现在盖有行政机关印章的行政处罚决定文书上。经过调查取证、陈述申辩、法制审核等程序后，行政机关负责人或经集体讨论后作出的决定代表着行政处罚内部程序的完结，只有将行政机关负责人作出的决定通过行政处罚决定文书这一载体转化为行政机关的意思表示，这一行政处罚行为才算成立。因此，**行政处罚决定书具有重要的法律地位，是行**

---

① 全国人大常委会法制工作委员会国家法室、行政法室编著：《〈中华人民共和国行政处罚法〉释义》，法律出版社1996年版，第112页。

政机关作出行政处罚行为这一意思表示的载体，代表着行政处罚行为的成立。需注意的是，经过听证的案件，听证结束后，行政机关应当根据听证笔录，作出决定。

3.行政处罚决定书内容

行政处罚决定书是行政处罚行为成立的标志，也是公民、法人或其他组织请求监督救济的对象，还是监督救济过程中行政复议机关、人民法院审查的主要内容之一。因此，行政处罚决定书的内容应当准确详尽，主要载明以下内容。

（1）当事人基本情况

对公民实施行政处罚的，应当写明公民的姓名、地址；对法人或其他组织实施行政处罚的，应当写明法人或其他组织的名称、地址。

（2）违法事实

行为人的违法事实以及相关的证据是实施行政处罚的前提，应在行政处罚决定书中载明。对有多个违法事实的，应当在处罚决定书中对单个事实进行认定，并罗列证据。对当事人违法行为的认定应做详细的分析、认定，涉及经当事人陈述、申辩或听证程序的，应当对有关复核情况进行论述。

（3）行政处罚的种类和依据

行政处罚的种类和依据主要是指行政机关根据上述认定的违法事实，选择适用哪些法律、法规或规章。涉及多个违法事实的，应当将每一违法行为适用的法律依据、处罚种类以及具体处罚内容进行明确，法律规范的适用应具体到条、款、项、目。尤其是涉及自由裁量权的运用时，处罚决定书应当充分说明理由。

（4）行政处罚的履行方式和期限

行政处罚决定书应载明当事人应以什么方式履行行政处罚决定，如到指定银行缴纳罚款、自行停产停业等。行政处罚履行期限是指法律法规明确规定或行政机关要求相对人在一定期限内履行义务，若行政相对人在法定期限内没有履行该义务，则行政机关可根据《行政强制法》的规定启动强制执行程序。

（5）告知救济权利和期限

告知当事人若不服该行政处罚决定，申请行政复议或行政诉讼的途径和期限。告知救济权利和期限，一方面是为了保护公民、法人或其他组织的救济权益；另一方面也是为了加强对行政机关与执法人员的监督。同时，为了体现便民原则，行政机关在告知救济途径时应明确具体的复议机关或管辖法院，不应以“有关机关”来代替；期限应按照《行政复议法》《行政诉讼法》规定的期限来确定。

（6）作出行政处罚决定的行政机关名称和作出决定的日期

有权作出行政处罚决定的是行政主体，包括行政机关和法律法规规章授权组织。行政机关的内设机构或派出机构在没有法律法规规章授权情形下不能以自己的名义作出处罚决定，即使相关工作由内设机构承担，行政处罚决定书上也只能写明行政机关的名称。作出决定的日期表明行政处罚行为成立的日期，对行政机关而言，行政处罚决定成立意味着对行政机关产生约束力，不得随意改变或撤销原行政处罚决定。

此外，《行政处罚法》第59条第2款规定：“行政处罚决定书必须盖有作出行政处罚决定的行政机关的印章。”“行政处罚决定书上的印章表明实施处罚的行政机关，同时也是行政处罚决定最终形成的标志。没有行政机关的印章，就不能认定行政处罚成立。”[①]同时，行政处罚决定书的印章需要与作出行政处罚决定的行政机关的名称相一致，不能以行政机关内设结构或派出机构的印章替代行政机关的印章。

4.行政处罚决定的期限

《行政处罚法》第60条规定：“行政机关应当自行政处罚案件立

① 曹康泰主编：《行政处罚法教程》，中国法制出版社2011年版，第146页。

案之日起九十日内作出行政处罚决定。法律、法规、规章另有规定的，从其规定。”确立行政处罚决定期限制度，一方面能够督促行政机关及时查处违法行为，提高行政效率；另一方面也能够及时追究行为人法律责任，恢复违法行为侵害的权益。《行政处罚法》统一设置行政处罚决定期限是90日，从行政处罚立案之日起至作出行政处罚决定书之日止，不包括送达期限。此外，行政处罚作为最常见的管理手段，不同部门或领域对违法行为的调查取证等难易程度不同，对所有行政处罚统一设置期限不符合实践需要，法律、法规、规章对行政处罚决定期限另有规定的，从其规定。

（六）送达

1.送达是行政处罚对行政相对人产生法律效力的标志

行政处罚决定书的送达，“是指行政机关依照法定期间和方式将行政处罚决定书交付当事人的一种法律行为”[①]。送达的目的是使被送达人了解行政处罚决定书的内容，以便及时履行行政处罚决定设定的义务，并知悉应有的行政复议或行政诉讼等行政救济途径。行政处罚决定书一经送达即对行政相对人产生法律效力，是行政处罚行为生效的标志。同时，行政复议和行政诉讼期限的起算点皆是“知道”或“应当知道”具体行政行为之日。《行政复议法》第9条规定，公民、法人或者其他组织认为具体行政行为侵犯其合法权益的，可以自知道该具体行政行为之日起60日内提出行政复议申请；《行政诉讼法》第46条规定，公民、法人或者其他组织直接向人民法院提起诉讼的，应当自知道或者应当知道作出行政行为之日起6个月内提出。“一般情况下，行政机关作出行政行为都有相应的文书如处罚决定，在此情况下行政机关完成送达程序，就属于‘知道’

① 曹康泰主编：《行政处罚法教程》，中国法制出版社2011年版，第147页。

或‘应当知道’。”[①]因此，行政处罚决定书的送达不仅是行政行为生效的标志，也是当事人知悉行政处罚内容的时间点以及行政复议和行政诉讼期限的起算点。

2.送达的方式

（1）当场送达

行政处罚决定书应当在宣告后当场交付当事人。当场送达行政处罚决定书的，首先应对行政处罚决定书进行宣告。既可以是行政机关派人到当事人住所地、居住地、工作地或其他特定地点向当事人宣告行政处罚决定，也可以是通知当事人到行政机关听取行政机关宣告行政处罚决定。宣告后，行政处罚决定书应当直接送交受送达人。

受送达人是公民的，本人不在的，送交他的同住成年家属签收；受送达人是法人或者其他组织的，应当由法人的法定代表人、其他组织的主要负责人或负责收件的人签收；受送达人有诉讼代理人的，可送交其代理人签收；受送达人已向行政机关指定代收人的，送交代收人签收。

送达应当有送达回证，送达回证是用以证明行政处罚决定书已送达的凭证。它既是行政机关送达行为的证明，也是受送达人接收送达的证明。送达凭证由受送达人在送达回证上记明收到日期，签名或者盖章。受送达人在送达回证上的签收日期为送达日期。

（2）其他方式送达

当事人不在场的，行政机关应当在7日内启动其他送达程序。根据《民事诉讼法》的相关规定，送达方式大致有以下几种。

第一，留置送达。留置送达是指受送达人或其他法定签收人无理由拒绝接收行政处罚决定书时，行政机关依法将行政处罚决定书留置于受送达人住所地等，并产生送达法律效力的送达方式。留置

---

① 袁杰主编：《中华人民共和国行政诉讼法解读》，中国法制出版社2014年版，第128页。

送达方式大概有两种：一是受送达人或他的同住成年家属拒绝接收行政处罚决定书的，行政机关可邀请有关基层组织或所在单位的代表到场，说明情况，在送达回证上记明拒收事由和日期，由送达人、见证人签名或者盖章，把行政处罚决定书留在受送达人住所；二是可把行政处罚决定书留在受送达人的住所，并采用拍照、录像等方式记录送达过程，即视为送达。

第二，电子送达。电子送达是指以提高行政效率为目标，依托互联网平台或其他信息传递平台，通过专用电子送达系统在国家机关和当事人之间实现安全文书送达和数据交互的过程。电子送达采取自愿原则，根据《行政处罚法》第61条的规定，行政机关采用传真、电子邮件等方式将行政处罚决定书等送达当事人的，当事人必须事先同意并签订确认书。

第三，委托或者邮寄送达。直接送达行政处罚决定书有困难的，可以采取委托送达或邮寄送达。委托送达是指行政机关直接送达行政处罚决定书有困难，委托受托人所在地的其他行政机关代为送达。邮寄送达是指作出行政处罚决定的行政机关直接送达有困难时，通过邮寄的方式将行政处罚决定书送达当事人。邮寄送达的，以回执上注明的收件日期为送达日期。同时，委托或邮寄送达行政处罚决定书也需要有送达回证。

第四，转交送达。转交送达是指行政机关将行政处罚决定书送交受送达人所在机关或单位代收，由相关单位将行政处罚决定书交给当事人。转交送达适用以下三种情形：一是受送达人是军人的，通过其所在部队团以上单位的政治机关转交。二是受送达人被监禁的，通过其所在监所转交。三是受送达人被采取强制性教育措施的，通过其所在强制性教育机构转交。代为转交的机关、单位收到行政处罚决定书后，必须立即交受送达人签收，以在送达回证上签收的日期为送达日期。

第五，公告送达。公告送达是指行政机关在当事人下落不明或穷尽前述送达方式仍无法送达的情形下，采取公开宣告进行送达的方式。公告送达应说明公告送达的原因，载明行政处罚决定书的基本内容，包括当事人的基本情况、违法事实和证据、行政处罚的种类和依据、行政处罚的履行方式和期限、不服行政处罚决定申请行政复议或提起行政诉讼的途径和期限、作出行政处罚决定的行政机关名称和作出决定的日期，同时公告上也必须盖有作出行政处罚决定的行政机关的印章。自发出公告之日起，经过60日，即视为送达。对于公告送达的，应当在案卷中记明原因和经过。

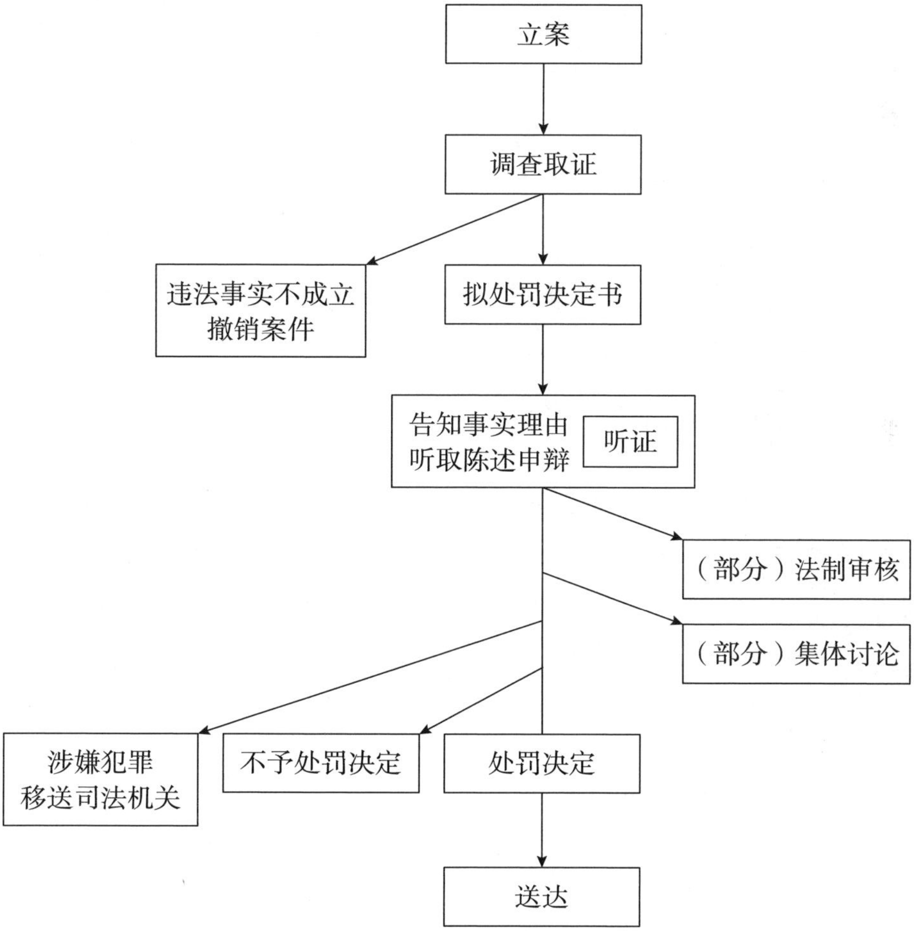

图2　行政处罚普通程序流程

第四节　听证程序

一、听证的概念与功能

听证“是指在行政机关非本案调查人员的主持下，由调查取证人员、案件当事人、利害关系人以及委托代理人参加，听取各方的陈述意见、质证、提供证据的一种法律制度”①。行政处罚是行政机关常用的执法方式，会对当事人及利害关系人的人身权、财产权等产生重要影响。听证作为听取相对人意见的正式程序，参照了司法程序的制度设计，由听证主持人居中，执法人员与当事人两造通过充分的辩论与质证来听取当事人意见，能够确保当事人及利害关系人充分参与处罚程序，通过陈述、申辩以及质证等最大限度地保障当事人的程序权利，实现公正。另外，行政机关组织听证的费用应当由国家财政负担，当事人不承担听证的费用。

二、听证的范围

听证作为一项正式听取意见的制度，能够最大限度地实现公正，但听证需要人力、物力和财力等行政成本，同时也在一定程度上影响着行政效率，因此大多数国家的行政程序立法都明确规定了听证的适用范围。根据《行政处罚法》第63条的规定，对于下列事项，当事人提出了听证申请的，行政机关应当组织听证。

（一）较大数额的罚款

罚款是行政机关强制违法行为人缴纳一定数额的金钱从而剥夺

① 章剑生：《行政听证制度研究》，浙江大学出版社2010年版，第121页。

当事人财产权的行为。对于较大数额的认定，有不少法律、法规、规章进行了明确。如《治安管理处罚法》第98条规定：“公安机关作出吊销许可证以及处二千元以上罚款的治安管理处罚决定前，应当告知违反治安管理行为人有权要求举行听证……”若相关法律、法规、规章对“较大数额”没有具体明确，行政机关应结合本领域、本部门的执法实践综合认定。

（二）没收较大数额违法所得、没收较大价值非法财物

没收违法所得是指行政机关没收当事人通过违法行为获取的财物并收归国有。没收非法财物是指行政机关没收当事人的违禁物品或用以实施违法行为的工具等并收归国有。二者同“罚款”类似，皆是对当事人的财产权的剥夺，属于财产罚。对于“较大数额”或“较大价值”的认定，若法律、法规、规章有具体规定的，从其规定；若没有具体规定的，可以参照对“较大数额罚款”的规定。

（三）降低资质等级、吊销许可证件

暂扣许可证件、降低资质等级、吊销许可证件是《行政处罚法》明确的处罚种类，属于资格罚。暂扣或吊销许可证件是行政机关依法限制或剥夺违法行为人某种资格或资质，从而限制或剥夺其从事某项活动的处罚。降低资质等级是指降低当事人从事某种工作或活动所具备的条件、资格、能力等或与此资格相适应的等级标准等，从而影响当事人从事该项活动的处罚。暂扣许可证件属于暂时性的、可恢复性的行政处罚，暂扣期满，当事人的权益则恢复到行政处罚之前的状态。降低资质等级与吊销许可证件属于不可逆的行政处罚，对当事人权益的影响具有持续性和永久性，是对当事人从事某项行为的资格、资质造成的不可复原剥夺，属于较重的行政处罚，应纳入听证范畴。

（四）责令停产停业、责令关闭、限制从业

限制开展生产经营活动、责令停产停业、责令关闭、限制从业是《行政处罚法》明确的处罚种类，属于行为罚，后三种纳入听证范畴。

责令停产停业是指行政机关责令违法行为人停止生产经营活动，从而剥夺当事人生产权、经营权的行政处罚。

责令关闭是指行政机关对严重污染环境或违反药品生产管理秩序等严重违法行为，采取的命令相关企事业单位或项目等关闭的处罚。例如，根据《长江保护法》第89条的规定，长江流域磷矿开采加工、磷肥和含磷农药制造等企业违反本法规定，超过排放标准或者总量控制指标排放含磷水污染物的，由县级以上人民政府生态环境主管部门责令停止违法行为，并处罚款；情节严重的，责令停产整顿，或者报经有批准权的人民政府批准，责令关闭。

限制从业是指限制违法行为当事人在一定时期或永久性地从事某项工作或进入某行业工作。例如，根据《疫苗管理法》第81条的规定，申请疫苗临床试验、注册、批签发提供虚假数据、资料、样品或者有其他欺骗行为情节严重的，对法定代表人、主要负责人、直接负责的主管人员和关键岗位人员以及其他责任人员，十年内直至终身禁止从事药品生产经营活动。

责令停产停业与责令关闭皆是对企业等组织生产经营权的剥夺，较之于限制开展生产经营活动的处罚而言是更严重的行政处罚。责令停产停业一般有期限限制，而责令关闭是永久性的剥夺。限制从业是对公民的劳动权的限制和剥夺，对公民个人而言影响较大，属于较重的行政处罚，应纳入听证范畴。

（五）其他较重的行政处罚

根据《行政处罚法》第9条，行政处罚的种类包括法律、行政

法规规定的其他行政处罚。第10条、第11条分别规定，法律可以设定各种行政处罚，限制人身自由的行政处罚只能由法律来设定。行政法规可以设定除限制人身自由以外的行政处罚。因此，除了本条列举的常见的处罚种类以外，法律、行政法规还可以根据实践需要设定其他种类的行政处罚。在法律、行政法规设定的其他种类中，对当事人权益影响较大，属于较重行政处罚的，也应当告知当事人享有听证的权利。

（六）法律、法规和规章规定的其他情形

除《行政处罚法》外，法律法规规章乃至大量规范性文件皆对行政处罚的听证范围作了规定，涉及金融、财政、海关、海洋、环境、市场监管、教育等领域。国务院部委或地方省市制定了大量关于前述领域的行政处罚程序规范，甚至专门出台关于行政处罚听证的程序规定，对行政处罚的听证范围进行了明确。不同部门或地方结合自身领域、行业或地域特点确定的行政处罚听证范围，也是对《行政处罚法》所规定听证范围的有效补充。虽然规章只能设定警告、通报批评和一定数额罚款的行政处罚，但可以对哪些行政处罚应当听证进行规定。

三、听证的具体步骤

（一）听证的申请与决定

当事人要求听证的，应当在行政机关告知后五日内提出。具体而言，一是行政机关在拟作出处罚决定前，应当告知当事人拟作出行政处罚的内容、事实、理由、依据以及申请听证的权利，包括告知申请听证的期限、方式以及受理机关等。二是当事人要求听证的，应当在行政机关告知后五日内提出，从当事人收到行政机关告知内容之日起开始计算，且“五日”是指工作日，不含法定节假

日。三是行政机关收到申请之后，应尽快决定听证的时间和地点，并根据案件是否涉及国家秘密、商业秘密和个人隐私，决定是否公开进行。

（二）听证的通知

行政机关应当在举行听证的七日前，通知当事人及有关人员听证的时间、地点，除涉及国家秘密、商业秘密或个人隐私依法予以保密外，听证公开举行。具体而言，第一，通知一般采用书面形式，通过法定方式进行送达。第二，听证程序是一个类似庭审的正式程序，专业性较强。为保证当事人及相关人员能够及时准备，包括整理材料、委托代理人等，行政机关应在举行听证七日前告知听证时间、地点。第三，听证不仅应通知当事人，还应通知其他利害关系人。如行政处罚决定会涉及受害人合法权益的，应通知受害人等。第四，听证以公开为原则，不公开为例外。如果公开举行听证会，应当将拟行政处罚的案由、听证时间与地点等信息通过行政机关公告栏或政务平台等方式公之于众。如果听证内容涉及国家秘密、商业秘密或者个人隐私，依法应当保密的，听证不公开举行。

（三）听证的主持与参与

听证人员包括听证主持人与参与人。听证主持人是负责主持听证会议的人，应具有中立性。《行政处罚法》第64条第4项规定："听证由行政机关指定的非本案调查人员主持；当事人认为主持人与本案有直接利害关系的，有权申请回避。"目前法律对主持人的专业性没有要求，但应提倡听证主持人向法律职业专业化方向发展。听证的参与人包括本案调查人员、当事人、相关人员及代理人。当事人和相关人员参与听证，一般享有得到通知、阅览卷宗、陈述申辩以及举证质证等权利，当事人可以亲自参加听证，也可以委托一至二人代理。

（四）听证的举行

听证首先由调查人员提出当事人违法的事实、证据和行政处罚建议，再由当事人进行申辩和质证。具体而言，第一，主持人宣布听证开始。进入听证程序后，主持人应宣布听证纪律、核对出席人员身份、告知参与人权利义务、询问是否申请回避等。第二，听证调查。由于是行政机关调查人员收集的证据、认定的事实和选择适用法律，调查主要由调查人员进行陈述，提出当事人违法的事实、证据和行政处罚建议，再由当事人及代理人针对调查人员提供的事实、证据和处罚建议等进行申辩、质证，并可以提交证据。第三，听证辩论。在听证主持人主持下，双方也可以就案件的事实、证据以及法律适用等问题进行辩论。第四，当事人陈述。辩论结束后，听证主持人可让双方进行最后陈述。

（五）制作听证笔录

听证应当制作笔录。听证笔录是对听证过程的记录，应当包括听证的时间、地点，出席听证的参与人的基本情况，当事人陈述、质证以及辩论的内容等。听证笔录不仅是作出行政处罚决定的依据，若行政处罚引起行政复议或行政诉讼，还会成为行政复议或行政诉讼中的证据之一。因此，听证笔录制作完毕应当交当事人核对或向当事人宣读，审核无误的，要求当事人或其他人员签字或盖章，拒绝签字盖章的，应在听证笔录中注明。此外，听证主持人以及案件调查人员等参与人皆应在听证笔录上签字或盖章。

听证程序作为一般程序中的特殊程序，听证笔录对行政决定是否具有约束力是听证制度的关键和核心。如果听证笔录对于行政机关的决定没有任何约束力，允许行政机关将未经过听证的事实材料或证据作为行政处罚的依据，那么行政处罚的听证就是无意义的走过场，甚至有行政机关调查人员通过听证程序进一步了解事实后，再去收集新的证据和依据。这样的听证程序不仅不能体现听证制度的公正价值，反而浪费了行政资源、降低了行政效率。因此，**《行政处罚法》第65条明确了听证结束后行政机关应当根据听证笔录作出决定。**

（六）听证中的特殊情形：终止听证

当事人及其代理人无正当理由拒不出席听证或者未经许可中途退出听证的，视为放弃听证权利，行政机关应当终止听证。听证是当事人的程序权利，可以明确表示放弃。

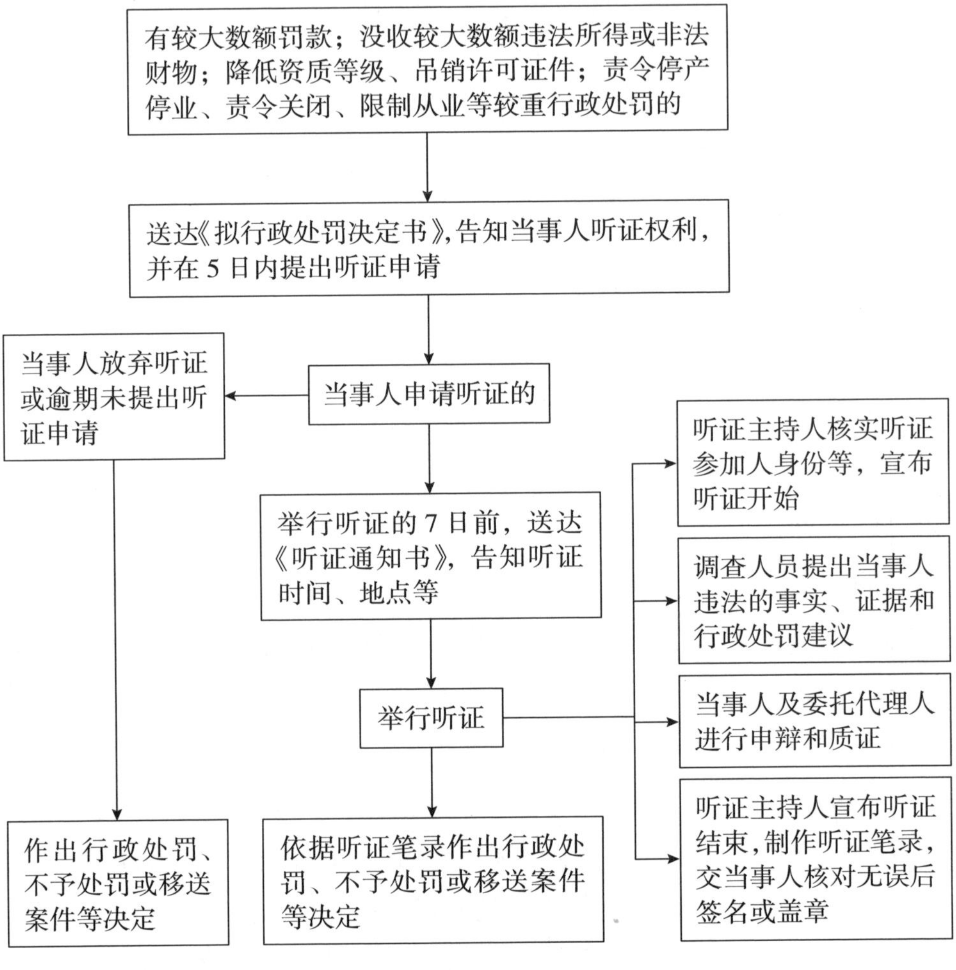

图3　听证程序的流程

典型案例

超听证范围作出处罚决定案[①]

案情简介：

武清国土分局经调查认定，甲公司未经土地行政主管部门批准，擅自在高速公路东侧、北侧非法占地建搅拌站。武清国土分局曾为该公司颁发《临时建设用地批准书》，批准用地面积39763.1平方米，土地用途为临时用地，批准期限为2012年7月至2014年7月。甲公司在临时用地期满后一直未办理涉案地块合法手续。2014年12月15日，武清国土分局作出《行政处罚告知书》，载明：1.退还非法占用的土地；2.限期15日内自行拆除在非法占用的42885.2平方米土地上新建的建筑物和其他设施，并恢复土地原貌；3.处罚款人民币428852元。甲公司收到《行政处罚告知书》后，于2014年12月17日提出听证申请，武清国土分局于2015年1月21日组织听证。后武清国土分局需要对甲公司耕地破坏程度进行鉴定。2015年9月10日，某司法鉴定中心出具司法鉴定书，载明“甲公司在占用的土地中修建道路、房屋、堆料场地等硬化地面共计为44597.2平方米”。2016年6月13日，武清国土分局作出《行政处罚决定书》，内容为：1.退还非法占用的土地；2.限期15日内自行拆除在非法占用的44597.2平方米土地上新建的建筑物和其他设施，并恢复土地原状；3.处以罚款人民币445972元。

案例评析：

本案中，公司违法占用涉案地块，应当受到行政处罚。行政处

---

① （2017）津01行终348号行政判决书。案件来源于《天津市高级人民法院公报》（2017年第2辑）。

罚中举行听证的，行政机关也应当根据听证笔录及核实情况作出相应决定。案中处罚决定书认定的非法占地面积与罚款金额均大于处罚告知书和听证笔录的记载，对于超出部分，武清国土分局未听取公司陈述、申辩，违反法定程序。因此，行政机关经过听证程序后重新认定的事实和证据可能对行政相对人产生不利影响的，行政机关应重新组织补充听证。

思考题

1. 标志着行政处罚程序启动的环节是什么？

2. 行政处罚听证的适用范围与法制审核的适用范围分别是什么？

3. 行政机关及其执法人员在作出行政处罚决定之前，未告知当事人拟作出的行政处罚内容及事实、理由、依据，或者拒绝听取当事人的陈述、申辩，法律后果为何？

4. 先行登记保存措施的性质与适用条件是什么？

第七章　行政处罚的执行

本章知识要点

- ▢ 被处罚人申请暂缓或者分期缴纳获得批准后，再次逾期不履行罚款的法律后果
- ▢ 违反行政处罚罚缴分离原则的法律后果
- ▢ 行政机关收缴罚款时未当场出具专用票据，被处罚人享有拒绝权
- ▢ 行政处罚中依法处理非法财物的各种方式
- ▢ 根据行政机关有无强制执行权来理解被处罚人逾期不履行义务的期限
- ▢ 申请人民法院强制执行的形式要件和实质要件
- ▢ 行政处罚中的救济不停止执行及其例外
- ▢ 行政处罚监督的法定方式

第一节　行政处罚执行的概念

行政处罚执行是指对行政处罚决定内容的实现。作为行政处罚过程的最终环节，行政处罚执行与行政强制执行密切相关，但是又有所区别。具体而言，行政处罚的执行包括相对人自觉履行、行政强制执行以及司法强制执行，只有后两部分内容才属于行政强制执

行的范畴。

行政处罚兼具教育与惩戒的功能，因此行政处罚执行的起点必然是相对人的自觉履行。根据行政行为理论的通说，行政处罚决定一经作出并依法送达后，即产生法律效力（具体包括公定力、确定力、拘束力和执行力），为被处罚人创设了新的惩戒性的法律关系，课予额外的法律负担。对此，被处罚人应当自觉履行这些义务。在法定期限届满后，如果被处罚人逾期未履行，行政机关可依法强制执行或者申请人民法院强制执行。《行政处罚法》第66条规定："行政处罚决定依法作出后，当事人应当在行政处罚决定书载明的期限内，予以履行。当事人确有经济困难，需要延期或者分期缴纳罚款的，经当事人申请和行政机关批准，可以暂缓或者分期缴纳。"2021年修法将"行政处罚决定的期限内"的表述改为"行政处罚决定书载明的期限内"，之所以做此番修改，目的在于突出行政机关的文书规范，避免被处罚人产生理解上的混淆，有助于准确自觉地履行相应义务。另外，**该条新增第2款被处罚人可以申请迟延履行的内容，也可以视为一种"接受处罚"的意思表示。如果在行政机关批准其迟延履行后，被处罚人再次逾期缴纳罚款的，有别于一般的逾期不履行情形。**相对应地，2021年修法新增第72条第2款的特殊期限来计算行政机关申请司法强制执行的期限，以此避免被处罚人在程序上以经济困难为由来拖延强制执行。

一、行政处罚决定的实施路径

行政处罚以减损权益或者增加义务为目的，内容是创设额外的惩戒性义务。行政机关作出的行政处罚决定书应当满足法定的形式要求，如载明当事人姓名、违法事实和证据、处罚种类和依据、履行方式和期限、申请行政复议、提起行政诉讼的途径和期限、处罚机关名称、决定日期以及处罚机关公章等。这样公众才能顺利履行处罚义务，按照行政处罚决定书确定的罚款数额、期限，到指定机构缴纳罚款。当事人履行行政处罚的期限，是指行政处罚决定书中所载明的期限。虽然《行政处罚法》第67条规定当事人应当自收到行政处罚决定书之日起十五日内，到指定的银行或者通过电子支付系统缴纳罚款。但是在各行政管理领域中，不同处罚可能有不同的履行期限规定，如果不在个案的行政处罚决定书中载明，相对人可能难以及时了解和遵守，也就欠缺自觉履行的基础。

行政处罚的实现以当事人自觉履行为基础。履行的标准为：（1）实际履行。被处罚人应当以自己的作为或者不作为方式履行行政处罚决定所设定的义务内容，如主动缴纳罚款、停产停业、改正违法行为。（2）及时履行。被处罚人应当在合理期限内履行义务，如罚款决定是被处罚人在收到行政处罚决定书之日起15日内到指定地点或者以特定方式缴纳。如果没有法律规范的明确规定，行政机关则可对履行期限行使裁量权，如行政拘留决定一般在作出后立即执行，但是被处罚人有正当事由的，也可以在指定期限内到指定地点接受处罚。（3）完全履行。被处罚人应当全面履行行政处罚决定的内容，不能选择性履行或不充分履行。如行政处罚决定要求被处罚人缴纳罚款并停止生产，被处罚人只缴纳了罚款就属于未完全履行，这种情况同样会导致行政机关进一步采取强制执行措施。

二、被处罚人享有延期缴纳罚款的请求权

（一）被处罚人有经济困难的确凿事实

行政处罚罚款的执行应当考虑到被处罚人的实际履行能力，若被处罚人在经济上存在客观困难，或者遭遇不可抗力和意外事故等导致重大财产损失的情形，无法按时缴纳罚款的，不属于拒绝接受处罚、不履行义务的情况，行政机关应当将这种情形与故意抵抗或拖延履行的行为加以区分，依当事人的申请，准予其暂缓或者分期缴纳罚款。

（二）延期履行由当事人提出申请并经行政机关批准

被处罚人申请延期或者分期缴纳罚款，应当向行政处罚机关提交书面申请，充分证明其经济困难的事实，合理说明不能按时缴纳罚款的理由，并附必要的证据材料。行政机关应当认真审查被处罚人的申请材料是否属实，合理判断其是否具有缴纳罚款的能力。必要时，行政机关可以进行实际调查，防止当事人恶意拖延。经审查，如果行政机关认为被处罚人的申请理由不成立，应予驳回，罚款继续执行。此时，被处罚人能否对不予批准决定提出异议，要视具体情况而定：（1）针对有强制执行权的行政机关，如果其无视被处罚人的履行困难，甚至因强制执行导致被处罚人丧失生活之必要保障的，应当属于行政违法。受害人可以根据《行政强制法》第62条向上级行政机关或者有关部门投诉举报，也可以就此单独提起国家赔偿之诉。（2）如果行政机关不具有强制执行权，则在被处罚人的法定复议或起诉期限届满后进入非诉执行程序，人民法院会依职权或依申请审查被申请非诉执行是否有《行政强制法》第58条第1款第3项的情形，决定是否准予执行。行政机关认为被处罚人的迟延履行申请理由成立的，作出准予延期或者分期缴纳罚款的决定。批准决定应以决定书的形式送达被处罚人及收款银行，收款银行据此收缴罚款。

（三）迟延履行的方式为暂缓或者分期缴纳

迟延履行的具体方式为暂缓或者分期缴纳，无论是哪种方式都应当设定合理的迟延期限。目前，部分法律规范对这类期限有明确规定，如《环境行政处罚办法》第64条规定："确有经济困难，需要延期或者分期缴纳罚款的，当事人应当在行政处罚决定书确定的缴纳期限届满前，向作出行政处罚决定的环境保护主管部门提出延期或者分期缴纳的书面申请。批准当事人延期或者分期缴纳罚款的，应当制作同意延期（分期）缴纳罚款通知书，并送达当事人和收缴罚款的机构。延期或者分期缴纳的最后一期缴纳时间不得晚于申请人民法院强制执行的最后期限。”如果没有法律规范的明确规定，可以由行政机关根据被处罚人所请求的事由或期限进行酌定或磋商。

第二节　罚款收缴程序

一、罚缴分离

行政处罚罚款的罚缴分离是行政处罚执行程序中的重要原则。罚款是国家对违法行为人实施的一种财产性惩戒。在不影响被处罚人比较重大的人身自由与合法经营权益的情况下，罚款可以起到相对有效的惩戒作用。罚款一直是行政处罚应用最广泛的方式，同时也是基层执法中违法问题高发的领域。在没有确立罚缴分离之前，我国曾长期实行“自罚自收”的罚款管理制度，作出罚款决定的行政机关同时又是收缴罚款的机构，具体操作中通常是由执法人员直接收取罚款。这种制度性的利益驱动和规范漏洞，导致一些行政机关存在把罚没收入与执法经费挂钩，甚至将增加罚款收入作为组织和个人的创收手段，由此滋生执法泛滥和贪污腐败现象，严重影响行政执法的公平正义与国家机关的权威形象。20世纪80年代，我国开始摸索“收支两条线”的行政经费体制改革，同时配套统一的罚款票据，严格财政纪律，最终在总结旧制度弊端以及吸收地方和部门政策试点经验的基础上，1996年制定的《行政处罚法》中正式确立罚缴分离原则，仅保留20元以下罚款、不当场收缴罚款事后难以执行、被处罚人向银行缴纳罚款不便并向执法人员请求代缴的少数当场收缴情形，以满足便民和执法效率需求，其他罚款均要求由被处罚人自主向专门机构缴纳。1996年《行政处罚法》实施后，国务院又陆续制定《罚款决定与罚款收缴分离实施办法》《罚款代收代缴管理办法》《违反行政事业性收费和罚没收入收支两条线管理规定行政处分暂行规定》等规定，罚缴分离制度的实施制度日趋完善。

具体而言，罚缴分离的确立可以有效杜绝行政处罚机关和执法人员直接处理罚款可能引发的违法风险。罚款的行政处罚决定由享有行政处罚权的机关作出，而罚款的具体收缴则由法定的其他专门机构负责。除了依法可以当场收缴罚款的情形以外，处罚机关与执法人员均不得自行收缴任何罚款。行政机关指定的银行作为罚款的专门收缴机构，被处罚人到指定银行缴纳罚款后，银行再将款项直接上缴国库。《行政处罚法》第67条规定："作出罚款决定的行政机关应当与收缴罚款的机构分离。除依照本法第六十八条、第六十九条的规定当场收缴的罚款外，作出行政处罚决定的行政机关及其执法人员不得自行收缴罚款。当事人应当自收到行政处罚决定书之日起十五日内，到指定的银行或者通过电子支付系统缴纳罚款。银行应当收受罚款，并将罚款直接上缴国库。"本次修法在第3款中增加"通过电子支付系统缴纳罚款"的相关内容。电子支付是指消费者、商家和金融机构之间使用安全电子手段把支付信息通过信息网络安全地传送到银行或相应的处理机构，用来实现货币支付或资金流转的行为，目前已成为广大人民群众日常生活中普遍使用的交易方式，主要途径包括手机银行、网上银行等。行政机关作出罚款决定后，将行政处罚信息输入执法系统后，会自动生成不可更改和复制的特定代码，因此通过电子支付可以完全避免罚款被挪用、侵占、遗失等传统问题，功能上充分契合罚缴分离的制度目的，同时各级各部门在日常政务中的支付应用和结算系统实践也已经相当成熟。

（一）罚缴分离的例外

根据罚缴分离的一般原则，作出罚款决定的行政机关与实际收缴机构相分离，代收罚款的机构是经中国人民银行批准有代理收付款项业务的银行机构，以保障罚款全部顺利上缴国库，杜绝任何组织或者个人以任何形式截留、私分或者变相侵占。但是除此之外，行政处罚还存在以下两类罚缴分离的例外情形。

第一，当场收缴罚款。当场收缴罚款是为了满足基层执法的便民和效率需求，这类行政处罚中涉及的罚款金额较小、对相对人权益影响不大或者被处罚人存在向银行机构缴纳不便的情形，因此根据《行政处罚法》第68条和第69条的规定，可以由执法人员当场收缴罚款，具体包括：（1）依法给予100元以下罚款的；（2）不当场收缴事后难以执行的；（3）在边远、水上、交通不便等地区到指定的银行或者通过电子支付系统缴纳罚款确有困难，且经当事人提出的。

第二，查封、扣押或者没收财物后依法拍卖。行政机关采取查封、扣押等强制措施，并作出没收非法财物的处罚决定之后，当事人逾期不履行行政处罚决定，行政机关可以委托专业拍卖机构依照拍卖流程公开竞价。由于拍卖的财物和款项交易均不经由处罚机关，直接抵缴罚款，因此也不会影响执法廉洁和公正。《行政处罚法》第72条第1款第2项规定："根据法律规定，将查封、扣押的财物拍卖、依法处理或者将冻结的存款、汇款划拨抵缴罚款。"

（二）专门收缴机构及其收缴程序

根据罚缴分离制度，经中国人民银行批准，有代理收付款业务的银行机构可以开办代收罚款的业务，这类罚款收缴机构也称代收机构。具体的代收机构，由县级以上政府组织本级财政部门、中国人民银行当地分支机构和依法具有行政处罚权的行政机关共同研究，统一确定。代收机构应当在代收网点、营业时间、服务设施、缴款手续等方面为当事人缴纳罚款提供便利。实践中，行政机关应与代收机构签订代收罚款协议，对双方权利义务用合同的形式加以确认。代收罚款协议具体包括以下内容：（1）行政机关、代收机构的名称，即签订协议的双方当事人。（2）具体的代收网点。（3）代收机构上缴罚款的预算科目、预算级次（包括罚款入财政库的情况）。（4）代收机构告知行政机关代收罚款情况的方式、期限。此外，按照罚缴分离制度的规定，自代收罚款协议签订之日起15日内，行政机关应当将代收罚款协议报上一级行政机关和同级财政部门备案；代收机构应当将代收罚款协议报中国人民银行或者其当地分支机构备案。

依据《行政处罚法》《罚款决定与罚款收缴分离实施办法》《罚款代收代缴管理办法》等相关法律规范的规定，罚缴分离的具体操作应当遵循以下法定程序。

1. 送达通知。行政机关依法作出行政处罚决定后，在向被处罚人送达行政处罚决定书的同时将副本送达指定银行。行政处罚决定书中应当注明指定银行，被处罚人自收到行政处罚决定书之日起15日内，到指定银行缴纳罚款。

2. 催缴罚款。受委托的银行有权依据收缴罚款通知的期限，向被处罚人催缴罚款，并发出催缴通知书，督促其在行政处罚决定载明的期限内自觉缴纳。

3. 收缴罚款。被处罚人到指定银行缴纳罚款应当填写凭证，受委托机构收受款项后，应在缴款凭证上盖章，并交付当事人。行政罚款专门票据由各省、自治区、直辖市财政部门统一制作。银行收缴后应将被处罚人缴纳罚款的情况及时通知行政处罚机关。

4. 上缴国库。代收机构应当按照《行政处罚法》《国家金库条例》等有关规定，将代收的罚款直接上缴国库。有关部门应当依法定期同财政部门和行政机关对账，以保证收缴罚款和上缴国库的罚款数额一致。

（三）违反罚缴分离的法律后果

《行政处罚法》明确规定了罚缴分离的基本原则，同时该法第

78条也规定行政机关自行收缴罚款会导致上级行政机关或者有关机关责令改正，对直接负责的主管人员和其他直接责任人员依法给予处分的法律责任。违反罚缴分离后，对行政处罚决定效力的影响，司法实践中的**主要观点认为，处罚与收款同为一个主体，应当认定属于程序违法。也有个案中提出，即使被处罚人请求执法人员代为收取，执法人员也应当拒绝。因为行政处罚应严格贯彻罚缴分离原则，严格限制当场收缴罚款的适用范围，随意扩大的，即构成程序违法。**[①]

二、当场收缴罚款的一般情形

在适用简易程序当场作出罚款决定时，针对小额罚款和事后难以执行的情况，执法人员可以当场收缴罚款，这类是可以当场收缴罚款的一般情形。

《行政处罚法》明确有当场收缴罚款的例外。《行政处罚法》第68条规定："依照本法第五十一条的规定当场作出行政处罚决定，有下列情形之一，执法人员可以当场收缴罚款：（一）依法给予一百元以下罚款的；（二）不当场收缴事后难以执行的。"根据本条，执法人员可以决定当场收缴罚款，也可以由当事人自行前往指定银行缴纳罚款。2021年修法将1996年《行政处罚法》第47条第1项的当场收缴的罚款额度从20元提高至100元。一方面，考虑到原条款的罚款额度已经25年未变，而1996年我国的居民人均可支配收入为2814元，截至2021年全国居民人均可支配收入已经达到35128元，继续沿用原处罚金额显然严重不符合社会经济的发展实际，完全无法发挥《行政处罚法》应有的惩戒和威慑功能。另一方面，目前在治安、交通等几个主要的处罚领域立法中，已设定远高

---

① 天津市高级人民法院（2018）津行再字1号行政判决书。

于原处罚法金额的当场收缴罚款情形。[①]因此，《行政处罚法》作为行政处罚领域的基础法律，对当场收缴的金额标准进行相应调整和提高是重要且必要的。2021年修法过程中，也收到当场收缴罚款金额标准的不同建议，对具体金额问题有过数次调整和讨论，最终确定为"一百元以下"。《行政处罚法》第68条第1项规定的"一百元以下"为行政认定的定量要件，第2项规定的"不当场收缴事后难以执行的"则属于定性要件，执法人员可以根据具体个案依法认定和决策，其中定量要件与定性要件的适用场景有较大差异。客观而言，在行政处罚程序要件和执法规范比较健全的情况下，执法人员主观上并不偏好行使当场收缴罚款的"权力"，小额罚款当场收缴实质上是为了满足公众便利。相对而言，"不当场收缴事后难以执行的"则是执法人员评估处罚的执行可能性之后，采取的一种即时执行措施。

具体而言：

当场收缴罚款的定量标准，即行政机关依法作出100元以下罚款决定的，执法人员可以当场收缴。出于对罚缴分离制度的维护，本法在简易程序较小金额基础上设定了更低的当场收缴罚款金额。在这种情况下，一般是针对违法事实简单、违法情节轻微、社会危害性较小的违法行为。如果规定被处罚人必须到指定银行缴纳罚款，显然会无谓增加当事人的履行成本，同时也会增加收缴机构的工作负担。

当场收缴罚款的定性标准，是指对执法人员认为事后难以执行的情形，可以决定当场收缴罚款，这本质上属于处罚决定即时执行的特殊情形。对于没有强制执行权的行政机关，本条款相对《行政强制法》第53条而言是特别规定，属于非诉执行的例外。

根据《行政处罚法》第51条的规定，当场收缴罚款要同时符合

① 《道路交通安全法》第107条、《治安管理处罚法》第104条第1项。

两个条件：（1）罚款金额符合简易程序的适用标准，即对公民处以200元以下、对法人或者其他组织处以3000元以下罚款；（2）有确凿证据表明如不当场收缴事后难以执行。根据以往的行政执法经验，有关部门在查处流动人员或者没有固定经营场所的摊贩所实施的违法行为时，会遇到相对人的身份、住所或者经营信息无法确定的情况，此时如果连被处罚人的主体信息都无法核实，显然事后有很大的执行困难。此时就可以采取即时强制执行，来实现行政处罚的教育和惩戒功能。较早时期，《北京市人民政府法制办公室、北京市工商行政管理局关于印发〈关于解决查处无照经营违法行为中若干执法问题的意见〉的通知》（京政法制监字〔1997〕第27号）曾规定，"查处在公共场所和道路上摆摊设点的个体无照经营行为，属于'不当场收缴事后难以执行的'情形"，同时"鉴于无照经营活动流动性大，其违法经营的商品和工具不当场采取措施事后难以执行的特点，有关执法部门在查处无照经营违法行为时，可依据《处罚法》第37条第2款规定，对其违法经营的物品和工具作出'先行登记保存的决定'，并实行异地保存然后在先行登记保存的法定期限内，按照行政处罚的一般程序适时作出将其违法经营的商品和工具予以没收的处罚决定"。换言之，这种情况下如果被处罚人拒绝缴纳罚款，执法人员可以根据《行政处罚法》第72条查封、扣押其财物，以便事后依法处理抵缴罚款。

三、当场收缴罚款的特殊情形

由于被处罚人客观上前往银行缴纳罚款存在困难，且经其本人提出要求，那么无论是适用简易程序还是普通程序，执法人员均可以当场收缴罚款，这是当场收缴罚款的特殊情形，旨在最大限度地满足便民需求。《行政处罚法》第69条规定："在边远、水上、交通不便地区，行政机关及其执法人员依照本法第五十一条、第五十七条的规定作出罚款决定后，当事人到指定的银行或者通过电子支付系统缴纳罚款确有困难，经当事人提出，行政机关及其执法人员可以当场收缴罚款。”本次修法在原处罚法的基础上增加“电子支付系统”，以适应网络与信息化时代的执法需求。

当场收缴罚款的特殊情形应当同时符合主客观要件。客观要件：由于客观因素，被处罚人前往指定银行或通过电子支付系统缴纳罚款确实存在困难。如在水上区域的执法，行政机关在作出罚款决定后，被处罚人可能要经过很长时间、途经很远距离才能前往银行，同时又没有条件使用载有电子支付系统的设备，限制其在受处罚后的15日内缴纳罚款，显然是强人所难。主观要件：当场收缴罚款的特殊情形还需要被处罚人明确表达。换言之，法律固然允许有缴纳困难的被处罚人提出当场缴纳罚款的请求，且执法人员无正当理由不得拒绝，但是如果被处罚人没有主动提出，执法人员仍然要遵循罚缴分离，不得当场收缴罚款。

四、出具罚款专用票据的程序义务

行政机关对当场收缴罚款负有出具专用票据的程序义务，相应地还赋予了被处罚人拒绝缴纳罚款的权利。可以当场收缴罚款是基于便民和效率目的，但同时也让执法人员有机会直接经手罚款，可能产生廉洁风险，因此就需要特殊的程序机制加以控制。行政处罚法要求行政机关在当场收缴罚款之时，应当向当事人出具有关部门统一制发的专用票据。如果行政机关不能出具，则视为无法满足最低限度的法治要求。《行政处罚法》第70条规定：“行政机关及其执法人员当场收缴罚款的，必须向当事人出具国务院财政部门或者省、自治区、直辖市人民政府财政部门统一制发的专用票据；不出具财政部门统一制发的专用票据的，当事人有权拒绝缴纳罚款。”同时结合《行政处罚法》第77条的体系解释，如果行政机关在作出行政处罚时未使用有关部门制发的罚款专用票据、没收财物单据，被处罚人均有权利拒绝缴纳。

出具专用票据的程序义务具体包括出具义务、统一制发和被处罚人的拒绝权三部分内容。

（一）出具义务

在早期的行政处罚实施中，与自收自支问题同时存在的，是行政机关罚款时普遍不向被处罚人出具收据，由此滋生滥罚、乱罚现象，导致本属于国家财政的罚款被中饱私囊，大量流失，连带引发行政机关违反财政纪律，拖欠、截留、挪用、私分罚款收入等违法现象，严重损害法律权威和国家利益。因此，1996年《行政处罚法》制定时就明确采取针对性措施，要求行政机关及其执法人员当场收缴罚款，必须出具专用票据，否则就构成违法。如此狠刹执法腐败之风，强化国家财政制度的监管能力。

（二）统一制发

行政机关及其执法人员当场收缴罚款时所出具的票据，必须是国务院财政部门或者省、自治区、直辖市人民政府财政部门统一制发的专用票据，而不能是其他部门制发或执法机关自制的票据。统一制发是指专用票据的格式设计、出版印刷都有统一标准，同时盖有国务院财政部门或者省、自治区、直辖市人民政府财政部门的专用章，此举是为了对行政处罚机关进行财政监控。无论是执法人员当场收缴，还是当事人自行前往银行收缴，最终罚款都要上缴国家财政。相较于专门收缴机构而言，执法人员当场收缴的违法风险显然更大，需要明确统一票据的规范形式来管控。根据财政部2000年发布的《当场处罚罚款票据管理暂行规定》，财政部负责罚款票据的监（印）制、发放、核销、稽查及其他监督管理工作。通用票据为当场处罚罚款收据，适用于一般的当场处罚罚款收缴；专用票据为治安管理当场处罚决定书（代收据）和边检罚款专用收据；治安管理当场处罚决定书（代收据）适用于铁道、交通公安系统依据《治安管理处罚法》实施的处罚；边检罚款专用收据适用于公安（武警）出入境管理和边防检查时依据有关法律、法规实施的处罚。罚款票据由财政部统一监（印）制，票据的式样、规格、联次、内容，由财政部制定且由指定印刷单位印制，并套印“财政部票据监制章”。

（三）被处罚人的拒绝权

罚款专用票据是行政处罚决定执行的主要凭证，也是相对人后续提起行政救济时维护自身权益的重要证据。1996年《行政处罚法》明确规定，行政机关及其执法人员如果没有依法出具统一标准的专用票据，当事人有权拒绝缴纳罚款。但是，值得注意的是，**这项拒绝权的内容仅仅是被处罚人拒绝当场缴纳罚款，属于程序上的抵抗权利，而不是对行政处罚决定效力的根本判断。换言之，本条款并非由被处罚人单方确认行政决定无效，在拒绝当场缴纳罚款之后，行政处罚决定依然存续，被处罚人仍应限期前往专门机构缴纳罚款。**

五、罚款缴付的期限

执法人员和行政机关当场收缴罚款后，应当在法定的期限内履行缴付程序。《行政处罚法》第71条规定：“执法人员当场收缴的罚款，应当自收缴罚款之日起二日内，交至行政机关；在水上当场收缴的罚款，应当自抵岸之日起二日内交至行政机关；行政机关应当在二日内将罚款缴付指定的银行。”执法人员和行政机关收缴罚款后的缴付程序属于内部行政法律规范，旨在实现行政系统内的监督功能和财政秩序。当场收缴罚款属于一种代收罚款的行为，根据法定的例外情形，被处罚人无法或无需前往专门机构缴纳罚款，而由执法人员代为收取。相关例外情形由特殊的程序机制予以规制，针对执法人员当场收缴罚款的情形，有原则上2日内交至行政机关的明确期限。针对水上收缴罚款的情形，抵岸之日为特殊起算点。行政机关在收取上述罚款后，原则上要求在2日内缴付罚款至指定银行。

（一）执法人员当场收缴罚款的上缴程序

执法人员当场收缴罚款后，首先对所在单位负责，应当在法定期限内上缴款项。除了一般规定之外，上缴期限在不同行政执法领域也会有特别规定，如《公安机关办理行政案件程序规定》第216条规定，“在旅客列车上当场收缴的罚款，应当自返回之日起二日内将当场收缴的罚款交至其所属公安机关”。

（二）行政机关收缴罚款的缴付程序

行政机关在收到执法人员的上缴款之后，应当统一缴付给指定银行。为了确保当场收缴的罚款能够及时缴付银行，具有罚款权限的行政机关应当在辖区范围内确定收缴罚款的银行网点，并在银行建立罚款收受专户，将收缴的罚款存放于专户，集中上缴国库，不得以任何理由挪用。银行也应当对执法机关及执法人员收缴罚款的情况进行经常性检查，若发现代收罚款的执法人员或有关机构违法收缴罚款，应向其所在机关或其上级行政机关及有关部门反映，并追究违法责任。

（三）法律责任

执法人员和行政机关违反《行政处罚法》第71条规定的内部程序规范，并不影响其已经作出的外部行政处罚决定的效力，一般由各级财政部门和中国人民银行按照各自的职责，依照有关规定追究单位直接负责的主管人员和其他直接责任人员的责任。

第三节　行政处罚的强制执行程序

一、行政处罚的强制执行措施

被处罚人逾期不履行行政处罚决定时，行政机关可以依法采取强制执行措施。《行政处罚法》第72条规定："当事人逾期不履行行政处罚决定的，作出行政处罚决定的行政机关可以采取下列措施：（一）到期不缴纳罚款的，每日按罚款数额的百分之三加处罚款，加处罚款的数额不得超出罚款的数额；（二）根据法律规定，将查封、扣押的财物拍卖、依法处理或者将冻结的存款、汇款划拨抵缴罚款；（三）根据法律规定，采取其他行政强制执行方式；（四）依照《中华人民共和国行政强制法》的规定申请人民法院强制执行。行政机关批准延期、分期缴纳罚款的，申请人民法院强制执行的期限，自暂缓或者分期缴纳罚款期限结束之日起计算。"2021年修法进一步实现与《行政强制法》的衔接，完善行政处罚的强制执行程序，针对当事人逾期不履行行政处罚决定的情况，明确规定行政机关可以依法实施行政强制执行或者申请人民法院强制执行。第72条第1款第2项中增加了"依法处理"和"汇款"的内容，也与《行政强制法》保持了统一。长期以来，**对于行政处罚执法中查封、扣押的财物，行政机关除了拍卖之外，还会根据财物属性和条件依法采取销毁、变卖、捐赠、调配、移交等处理措施，2021年修法将这部分内容予以补充，使该条款更加周延。**值得注意的是，2021年修法积极回应了行政执法实践中的两处法律适用争议：其一，明确加处罚款的数额不得超出罚款本数。其二，对行政机关批准延期、分期缴纳罚款后，申请人民法院强制执行的期限，作出特别规定，明确该期限的起算点为暂缓或者分期缴纳罚款期限结束之日。

强制执行措施是行政处罚制度最重要的内容之一。当被处罚人逾期不履行行政处罚决定所设定的惩戒性义务时，行政机关就需要依法采取强制执行措施，确保行政处罚决定得以实现。《行政处罚法》第72条明确了强制执行行政处罚的四类措施，分别是执行罚、财物处分、直接强制执行和司法强制执行。由于各项强制执行措施会对被处罚人的人身和财产权利产生重大影响，而且一旦进入强制执行阶段，说明被处罚人本身已无自觉履行的意愿，或多或少存有对抗情绪。因此对行政处罚强制执行措施的规定，既在于强力保障行政处罚的实现，也是为了对公权力进行充分控制和全面规范。

（一）行政处罚强制执行的法定条件

行政机关欲实施行政处罚的强制执行措施，必须满足以下法定条件。

1.强制执行以被处罚人逾期不履行义务为前提

根据行政机关是否具有强制执行权，“逾期”可做两种理解：其一，对于有强制执行权的行政机关而言，逾期不履行的期限仅考虑行政处罚决定载明的期限，被处罚人在收到行政处罚决定后，即使在法定期限内申请行政复议或者提起行政诉讼，除非法律另有规定，否则行政处罚不停止执行。其二，对于没有强制执行权的行政机关而言，逾期不履行的期限为被处罚人在法定期限内不申请行政复议或者不提起行政诉讼，又不履行行政决定的，才可以自期限届满之日起三个月内，依法申请人民法院强制执行。

2.强制执行主体由法律明确规定

根据《行政强制法》第34条和第53条的规定，行政处罚决定分别由具有行政强制执行权的行政机关强制执行，或者由没有行政强制执行权的行政机关申请法院强制执行。具体的强制执行权由法律设定，分布于各个具体的部门法领域，如《环境保护法》《治安管理处罚法》《城乡规划法》《税收征收管理法》《海关法》等，要正确选择行政处罚决定中责令停止生产、违章建筑的强制拆除、恢复原状等不同内容的适格执行主体。

3.强制执行应当依照法定方式

强制执行须遵循法定程序，如行政强制执行前应当履行催告义务，催告通知应当穷尽送达手段等。根据不同的行政处罚决定内容，要依法采取不同的强制执行方式，并同时遵循各种方式的限制要件，例如被处罚人到期不缴纳罚款的，可以每日按罚款数额的3%加处罚款，但是加处罚款不得超出罚款的数额。如果执法中有查封、扣押被处罚人的财物或者冻结的存款，则可以依法拍卖、处理或者直接划拨抵缴罚款。

（二）行政处罚强制执行的种类

1.加处罚款

逾期不缴纳罚款的，每日按罚款金额的3%加处罚款，这一措施适用于到期不缴纳罚款的被处罚人。到期指的是超出行政处罚决定上载明的期限。3%的加处罚款在性质上属于执行罚，即当事人不及时履行他人不能代为履行的义务时，行政机关进一步课予财产惩戒上的新义务，通过更为不利的后果来威慑，促使其及时履行原处罚决定的义务。这是种间接强制执行措施，只要当事人将原行政处罚决定所确定的义务履行完毕，执行罚自然停止。需要注意的是，执行罚与行政处罚罚款不同，行政处罚中的罚款是对当事人违法行为的惩戒，执行罚则是因被处罚人不履行罚款而采取的强制措施，是一种执行，不适用行政处罚罚款的收缴程序。

行政处罚强制执行中的加处罚款应当依照《行政强制法》第45条、第46条的规定，当事人逾期不缴纳罚款的，行政机关在依法加处罚款时，应当将加处罚款的标准告知当事人，同时加处罚款的数额不得超出金钱给付义务的数额。加处罚款超过30日，经催告当事人仍不履行的，可以与原罚款一并强制执行。也就是说，加处罚款的执行不需要行政机关另行制作行政决定，可以在行政强制执行或申请人民法院强制执行的文书中一并计算。加处罚款作为执行罚具有持续性，可反复多次适用，但《行政强制法》规定了不得超出金钱给付义务数额的上限和加处罚款可得强制执行的合理期限，这是出于合理性的考虑，境外同类制度无此特别规定。另外，根据全国人大常委会法工委《对行政处罚加处罚款能否减免问题的意见》（法工办发〔2019〕82号）的规定，实施行政强制执行，行政机关可以在不损害公共利益和他人合法权益的情况下，与当事人达成执行协议。执行协议可以约定分阶段履行；当事人采取补救措施的，可以减免加处的罚款或者滞纳金。该规定中“实施行政强制执行”包括行政机关自行强制执行，也包括行政机关申请法院强制执行。但是人民法院受理行政强制执行申请后，行政机关不宜减免加处的罚款。

2. 对财产的强制执行

如果被处罚人不履行缴纳罚款的义务，除了加处罚款之外，行政机关还可以将查封、扣押的财物拍卖或者将冻结的存款划拨抵缴罚款，这是在间接强制执行无法实现财产罚目的时，所采取的一种对财产的直接强制措施。1987年施行的《治安管理处罚条例》曾规定，“拒绝交纳罚款的，可以处十五日以下拘留，罚款仍应执行”，即通过对人身自由加处强制来督促财产罚的执行，其执行强度的合比例性值得商榷。如今，法律上对直接强制执行措施有更加严格的限制，无论是公开拍卖还是其他依法处理的强制执行，均须依照法律的明确规定。

查封、扣押、冻结都是行政机关在行政管理过程中对被处罚人的财物实施的暂时性控制措施。查封是指行政机关将被处罚人的不动产或者难以扣押的动产贴上封条，就地封存，不准任何人转移和处理的强制措施。扣押是将被处罚人的财物移送到特定场所加以控制，不准被处罚人占有、使用和处分的强制措施。冻结是指行政机关或人民法院依法通知有关金融机构限制被处罚人提取使用或转移其存款的强制措施。根据《行政强制法》第32条的规定，除法律另有规定外，自冻结存款、汇款之日起三十日内，行政机关应当作出处理决定或者解除冻结决定；情况复杂的，经行政机关负责人批准，可以延长，但是延长期限不得超过三十日。上述强制措施均是为保障被处罚人履行义务的阶段性强制措施，行为的法律效力和处置效果附随于最终对违法行为的处理决定。在行政机关查封、扣押财物之后，如果被处罚人履行完毕义务，对非法财物以外的其他财物就应当及时解除查封或扣押。如被处罚人逾期仍不履行义务，则可以拍卖、依法处理财物或者将冻结的存款、汇款划拨抵缴罚款。没有行政强制执行权的处罚机关可以在实施管理过程中采取查封、扣押措施，但是后期处理仍要申请人民法院执行。

拍卖是在执行过程中，行政机关或人民法院对已查封、扣押的财物以公平竞价的形式确定被拍卖财产的价金，并出卖给最高应价者，以其卖得价金履行义务的执行措施。依法拍卖财物，由行政机关或人民法院委托拍卖机构依照《拍卖法》的规定办理。划拨是指行政机关或人民法院通过金融机构，将被处罚人的存款从其账户上按照协助通知书规定的数额，划入申请执行的行政机关专用账户内的执行措施。法律规定以外的行政机关或者组织要求划拨当事人存款、汇款的，金融机构应当拒绝。

3.其他行政强制执行措施

除了加处罚款和对财产的强制执行之外，根据《行政强制法》的相关规定，行政处罚的行政强制执行方式还包括排除妨碍、恢复原状、代履行等。在各个行政管理领域中，法律上也会设定并授权行政机关采取特殊措施。如根据《城乡规划法》第68条的规定，城乡规划主管部门作出责令停止建设或者限期拆除的决定后，当事人不停止建设或者逾期不拆除的，建设工程所在地县级以上地方人民政府可以责成有关部门采取查封施工现场、强制拆除等措施。根据《治安管理处罚法》的规定，公安机关可以对违法行为人进行行政拘留或者强制性教育措施。另外，对法律已经授权行政机关强制执行的事务，行政机关再向人民法院申请强制执行的，将不予受理。如《最高人民法院关于违法的建筑物、构筑物、设施等强制拆除问题的批复》规定："根据行政强制法和城乡规划法有关规定精神，对涉及违反城乡规划法的违法建筑物、构筑物、设施等的强制拆除，法律已经授予行政机关强制执行权，人民法院不受理行政机关提出的非诉行政执行申请。"《最高人民法院关于对公路桥梁下面违法建筑强制拆除适用法律问题的答复》规定："根据《中华人民共和国行政强制法》第五十条、《中华人民共和国公路法》第五十六条、第八十一条和《公路安全保护条例》第十一条第三款的规定，公路管理机构对公路桥梁下面修建的违法建筑，有强制拆除的权力。公路管理机构向人民法院申请强制执行的，人民法院不予受理。"

4. 申请人民法院强制执行

大多数行政机关都不具有行政强制执行权。在作出行政处罚决定后，只有被处罚人在法定期限内不申请行政复议或者不提起行政诉讼，又不履行行政处罚决定，且处罚机关已尽到催告义务后，才可以在三个月内申请人民法院强制执行。《最高人民法院关于适用〈中华人民共和国行政诉讼法〉的解释》第156条规定，"逾期申请的，除有正当理由外，人民法院不予受理"。这就意味着，超过法定申请期限的行政处罚决定将丧失执行力，而仅具有其他法律效力，如对违法事实的确认效力。由于原行政处罚行为已对该违法事实做过评价，即使行政机关发现当时的违法状态仍然存续，有必要再次进行阻却和惩戒的，也要先通过法定的纠错程序，撤销原处罚后重作决定。申请人民法院强制执行需要注意以下三个问题：

第一，**申请人民法院强制执行的形式要件。根据《行政强制法》第55条的规定，行政机关向人民法院申请强制执行应当提供：（1）强制执行申请书；（2）行政决定书及作出决定的事实、理由和**

依据；（3）当事人的意见及行政机关催告情况；（4）申请强制执行标的情况；（5）法律、行政法规规定的其他材料。根据该兜底条款，法律、行政法规可以设定强制执行的形式要件，如《国有土地上房屋征收与补偿条例》第28条规定的“强制执行申请书应当附具补偿金额和专户存储账号、产权调换房屋和周转用房的地点和面积等材料”，以及《最高人民法院关于办理申请人民法院强制执行国有土地上房屋征收补偿决定案件若干问题的规定》第2条中还要求提供的：（1）征收补偿决定及相关证据和所依据的规范性文件；（2）征收补偿决定送达凭证、催告情况及房屋被征收人、直接利害关系人的意见；（3）社会稳定风险评估材料；（4）申请强制执行的房屋状况；（5）被执行人的姓名或者名称、住址及与强制执行相关的财产状况等具体情况。

第二，**申请人民法院强制执行的实质要件。根据《最高人民法院关于适用〈中华人民共和国行政诉讼法〉的解释》第155条的规定，行政机关申请执行其行政行为应当具备以下条件：（1）行政行为依法可以由人民法院执行；（2）行政行为已经生效并具有可执行内容；（3）申请人是作出该行政行为的行政机关或者法律、法规授权的组织；（4）被申请人是该行政行为所确定的义务人；（5）被申请人在行政行为确定的期限内或者行政机关催告期限内未履行义务；（6）申请人在法定期限内提出申请；（7）被申请执行的行政案件属于受理执行申请的人民法院管辖。**

第三，人民法院对行政行为可否执行的审查标准。根据《行政强制法》第58条的规定，可以通过不予执行的情形来反推，具体为：（1）明显缺乏事实根据的；（2）明显缺乏法律、法规依据的；（3）其他明显违法并损害被执行人合法权益的。在部分行政管理领域，人民法院对所执行行政行为的司法审查标准会更加详细，如《最高人民法院关于办理申请人民法院强制执行国有土地上房屋征收补偿决定案件若干问题的规定》第6条规定，征收补偿决定存在下列情形之一的，人民法院应当裁定不准予执行：（1）明显缺乏事实根据；（2）明显缺乏法律、法规依据；（3）明显不符合公平补偿原则，严重损害被执行人合法权益，或者使被执行人基本生活、生产经营条件没有保障；（4）明显违反行政目的，严重损害公共利益；（5）严重违反法定程序或者正当程序；（6）超越职权；（7）法律、法规、规章等规定的其他不宜强制执行的情形。上述诸如“明显违反行政目的”“使被执行人基本生活、生产经营条件没有保障”“正当程序”等标准体现了非诉执行审查的全面性和审慎性。

（三）行政机关批准延期、分期缴纳罚款后申请人民法院强制执行的期限

长期以来，对于行政机关批准被处罚人迟延缴纳罚款之决定的效力问题，如该决定可否改变原处罚决定，由于涉及行政机关申请司法强制执行期限的判断时点，因此司法实践中存有一定争议。

行为变更说认为，司法强制执行的申请期限可延长。延期缴纳的期限可以适当延长强制执行的申请期限，如行政机关在作出行政处罚决定后准予相对人延期缴纳罚款，该批准行为相当于变更行政处罚决定的履行期限，应以延期缴纳罚款届满之日计算申请强制执行的期限。[①]

程序行为说认为，司法强制执行的申请期限不可延长。行政机关对被处罚人提出延期或者分期缴纳罚款的申请，可以作出暂缓或者分期缴纳罚款的决定，但未有法律、法规规定可将申请法院强制执行期限顺延。[②]在这种情况下，就有可能出现批准延期或分期缴纳罚款后的行政处罚案件在申请非诉执行时被人民法院以逾期为由裁定不予受理。

---

① 长春市中级人民法院（2018）吉01行审复2号行政裁定书。

② 南京市中级人民法院（2017）苏01行审复4号行政裁定书。

上述两种观点在司法案例中均有体现。因此，2021年《行政处罚法》的修订对这个争议问题进行了明确，第72条第2款规定“行政机关批准延期、分期缴纳罚款的，申请人民法院强制执行的期限，自暂缓或者分期缴纳罚款期限结束之日起计算”。**据此，行政机关的批准行为不仅具有独立效力，而且设定了特殊的强制执行期限起算点。也就是说，对于无强制执行权的行政机关而言，如果被处罚人在获批延期或分期缴纳罚款后仍未按期履行，只要迟延履行期限结束，就可以开始申请司法强制执行，行政处罚在强制执行程序上就不必回复到《行政强制法》第53条的规定，行政机关无需再等被处罚人的起诉期限届满。**当然，如果执行时发现被处罚人仍然没有履行能力，人民法院还是可以依法中止执行。法律体系上，《行政处罚法》第72条第2款相对于《行政强制法》第53条而言属于特别规定与一般规定的关系。

二、罚没款与非法财物的处理

关于罚没款和非法财物的处理和监督规定，既是行政处罚的强制执行程序，也是对罚缴分离制度实施的进一步细化。《行政处罚法》第74条规定：“除依法应当予以销毁的物品外，依法没收的非法财物必须按照国家规定公开拍卖或者按照国家有关规定处理。罚款、没收的违法所得或者没收非法财物拍卖的款项，必须全部上缴国库，任何行政机关或者个人不得以任何形式截留、私分或者变相私分。罚款、没收的违法所得或者没收非法财物拍卖的款项，不得同作出行政处罚决定的行政机关及其工作人员的考核、考评直接或者变相挂钩。除依法应当退还、退赔的外，财政部门不得以任何形式向作出行政处罚决定的行政机关返还罚款、没收的违法所得或者没收非法财物拍卖的款项。”罚款、没收非法财物的处理最早可追溯至1994年《治安管理处罚条例》第37条，当时规定，裁决机关没收财物，应当给被没收人开具收据。没收的财物全部上交国库。属偷窃、抢夺、骗取或者敲诈勒索他人的，除违禁品外，六个月内查明原主的，依法退还原主。2021年修订的《行政处罚法》进一步延续和强化了相关规定，早期规定主要是防范与款项直接相关的违法行为，如经费划拨、返还、提留、分成和挪作奖金福利等，此次修订则明确禁止同作出行政处罚决定的行政机关及其工作人员的考核、考评直接或者变相挂钩，主要针对行政机关的工作机制，加大了罚缴分离的实施强度，确保行政处罚的执行能落实到国家财政。

《民法典》第229条规定："因人民法院、仲裁机构的法律文书或者人民政府的征收决定等，导致物权设立、变更、转让或者消灭的，自法律文书或者征收决定等生效时发生效力。"行政机关作出的行政处罚没收决定可以即时产生物权变更的法律效果，因此财产没收制度在立法上应当明确、审慎，在行政机关没收权与相对人财产权之间保持平衡，如《行政处罚法》排除了规章及以下位阶法规范对"没收非法财物"处罚的设定权。在行政管理领域，行政相对人的合法财产若用于非法目的，就成为非法财物。违法行为所涉及的违禁品、违法工具和违法财物，会被认定为行政法上的非法财物，行政机关应当予以没收，剥夺违法行为人对具有违法性的财物的所有或占有，交由国家处理。非法财物没收后应当依法处理，包括销毁、公开拍卖等。与"非法财物"相对应的是剥夺行为人通过违法经营所获得利益的"没收违法所得"。[①]本条旨在确保上述罚没款和非法财物的处理款项能及时上缴国库。

（一）非法财物没收后的处理方式

1.应当予以销毁的非法财物

根据《财政部关于印发〈罚没财物管理办法〉的通知》第20条

---

① 王贵松：《论行政处罚的制裁性》，载《法商研究》2020年第6期。

的规定，淫秽、反动物品，非法出版物，有毒有害的食品药品及其原材料，危害国家安全以及其他有社会危害性的物品，以及法律法规规定应当销毁的，应当由执法机关予以销毁。对难以变卖且无经济价值或者其他价值的，可以由执法机关、政府公物仓予以销毁。

2.依法处理的非法财物

除了依法应当予以销毁的物品之外，依法没收的非法财物应当依法公开拍卖或者按照国家规定处理，严禁内部私分或者低价处理。

（1）公开拍卖

公开拍卖是指以公开竞价的方式将特定物品或者与财产有关的权利转让或者出让给最高应价者。拍卖具有竞争性强、透明度高等特点。行政机关将依法没收的物品通过拍卖方式进行处理，有利于公众对行政机关进行监督，防治贪腐行为。行政机关决定对依法没收的非法财物进行拍卖的，应当委托所在地县级以上人民政府指定的拍卖企业进行拍卖，签订拍卖合同。

执法机关依法取得的罚没物品，除法律、行政法规禁止买卖的物品或者财产权利、按国家规定另行处置外，应当按照国家规定进行公开拍卖。公开拍卖应当符合下列要求：

第一，拍卖活动可以采取现场拍卖方式，鼓励有条件的部门和地区通过互联网和公共资源交易平台进行公开拍卖。

第二，公开拍卖应当委托具有相应拍卖资格的拍卖人进行，拍卖人可以通过摇珠等方式从具备资格条件的范围中选定，必要时可以选择多个拍卖人进行联合拍卖。

第三，罚没物品属于国家有强制安全标准或者涉及人民生命财产安全的，应当委托符合有关规定资格条件的检验检疫机构进行检验检测，不符合安全、卫生、质量或者动植物检疫标准的，不得进行公开拍卖。

第四，根据需要，可以采取“一物一拍”等方式对罚没物品进行拍卖。采用公开拍卖方式处置的，一般应当确定拍卖标的的保留价。保留价一般参照价格认定机构或者符合资格条件的资产评估机构作出的评估价确定，也可以参照市场价或者通过互联网询价确定。

第五，公开拍卖发生流拍情形的，再次拍卖的保留价不得低于前次拍卖保留价的80%。发生3次（含）以上流拍情形的，经执法机关商同级财政部门确定后，可以通过互联网平台采取无底价拍卖或者转为其他处置方式。

（2）其他依法处理方式

对于不具备拍卖条件的非法财物，按照国家有关规定，根据不同性质和用途进行及时处理，包括但不限于以下方式：

第一，变卖。属于应销毁的物品经无害化或者合法化处理，丧失原有功能后尚有经济价值的，可以由执法机关、政府公物仓作为废旧物品变卖。

第二，捐赠。罚没物品难以变卖或者变卖成本大于收入，且具有经济价值或者其他价值的，执法机关应当报送同级财政部门，经同级财政部门同意后，可以赠送有关公益单位用于公益事业；没有捐赠且能够继续使用的，由同级财政部门统一管理。

第三，收藏。依法没收的文物，应当移交国家或者省级文物行政管理部门，由其指定的国有博物馆、图书馆等文物收藏单位收藏或者按国家有关规定处置。经国家或者省级文物行政管理部门授权，市、县级文物行政管理部门或者有关国有博物馆、图书馆等文物收藏单位可以具体承办文物接收事宜。

第四，利用。武器、弹药、管制刀具、毒品、毒具、赌具、禁止流通的易燃易爆危险品等，应当移交同级公安部门或者其他有关部门处置，或者经公安部门、其他有关部门同意，由有关执法机关依法处置。

第五，科研。依法没收的野生动植物及其制品，应当交由野生动植物保护主管部门、海洋执法部门或者有关保护区域管理机构按规定处置，或者经有关主管部门同意，交由相关科研机构用于科学研究。

第六，移交。依法没收的在非法转让的土地上新建的建筑物和其他设施，向本级财政部门进行移交。

第七，收购。易腐烂的生鲜食品，经检验检疫合格且不宜拍卖的，直接送交有关经营单位收购；检疫不合格的，予以销毁。

第八，调拨。对国家规定须有特许生产、经营、使用权的物资，通过有关部门质量认证、价格评估后，按有关规定有偿调拨。

（二）行政处罚处理款项的上缴

无论以何种方式处理涉案罚没款和非法财物，行政机关都必须将所得款项全部上缴国库，任何行政机关或者个人不得以任何形式截留、私分或者变相私分；财政部门不得以任何形式向作出行政处罚决定的行政机关返还罚款、没收的违法所得或者返还没收非法财物的拍卖款项。

罚没款一般应按照执法机关的财务隶属关系缴入同级国库，除此之外，海关、公安、中国海警、市场监管等部门取得的缉私罚没收入全额缴入中央国库。海关（除缉私外）、国家外汇管理部门、国家邮政部门、通信管理部门、气象管理部门、应急管理部所属煤矿安全监察部门、交通运输部所属海事部门中央本级取得的罚没收入全额缴入中央国库。省以下机构取得的罚没收入，50%缴入中央国库，50%缴入地方国库。国家烟草专卖部门取得的罚没收入全额缴入地方国库。应急管理部所属的消防救援部门取得的罚没收入，50%缴入中央国库，50%缴入地方国库。国家市场监督管理总局所属的反垄断部门与地方反垄断部门联合办理或者委托地方查办的重大案件取得的罚没收入，全额缴入中央国库。国有企业、事业单位监察机构没收、追缴的违法所得，按照国有企业、事业单位隶属关系全额缴入中央或者地方国库。中央政法机关交办案件按照有关规定执行。

罚没物品处置收入，可以按扣除处置该罚没物品的质量鉴定、评估和必要的修复费用等直接支出后的余额，作为罚没收入上缴；政府预算已经安排罚没物品处置专项经费的，不得扣除处置该罚没物品的直接支出。

第四节　行政处罚执行的救济

一、行政处罚中的救济不停止执行原则

在行政处罚决定作出后，为保障公共利益，在没有特殊规定的情况下，享有强制执行权或可直接实施且不涉及强制执行事务的行政机关可以继续执行。《行政处罚法》第73条规定："当事人对行政处罚决定不服，申请行政复议或者提起行政诉讼的，行政处罚不停止执行，法律另有规定的除外。当事人对限制人身自由的行政处罚决定不服，申请行政复议或者提起行政诉讼的，可以向作出决定的机关提出暂缓执行申请。符合法律规定情形的，应当暂缓执行。当事人申请行政复议或者提起行政诉讼的，加处罚款的数额在行政复议或者行政诉讼期间不予计算。"**关于行政救济不停止行政处罚决定执行的规定，法律另有规定的情形可参见《行政处罚法》第72条第2款、《行政强制法》第53条、《行政诉讼法》第56条等。**

行政处罚制度中的行政救济不停止执行内容可以追溯至1996年《行政处罚法》第45条。2021年修法新增加第2款和第3款。第73条第2款是对限制人身自由处罚的特殊保护，参照了《治安管理处罚法》第107条"被处罚人不服行政拘留处罚决定，申请行政复议、提起行政诉讼的，可以向公安机关提出暂缓执行行政拘留的申请。公安机关认为暂缓执行行政拘留不致发生社会危险的，由被处罚人或者其近亲属提出符合本法第一百零八条规定条件的担保人，或者

按每日行政拘留二百元的标准交纳保证金，行政拘留的处罚决定暂缓执行”的规定。第73条第3款明确在行政救济期间不计算加处罚款数额，系吸收长期以来的实践经验。虽然加处罚款数额在行政救济期间的计算问题在立法中一直未予明确，但全国绝大部分司法实践都是采取行政处罚的加处罚款在诉讼期间不予计算的方式，[①]最高人民法院在征求全国人大常委会法制工作委员会和国务院法制办公室的意见后，于2007年4月27日作出《最高人民法院行政审判庭关于行政处罚的加处罚款在诉讼期间应否计算问题的答复》，其中明确指出："根据《中华人民共和国行政诉讼法》的有关规定，对于不履行行政处罚决定所加处的罚款属于执行罚，在诉讼期间不应计算。"

（一）行政救济不停止执行的规范功能

1.及时阻却违法行为或状态

行政处罚是国家公权力对行政违法行为的全面处置，不仅表现为减损权益或者增加义务的惩戒后果，而且应当包括及时阻却违法行为延续和危害结果扩大的管控措施，以此最大限度地保障国家和社会公共利益。《行政处罚法》第28条强调行政机关实施行政处罚时，应当责令当事人改正或者限期改正违法行为，正是出于此意。若仅着眼于被处罚人承担行政处罚的不利后果，却怠于及时阻却其违法行为，就会导致行政处罚的制度目的无法全面实现。如某工厂违法向河流中排放废弃物，严重污染周边水域环境，生态环境部门可以对其同时作出罚款、责令停止生产、限期治理污染等行政处罚决定。即使该决定存在合法性瑕疵，被处罚工厂不服提起行政复议或行政诉讼，在复议和诉讼期间，该工厂仍应按照生态环境部门的决定（命令）内容立即缴纳罚款、停止生产、治理污染，而不得以

① 蔡小雪：《行政处罚的加处罚款在诉讼期间不应计算》，载《人民司法·应用》2008年第11期。

行政救济为由不予履行全部或部分义务。

2.维持行政处罚决定效力

根据行政行为效力的一般理论，行政机关代表国家依法行使行政处罚职权，行政处罚决定一经作出就具有公定力、确定力、拘束力和执行力等法律效力。因此，在行政处罚决定未被依法变更、撤销和撤回之前，除了实施主体不具有行政主体资格或者没有依据等重大且明显违法的法定情形之外，应当推定该行政处罚决定合法有效，处罚内容不可随意抗辩和否定，对所涉当事人均有法律拘束效果，行政机关可作出依法强制执行处罚决定。

3.保障行政法秩序稳定

日常的行政执法活动是抽象行政法秩序的具体落实，依法作出的行政处罚符合公众对法律规范的可期待性，维持社会秩序的连贯与稳定。行政处罚争议如果非因法定情形而被个案争讼反复中止、中断，则会导致这种法律秩序处于不稳定的状态，大幅降低行政效率，也会导致国家和社会公共利益处于风险之下。顾昂然同志就讲道："为什么采取不停止执行原则呢，行政机关作出的具体行政行为，是代表政府为了维护国家和社会的公共利益而行使的，如果当事人一起诉，在还没有确定其违法时就停止执行，那么法律秩序就处于不稳定的状态，影响行政管理的有效进行，国家和社会公共利益可能受到损害。"①

（二）行政救济不停止执行的规范内容

基于行政效率、公共利益以及行政决定效力的考虑，行政处罚决定一经作出就被推定为合法有效，被处罚人应当限期履行，即使在此期间对行政处罚决定不服，申请行政复议或者提起行政诉讼都不得停止执行。《行政诉讼法》第56条、《行政复议法》第21条、《行政处罚

① 顾昂然：《新中国的诉讼、仲裁和国家赔偿制度》，法律出版社1996年版，第101页。

法》第73条等规定均体现了该原则。但是，必须注意的是，行政救济不停止执行规则并不适用于所有行政机关，该规则仅适用于依法具有行政强制执行权的行政机关，只有这些机关才能在行政救济期间继续执行行政处罚决定。对于没有强制执行权的行政机关而言，则只能适用《行政强制法》第53条的规定，必须同时满足当事人“在法定期限内不申请行政复议或者提起行政诉讼”和“不履行行政决定”两个条件，才可以申请人民法院强制执行。换言之，如果被处罚人在法定期限内申请了行政复议或提起了行政诉讼，行政机关在复议或诉讼期间就不得向人民法院申请强制执行行政处罚决定，必须待司法审查对争议处罚行为作出终局判断，才可以继续推进执行事宜。

1989年《行政诉讼法》第44条规定确立了诉讼期间不停止执行的原则，第66条又将不具有强制执行权的行政机关作出的具体行政行为排除在起诉不停止执行的原则之外。按照特别规定优于一般规定的冲突规范适用原则，人民法院在审查非诉执行案件时应当适用第66条的规定。[①]2000年《最高人民法院关于执行〈中华人民共和国行政诉讼法〉若干问题的解释》第94条曾对此有明确规定：“在诉讼过程中，被告或者具体行政行为确定的权利人申请人民法院强制执行被诉具体行政行为，人民法院不予执行，但不及时执行可能给国家利益、公共利益或者他人合法权益造成不可弥补的损失的，人民法院可以先予执行。后者申请强制执行的，应当提供相应的财产担保。”此后《行政诉讼法》及其司法解释经过多次修改，没有保留原《行政诉讼法》第66条与司法解释第94条的内容，但是新旧《行政诉讼法》适用中对“诉讼不停止执行”规则的认定未有改变，《行政强制法》第53条也完全吸收和确认了1989年《行政诉讼法》第66条的内容。因此，现行《行政诉讼法》第56条与《行政强制法》第53条为一般规

① 蔡小雪：《行政处罚的加处罚款在诉讼期间不应计算》，载《人民司法·应用》2008年第11期。

定与特别规定之关系，共同构成分别针对有强制执行权行政机关与无强制执行权行政机关之关于诉讼不停止执行的完整规则。

上述一般规定与特别规定的适用关系，是完全基于行政诉讼法的立法目的，并且具有深刻的理论基础。固然，需要确保行政行为的及时执行来实现行政管理和公共服务的效率目标、维护行政法秩序的稳定性以及国家和社会公共利益。但是，相对应地，一些行政行为如果过早执行，就有可能严重侵害行政相对人的合法权益，甚至对其造成无法弥补的损害。为了在制度上实现上述平衡，我国立法将部分强制执行权直接授予税收、海关、公安等特定领域的行政机关，具有强制执行权的行政机关得以在作出行政决定后，径行依法采取各项强制执行措施，这些行政行为适用《行政诉讼法》第56条规定的诉讼不停止执行原则，偏重于对国家行政管理秩序和公共利益等目标的实现。但是，另有相当一部分行政行为，是否及时执行对公共利益影响不大，但是对行政相对人的权益影响非常大。为了全面贯彻《行政诉讼法》《行政强制法》《行政处罚法》等制度，侧重保障所涉行政法律关系中相对弱势一方的相对人的合法权益，立法上未将相应的行政强制执行权力授予行政机关。在这种情况下，如果行政相对人还未依法行使诉权，人民法院就不得强制执行。《行政强制法》第53条的规定就是对诉讼不停止执行规则的相对限制，将不具有强制执行权的行政机关作出的行政行为排除在诉讼不停止执行的原则之外。①

（三）行政救济期间行政处罚决定不予执行之例外

在行政救济不停止行政处罚决定执行的基础之上，具有强制执行权的行政机关所作出的行政行为也会由于法定的例外情形，被复议机关或人民法院停止执行。对此，《行政诉讼法》第56条规定：

---

① 蔡小雪：《行政处罚的加处罚款在诉讼期间不应计算》，载《人民司法·应用》2008年第11期。

"诉讼期间，不停止行政行为的执行。但有下列情形之一的，裁定停止执行：（一）被告认为需要停止执行的；（二）原告或者利害关系人申请停止执行，人民法院认为该行政行为的执行会造成难以弥补的损失，并且停止执行不损害国家利益、社会公共利益的；（三）人民法院认为该行政行为的执行会给国家利益、社会公共利益造成重大损害的；（四）法律、法规规定停止执行的。当事人对停止执行或者不停止执行的裁定不服的，可以申请复议一次。"《行政复议法》第21条规定："行政复议期间具体行政行为不停止执行；但是，有下列情形之一的，可以停止执行：（一）被申请人认为需要停止执行的；（二）行政复议机关认为需要停止执行的；（三）申请人申请停止执行，行政复议机关认为其要求合理，决定停止执行的；（四）法律规定停止执行的。"

上述停止执行的例外情形分为四类：其一，行政机关认为需要停止执行。一般是在相对人提起行政救济后，行政机关意识到行政处罚决定的违法或不当风险，为避免继续执行可能导致的相对人权益损害和执法资源浪费等消极影响，因此主动停止执行。其二，复议机关或人民法院基于相对人的请求而裁定停止执行。根据相对人提出的停止执行申请，如果复议机关或人民法院认为继续执行会造成难以弥补的损失，且停止执行不会损害国家和社会公共利益，可以裁定停止执行。其三，复议机关或人民法院依职权裁定停止执行。在此，复议机关或人民法院会考量行政行为本身是否具有重大明显的违法风险，或者行为效果上会导致重大且不可逆的损害后果。其四，法律、法规规定可以停止执行的。这个兜底条款是立法上为诉讼停止执行的其他情形留有法律体系上的创制空间。

2021年《行政处罚法》新增加的第73条第2款的内容，即总结了行政处罚实践的成熟经验，对《治安管理处罚法》第107条的规定予以吸收，放宽了限制人身自由类行政处罚的暂缓条件。据此，被处罚人对限制人身自由的行政处罚决定不服，申请行政复议或者提起行政诉讼的，可以向作出决定的机关提出暂缓执行申请。符合法律规定情形的，应当暂缓执行。根据《治安管理处罚法》第107条的规定，公安机关认为暂缓执行行政拘留不致发生社会危险的，由被处罚人或者其近亲属提出符合条件的担保人，或者按每日行政拘留二百元的标准交纳保证金，行政拘留的处罚决定暂缓执行。值得注意的是，根据该条规定，对限制人身自由行政处罚的暂缓执行将成为原则性规定，而非诉讼停止执行的例外。也就是说，除非被处罚人存在导致社会危险的高度盖然性，无法满足担保条件，或者不依法缴纳保证金等情形，行政机关一般应当准予限制人身自由行政处罚的暂缓执行。如果不予批准，行政机关则要承担相应的举证责任。之所以制度设计如此，在于立法上认为这类高强度的行政处罚会对当事人造成不可逆的严重精神创伤，因此强制执行要高度审慎并充分保障被处罚人行使救济权利。

（四）行政救济期间不予计算加处罚款数额

关于被处罚人在申请行政复议或提起行政诉讼期间，加处罚款数额是否应当计算的问题，《行政诉讼法》和《行政强制法》一直没有明确规定，导致司法实践中存在一定分歧。2021年《行政处罚法》修订增加的第73条第3款规定，当事人申请行政复议或者提起行政诉讼的，加处罚款的数额在此期间不予计算，此举有利于保护被处罚人的诉讼权益。根据前文对《行政诉讼法》第56条与《行政处罚法》第73条第2款、《行政强制法》第53条适用关系的分析，可知《行政处罚法》第73条第3款同样属于“行政救济停止执行”的特别规定，无论行政机关有无强制执行权，在执行时均不得在罚款总额中计算这部分金额。

二、行政处罚的监督机制

加强对行政处罚的监督检查，规范和保障行政处罚的实施，重点在于贯彻落实行政执法责任制和责任追究制度。行政机关内部应当建立各级各部门的行政处罚监督机制，县级以上地方各级政府主要是通过定期组织开展行政执法评议、考核的方式来加强监督检查，规范和保障行政处罚实施。**这既是本级政府建立和完善常态化监督的职责，也明确其监督方式仅限于行政执法评议、考核等间接途径，不得越权干预，甚至代替法定行政处罚主体依法实施处罚。**《行政处罚法》第75条规定：“行政机关应当建立健全对行政处罚的监督制度。县级以上人民政府应当定期组织开展行政执法评议、考核，加强对行政处罚的监督检查，规范和保障行政处罚的实施。行政机关实施行政处罚应当接受社会监督。公民、法人或者其他组织对行政机关实施行政处罚的行为，有权申诉或者检举；行政机关应当认真审查，发现有错误的，应当主动改正。”2021年修法在第1款中将原规定的监督检查内容予以细化，明确为定期组织执法评议、考核，同时强调了规范和保障行政处罚权行使的重要性。

我国《宪法》第41条第1款规定：“中华人民共和国公民对于任何国家机关和国家工作人员，有提出批评和建议的权利；对于任何国家机关和国家工作人员的违法失职行为，有向有关国家机关提出申诉、控告或者检举的权利，但是不得捏造或者歪曲事实进行诬告陷害。”公民对行政机关的监督权是《宪法》明确规定的基本权利，社会监督是监督行政处罚职权依法行使的必要机制之一。一方面需要加强行政处罚过程和结果的公开，另一方面也要广泛接受公民、法人或者其他组织对行政处罚的申诉和检举。申诉与举报人一般是指与行政处罚决定没有利害关系的第三人，有利害关系的行政相对人和相关人主要可以通过行政复议或行政诉讼来直接维护自身合法权益。

行政处罚实施机关应当审慎行使处罚职权，在行政处罚决定作出后如果发现有错误，应当坚决贯彻有错必纠原则，依法变更或撤销原行政处罚决定，行政机关主动纠错的时间不受行政复议和行政诉讼期限的限制。

（一）申诉、检举及相关行为的法律效力

申诉与检举的行为目的在于监督依法行政的客观法秩序，行政机关对申诉与检举的答复属于程序性的事实行为，并不会对申诉人和检举人创设新的权利义务，如只是客观阐述处罚决定的理由和依据。因此，申诉和检举人并不能因此获得针对行政处罚实施行为的行政诉讼原告资格。

（二）行政机关自我纠错的程序

基于行政行为的效力规则，行政机关作出处罚决定后同样受到法律约束。但与此同时，如果行政机关基于外部投诉、举报或自我审查，发现所作行政处罚确实存在错误的，那就应当贯彻有错必纠的原则，勇于纠错，及时纠错。行政机关自我纠错仍应遵守法定程序，对已生效的行政处罚决定先予撤销后再依法重做。一般情况下，行政机关针对原处罚的撤销行为具有独立的法律效力，改变了已作评价的法律关系，导致法律关系回复到未履职之前违法现象存续的待处理状态，此时对相关人的权益可能产生影响。因此，相关人同样可以对撤销行为提起复议或诉讼。相对应地，行政机关对该撤销行为的合法性也要承担举证责任。

典型案例

B县水利局与周某行政强制执行案①

案情简介：

2019年某日，B县水利局向周某作出行政处罚，决定拆除违法建

① 广东省惠州市中级人民法院（2020）粤13行终132号行政判决书。案件来源于中国裁判文书网。

筑物，恢复原状，并罚款人民币11000元。嗣后，B县水利局对周某案涉房屋予以强制拆除。周某不服，提起诉讼。法院认为，B县水利局在作出涉案行政处罚决定之后，该行政处罚决定尚在行政相对人提起行政复议或者提起行政诉讼的法定期限之内，就对涉案房屋进行了强制拆除。《行政处罚法》第45条（对应2021年修订后的第73条第1款）关于“当事人对行政处罚决定不服申请行政复议或者提起行政诉讼的，行政处罚不停止执行，法律另有规定的除外”的规定为一般规定，《行政强制法》第44条的规定则为特别规定，属于《行政处罚法》第45条规定的“法律另有规定”的情形，且《行政强制法》在《行政处罚法》之后颁布实施，故本案应适用《行政强制法》第44条的规定。B县水利局对周某作出行政处罚决定后，实施强制拆除行为是在周某提出行政复议申请及提起行政诉讼的期限内。因此，B县水利局强制拆除周某案涉建筑的行为，程序违法。最后判决确认B县水利局对周某房屋强制拆除的行为违法。

案例评析：

本案呈现了行政处罚强制执行中有强制执行权的行政主体需要考虑的另一种特殊情形，即在行政处罚执行中，针对违法建筑物强制拆除时，即使有强制执行权的行政机关，也应当在行政相对人提起行政复议或诉讼的法定期限届满后，再依法强制拆除。这种特殊情形的法律依据为《行政强制法》第44条：“对违法的建筑物、构筑物、设施等需要强制拆除的，应当由行政机关予以公告，限期当事人自行拆除。当事人在法定期限内不申请行政复议或者提起行政诉讼，又不拆除的，行政机关可以依法强制拆除。”具体而言，《行政处罚法》与《行政强制法》的立法目的有所不同，《行政处罚法》第73条是关于行政处罚中救济不停止执行的一般规定，而《行政强制法》第44条是关于违法建筑物、构筑物、设施等强制拆除实施的规定，这类行政强制拆除是特殊的行政强制行为，涉及相对人的重大权益以及比较复杂的社会关系，因此在体系解释上要将《行政强制法》第44条视为关于强制执行的特别规定。同时，根据《行政复议法》《行政诉讼法》的相关规定，当事人可以自知道该具体行政行为之日起60日内提出行政复议申请，或者6个月内提出行政诉讼。因此，在实践中必须注意的是，对违法的建筑物等需要强制拆除的，应当在行政相对人知道或应当知道行政机关作出的行政处罚决定后，在60日的期限内没有提出行政复议申请或者6个月内没有提起行政诉讼，又不自行拆除的，相关行政机关才能依法强制实施拆除。

龙某与H市住房保障局关于行政处罚强制执行案[①]

案情简介：

H市住房保障局因龙某在居住处违规搭建占用公用场地，于2013年11月13日作出行政处罚决定书，责令改正并处罚款人民币10000元整。因龙某未自行改正及缴纳罚款，H市住房保障局于2014年3月5日作出行政强制执行催告书，该催告书决定加处龙某缴纳滞纳金人民币10000元整。因龙某未履行上述相关行政决定，H市住房保障局于2014年4月25日向鹤岗中院申请强制执行。在执行过程中，H市住房保障局与龙某达成执行和解协议，鹤岗中院于2014年10月17日终结执行本案。此间龙某向H市人民政府提起行政复议。H市人民政府作出行政复议决定，对行政处罚决定予以维持。此后因龙某未能按期履行缴款义务，H市住房保障局于2017年5月25日申请恢复执行。鹤岗中院裁定恢复本案执行。龙某提出异议和复议：认为H市住房保障局没有行政处罚权，所作处罚决定没有依据；自己对H市住房保障局提起行政诉讼没有超过诉讼时效；H市住房保障局滥用行政处罚权，请求法院退还已执行的罚金及滞纳金。法院认为：

① 黑龙江省高级人民法院（2019）黑执复78号执行裁定书。案件来源于中国裁判文书网。

H市住房保障局在龙某不能自动履行缴纳罚款、滞纳金的情况下，向鹤岗中院申请强制执行，鹤岗中院立案执行，符合法律规定。申请复议人龙某所提H市住房保障局在履行行政职责中违反规定违法行政以及其行政诉讼未过时效，一、二审法院不应驳回诉讼等理由，均属于实体问题，执行程序中无权审查。申请复议人龙某如认为一、二审行政判决错误，可以通过审判监督程序解决。

案例评析：

本案全方位呈现了行政处罚罚款执行过程中可能遇到的各种问题。当事人逾期不履行罚款决定时，行政机关可以采取加处罚款的方式，但是加处罚款的数额不得超过罚款金额。经催告，当事人逾期仍不履行处罚决定的，无强制执行权的行政机关应当申请法院强制执行。在执行过程中，参照《民事诉讼法》的相关规定，行政机关可以与当事人达成执行和解协议，执行法院据此终结执行。在此期间，当事人有权提起行政复议或诉讼。但是行政救济终结后，当事人仍未按约缴纳罚款的，行政机关可以申请法院恢复执行。最后，当事人在执行完成后仍对行政处罚决定的合法性存有争议，不应在执行异议中提出，而应当通过审判监督程序来主张。

思考题

1. 当事人确有经济困难而申请迟延履行罚款的，该迟延履行的合理期限如何明确？

2. 行政机关实施行政强制执行时，如果与当事人达成执行协议，可否减免加处的罚款？

3. 非法财物没收后有哪些处理方式？

4. 行政处罚作出后，行政复议或诉讼期间停止执行的情况有哪些？

5. 行政机关在听取被处罚人陈述、申辩后，自我纠错撤销原罚款决定，但重新作出的罚款决定金额更高，是否合法？

第八章　法律责任

本章知识要点

- □ 违法行政处罚实施人员的法律责任
- □ 违法使用单据的法律责任
- □ 违反罚缴分离原则的法律责任
- □ 截留、私分罚没款的法律责任
- □ 使用、损毁查封、扣押财物的法律责任
- □ 违法实施检查或执行措施的法律责任
- □ 以罚代刑的法律责任
- □ 执法人员不作为致损的法律责任

第一节　违反行政处罚法的法律责任概述

违反行政处罚法的法律责任，规定在《行政处罚法》第七章，是行政处罚制度的重要组成部分。1996年《行政处罚法》规定了行政处罚的法律责任制度，旨在“防止滥用处罚权，督促其合法、公正地履行法定职责，以保护公民、法人的合法权益”[①]。

---

① 全国人大常委会法制工作委员会国家法室、行政法室编著：《〈中华人民共和国行政处罚法〉讲话》，法律出版社1996年版，第218页。

这在我国行政立法史上是首次尝试，[①]同时也是一项独具中国特色的制度创新。

所谓违反《行政处罚法》的法律责任，是指行政机关及其工作人员违反《行政处罚法》的规定实施、执行行政处罚或者在行政处罚中有其他违法行为，依法应当承担的法律后果。

对于这一概念，主要有两点要把握：首先，《行政处罚法》规定的法律责任主要是指行政机关及其工作人员因违法实施行政处罚所应承担的法律责任，而不涉及违法应予行政处罚的公民、法人或其他组织的法律责任。在我国，后者一般规定在《治安管理处罚法》《食品安全法》《环境保护法》《个人信息保护法》等具体的行政法律规范之中。其次，法律责任有广义和狭义两种含义。从狭义上来说，法律责任是指违反法律的行为应受的制裁或惩罚。从广义上来说，法律责任则是指违反法律规范在法律上的后果。《行政处罚法》规定的法律责任是一种广义上的法律责任，不仅包括行政机关违反法律实施行政处罚所应受到的法律制裁，还包括一些非制裁性的责任形式，如赔偿责任、责令改正和行使拒绝权等。

对违反《行政处罚法》的法律责任的理解，可以从追责主体、责任主体、追责情形、责任形式和追责程序这五个方面展开。追责主体，是指追究法律责任的主体，包括上级行政机关和有关机关；责任主体，是指承担法律责任的主体，主要包括实施违法行政处罚的行政机关、直接负责的主管人员和其他直接责任人员；追责情形，是指责任主体在哪些情形承担法律责任，《行政处罚法》第七章的各个条款对此也进行了详细规定；责任形式，是指

① 朱维究：《"两个根本转变"与政府管理观念、管理依据及管理手段——抓住〈行政处罚法〉实施的契机，深化行政改革》，载《中国行政管理》1996年第12期；朱维究：《行政行为的司法监督》，山西教育出版社1997年版，第288页。

责任主体承担法律责任的法定形式，主要包括责令改正、消除影响和危害、处分、损害赔偿和追偿、刑事责任等；追责程序，是指追究责任所需要遵循的法定程序和要求，尽管《行政处罚法》并未对此作出明文规定，但从其他相关法律规定中可以找到这一要求。

第二节　违法行政处罚实施主体的法律责任

《行政处罚法》第76条规定了违法行政处罚实施人员的法律责任："行政机关实施行政处罚，有下列情形之一，由上级行政机关或者有关机关责令改正，对直接负责的主管人员和其他直接责任人员依法给予处分：（一）没有法定的行政处罚依据的；（二）擅自改变行政处罚种类、幅度的；（三）违反法定的行政处罚程序的；（四）违反本法第二十条关于委托处罚的规定的；（五）执法人员未取得执法证件的。行政机关对符合立案标准的案件不及时立案的，依照前款规定予以处理。"

一、追责主体

追责主体主要包括上级行政机关和有关机关。

所谓上级行政机关，是指对本机关或组织有直接领导和指挥责任的机关，包括上级主管部门和本级人民政府。

所谓有关机关，一般是指监察机关及其授权的监察机构。《监察法》《公务员法》《公职人员政务处分法》规定了国家监察机关及其授权的监察机构有权对违法行政处罚的机关和人员实施处分。按照《监察法》第11条第3项和第45条第1款第2项的规定，监察委员会可以对违法的公职人员作出政务处分。根据《监察法》第13条的规定，派驻或者派出的监察机构、监察专员根据授权，按照管理权限依法对公职人员进行监督，提出监察建议，依法对公职人员进行调查、处置。根据《监察法》制定的《公职人员政务处分法》，全面细致地规定了政务处分的种类、适用规则、违法情形、程序、救济途径、法律责任等事项。[①]此外，我国《行政许可法》第72条规定，“行政机关及其工作人员违反本法的规定，有下列情形之一的，由其上级行政机关或者监察机关责令改正；情节严重的，对直接负责的主管人员和其他直接责任人员依法给予行政处分”。这里的表述是监察机关，基于体系解释，可认为《行政处罚法》第76条中的有关机关同样是监察机关。

二、责任主体

责任主体包括实施违法行政处罚的行政机关、直接负责的主管人员和其他直接责任人员。

直接负责的主管人员，主要指行政机关的负责人、行政处罚行为的决定者。其他直接责任人员，主要指执法人员，即进行调查、听证和执行等的行政处罚具体实施者。直接负责的主管人员和其他直接责任人员是我国刑法中经常出现的表述，可以参考刑法的解释。最高人民法院研究室《关于如何理解“直接负责的主管人员”和“直接责任人员”问题的复函》指出，所谓“直接负责的主管人员”，是指在企业事业单位、机关、团体中，对本单位实施走私犯罪起决定作用的，负有组织、决策、指挥责任的领导人员。单位的领导人如果没有参与单位走私的组织、决策、指挥，或者仅是一般参与，并不起决定作用的，则不应对单位的走私罪负刑事责任。所谓“直接负责人员”，是指直接实施本单位走私犯罪行为或者虽对单位走私犯罪负有部分组织责任，但对本单位走私犯罪行为不起决定作用，只是具体执行、积极参与的该单位的部门负责人或者一般工作人员。

---

① 郭文涛：《〈政务处分法〉双轨惩戒制度之间的衔接协调》，载《法学》2020年第12期。

三、追责情形

追责情形包括五种。

第一，没有法定的行政处罚依据的。根据《行政处罚法》第4条的规定，行政处罚应当由法律、法规和规章规定。这是行政处罚法定原则的要求。这里的法定依据，是指法律、法规和规章，具体包括法律、行政法规、地方性法规、部门规章和地方政府规章。在实践中，行政机关如果没有法律、法规或规章的依据而实施行政处罚，或者依据法律、法规或规章之外的其他规范性文件实施行政处罚，自定处罚项目，均属于行政处罚缺乏法定依据。

第二，擅自改变行政处罚种类、幅度的。行政机关作出行政处罚决定，处罚的种类、幅度必须符合法律规定，而不能擅自改变。由于社会生活复杂多变，法律不能规范所有的行政活动。即使法律对某一方面的行政活动加以规定，也不可能事无巨细、面面俱到。因此，法律必须赋予行政机关一定的裁量空间。但是行政机关在进行裁量时须符合立法精神目的，在法律、法规和规章规定的种类和幅度内实施行政处罚。例如《治安管理处罚法》第36条规定，擅自进入铁路防护网或者火车来临时在铁路线路上行走坐卧、抢越铁路，影响行车安全的，处警告或者二百元以下罚款。如果行政机关处拘留或二百元以上罚款，则是擅自改变行政处罚种类、幅度。

第三，违反法定的行政处罚程序的。正当程序是行政活动的基本要求，行政处罚也应严格按照法定的程序进行。这里的法定不仅包括《行政处罚法》本身规定的程序，例如第63条关于听证的规定；而且包括其他法律中关于行政处罚程序的规定，例如《治安管理处罚法》第98条关于听证的规定。

第四，违反《行政处罚法》第20条关于委托处罚的规定的。《行政处罚法》第20条和第21条规定了委托处罚的条件：首先，行政机关实施行政处罚的委托必须有法律、法规或者规章的依据。没有法律、法规和规章的规定，行政机关就不能根据上级文件、内部文件、领导指示或者自行决定委托某个组织或个人实施行政处罚。其次，被委托实施的行政处罚权必须是委托机关所依法享有的职权。行政机关不能将自己不具有的职权委托给其他组织行使。换言之，委托必须是在法定权限以内。再次，委托必须以书面的形式，委托书应当载明委托的具体事项、权限、期限等内容。委托行政机关和受委托组织应当将委托书向社会公布。这是2021年修订的《行政处罚法》新增的要求。最后，受委托组织必须符合第21条规定的三个要求。缺乏上述任何一个条件，行政委托均可认定为违法。这里所处分的是违反《行政处罚法》第20条关于委托处罚的规定的，对受委托组织不符合条件的，不予以处分。

第五，执法人员未取得执法证件的。该情形是2021年修订的《行政处罚法》新增的，主要是为了与修订后的《行政处罚法》第42条规定配套。第42条规定了行政执法资格制度，即行政处罚应当由具有行政执法资格的执法人员实施。这里的执法人员仅指行政执法机关正式在编工作人员，其他人员均不得实施。

四、责任形式

责任形式包括责令改正和处分这两种形式。

责令改正是针对行政机关，而处分则是针对责任人员。值得注意的是，不同于处分，责令改正并不是法律责任形式，而是有权机关对行政处罚机关及其执法机关行使监督权而对违法处罚行为作出的处理，是有关机关对行政处罚进行监督的一种形式，其性质是行政命令。责令改正尽管不是独立的法律责任形式，但是也属于一种独立的监督形式，具有特殊的内容和用途，具有不可替代的独特作用。

根据监督主体的不同，处分还可分为上级行政机关作出的行政处分和监察机关作出的政务处分。如前所述，《行政处罚法》第76条规定的有关机关是指监察机关，根据《公职人员政务处分法》的规定，监察机关实施的是政务处分。因此，《行政处罚法》第76条中的处分是一个广义概念，既包括传统行政系统内部的行政处分，也包括监察机关作出的政务处分。

五、追责程序

对责任人员的处分应按照法定的程序来进行。具体来说，在对公职人员追究责任时，应遵循法治主义，符合法律规定的实体标准和程序要求，并充分保障其申诉救济的权利。此时，比例原则、正当程序等适用于外部行政法律关系的基本原则在这种内部行政法律关系之中也应遵循。对此，我国《公务员法》和《公职人员政务处分法》均作出了规定。例如，《公务员法》第63条规定，对公务员的处分，应当事实清楚、证据确凿、定性准确、处理恰当、程序合法、手续完备。第十五章还专门规定了申诉与控告机制。《公职人员政务处分法》也有类似的规定。在根据《行政处罚法》第76条对责任人员进行处分时，应严格遵循这些法律所规定的程序和实体要求。

第三节　其他行政违法行为的法律责任

一、违法使用单据的法律责任

《行政处罚法》第77条规定了违法使用单据的法律责任："行政机关对当事人进行处罚不使用罚款、没收财物单据或者使用非法定部门制发的罚款、没收财物单据的，当事人有权拒绝，并有权予以检举，由上级行政机关或者有关机关对使用的非法单据予以收缴销

毁，对直接负责的主管人员和其他直接责任人员依法给予处分。” 本条的目的是，通过对违法使用罚款单据进行惩处，遏制现实中行政机关将罚款作为创收手段，进而滥用行政处罚权的现象，以规范行政处罚权行使、保障公民权益、改进政府形象和保护国家财政收入。

在20世纪90年代，罚款是行政管理活动中运用得最为普遍的一种处罚措施，存在的问题也最多。一些行政机关将罚款作为创收的一种手段，用来解决本单位经费不足的问题，或用于发奖金和办福利，导致行政机关受利益驱动滥罚款，侵害了公民利益，腐化了干部队伍，破坏了政府形象，影响了政府和群众的关系。为了防止行政机关及其执法人员在行政管理活动中受经济利益驱动而滥施处罚，杜绝行政管理活动中的不正之风，1996年《行政处罚法》制定了本条规定。①

关于《行政处罚法》第77条，可以从追责主体、责任主体、追责情形、责任形式和追责程序这五个方面来理解。对于追责主体、责任主体和追责程序这三个方面，可以参考本章第二节关于《行政处罚法》第76条的论述，本节并没有特殊之处。这里仅对追责情形和责任形式进行阐释。

本条规定的追责情形包括行政机关对当事人进行处罚不使用罚款、没收财物单据或者使用非法定部门制发的罚款、没收财物单据。罚款和没收财物归国家所有，行政机关应将处罚和拍卖没收财物所得的款项上缴国库，罚款、没收财物单据是行政机关收取被罚款人罚款、财物的凭证，也是行政机关向财政部门缴纳款项的凭证。无论是不使用凭证还是使用非法定凭证，均构成行政处罚违法。

《行政处罚法》第77条规定的责任形式包括三类：一是当事人的拒绝权和检举权。行政机关在行政处罚时如果违法使用单据，那

① 吴高盛主编：《〈中华人民共和国行政处罚法〉释义及实用指南》，中国民主法制出版社2015年版，第138页。

么行政相对人有权拒绝和检举。二是上级行政机关或者有关机关对使用的非法单据的收缴销毁。这里上级机关是指对本机关或组织有直接领导和指挥责任的机关，包括上级主管部门和本级人民政府。有关机关则一般是指监察机关。三是上级行政机关或者有关机关对责任人员的处分。这里的处分同时包括行政机关作出的处分和监察机关作出的政务处分。

二、违反罚缴分离原则的法律责任

《行政处罚法》第78条规定了违反罚缴分离原则的法律责任："行政机关违反本法第六十七条的规定自行收缴罚款的，财政部门违反本法第七十四条的规定向行政机关返还罚款、没收的违法所得或者拍卖款项的，由上级行政机关或者有关机关责令改正，对直接负责的主管人员和其他直接责任人员依法给予处分。"

1996年《行政处罚法》颁行之前，作出罚款决定的机关和收缴罚款的机关没有严格分开，对处罚机关缺少必要的监督。一些行政机关将罚款作为一种创收的手段，与单位的奖金和福利挂钩，罚款受经济利益驱动。有的地方为了解决经费不足问题，将行政机关的罚款、没收违法所得和没收非法财物的收入按一定比例返还给行政机关，作为行政经费。这样一来，行政处罚对处罚机关来说便有利可图，行政机关罚得越多，它的经费就越多，形成了收支挂钩、互相推动的利益格局。[①]对此，政府采取了诸多举措。例如，财政部在1986年出台了《罚没财物和追回赃款赃物管理办法》，第11条规定：执法机关依法收缴的罚没款、赃款和没收物资、赃物的变价款一律作为国家"罚没收入"或"追回赃款和赃物变价款收入"，如数上缴国库。1993年，中共中央办公厅和国务院办公厅转发了财政部

① 全国人大常委会法制工作委员会国家法室、行政法室编著：《〈中华人民共和国行政处罚法〉讲话》，法律出版社1996年版，第160—161页。

《关于对行政性收费、罚没收入实行预算管理的规定》。然而，这些规定并没有彻底遏制上述现象。为此，1996年《行政处罚法》针对此问题规定了诸多举措，确立了罚缴分离、不得返还的制度，以及破坏上述制度的内部惩戒机制。

违反罚缴分离原则的法律责任的追责情形有两种：一是行政机关违反第67条的规定自行收缴罚款，二是财政部门违反第74条的规定向行政机关返还罚款、没收的违法所得或者拍卖款项。《行政处罚法》第67条明确确立了收缴分离的原则，即作出罚款决定的行政机关应当与收缴罚款的机构分离，作出行政处罚决定的行政机关及其执法人员不得自行收缴罚款。罚款的收缴应通过银行或电子支付系统进行，罚款收缴后直接上缴国库。《行政处罚法》第74条规定，罚款、没收的违法所得或者没收非法财物拍卖的款项，必须全部上缴国库，任何行政机关或者个人不得以任何形式截留、私分或者变相私分，财政部门也应如此。

违反罚缴分离原则的法律责任形式有两种：一是上级机关或者有关机关责令改正，二是对直接负责的主管人员和其他直接责任人员依法给予处分。值得注意的是，并非所有行政机关自行收缴罚款的行为都违法，《行政处罚法》第68条和第69条规定了三种例外情形：一是依法给予一百元以下罚款的；二是不当场收缴、事后难以执行的；三是在边远、水上、交通不便地区，当事人到指定的银行或者通过电子支付系统缴纳罚款确有困难，经当事人提出的。

三、截留、私分罚没款的法律责任

《行政处罚法》第79条规定了截留、私分罚没款的法律责任："行政机关截留、私分或者变相私分罚款、没收的违法所得或者财物的，由财政部门或者有关机关予以追缴，对直接负责的主管人员和其他直接责任人员依法给予处分；情节严重构成犯罪的，依法追究刑事责任。执法人员利用职务上的便利，索取或者收受他人财物、

将收缴罚款据为己有，构成犯罪的，依法追究刑事责任；情节轻微不构成犯罪的，依法给予处分。”

截留、私分罚没款的法律责任的追责情形是行政机关截留、私分或者变相私分罚款、没收的违法所得或者财物。所谓截留，是指应上缴国库的罚没款项不上缴或者不全部上缴。所谓私分，是指罚没机关对罚没的款项或财物在其内部人员中进行私自分配。所谓变相私分，是指罚没机关采取其他手段，如用罚没款项为其内部人员办“福利”，或将罚没财物以较低的价格“处理”给内部人员等。上述行为均属于违反法律规定的以权谋私的行为。

截留、私分罚没款的法律责任形式包括三种：一是由财政部门或者有关机关予以追缴。二是对直接负责的主管人员和其他直接责任人员依法给予处分。这里的处分既包括行政处分，也包括政务处分。就行政处分来说，根据《行政机关公务员处分条例》第23条的规定，有贪污、索贿、受贿、行贿、介绍贿赂、挪用公款、利用职务之便为自己或者他人谋取私利、巨额财产来源不明等违反廉政纪律行为的，给予记过或者记大过处分；情节较重的，给予降级或者撤职处分；情节严重的，给予开除处分。就政务处分来说，《公职人员政务处分法》第33条规定，公职人员贪污贿赂的，予以警告、记过或者记大过；情节较重的，予以降级或者撤职；情节严重的，予以开除。三是刑事责任。根据《刑法》第382条的规定，国家工作人员利用职务上的便利，侵吞、窃取、骗取或者以其他手段非法占有公共财物的，是贪污罪。行政机关截留、私分或者变相私分罚款、没收的违法所得或者财物，如果情节较重，确实可能构成贪污罪。除此之外，《刑法》还专门设置了私分罚没财物罪这一罪名。根据《刑法》第396条的规定，司法机关、行政执法机关违反国家规定，将应当上缴国家的罚没财物，以单位名义集体私分给个人的，依照前款的规定处罚。数额较大的，对其直接负责的主管人员和其他直接责任人员，处三年以下有期徒刑或者拘役，并处或者单处罚金；数额巨大的，处三年以上七年以下有期徒刑，并处罚金。

《行政处罚法》第79条第2款规定的执法人员利用职务上的便利，索取或者收受他人财物、将收缴罚款据为己有，涵括了两种不同性质的行为：一是利用职务上的便利，索取或者收受他人财物，这是一种受贿行为；二是将收缴的罚款据为己有，这是一种贪污行为。

对于这两种行为，法律责任形式包括两种：首先是刑事责任。根据《刑法》第385条的规定，国家工作人员利用职务上的便利，索取他人财物的，或者非法收受他人财物，为他人谋取利益的，是受贿罪。在这里，利用职务上的便利，索取或者收受他人财物的行为如果情节严重，可能构成受贿罪。《刑法》第382条规定，国家工作人员利用职务上的便利，侵吞、窃取、骗取或者以其他手段非法占有公共财物的，是贪污罪。将收缴罚款据为己有，情节严重的话，可能构成贪污罪。其次是情节轻微不构成犯罪的，依法给予处分。这里的处分也同时包括行政处分和政务处分。就政务处分来说，《公职人员政务处分法》第33条规定，公职人员贪污贿赂的，予以警告、记过或者记大过；情节较重的，予以降级或者撤职；情节严重的，予以开除。第38条规定，公职人员违反规定向管理服务对象收取、摊派财物的，情节较重的，予以警告、记过或者记大过；情节严重的，予以降级或者撤职。

四、使用、损毁查封、扣押财物的法律责任

《行政处罚法》第80条规定了使用、损毁查封、扣押财物的法律责任："行政机关使用或者损毁查封、扣押的财物，对当事人造成损失的，应当依法予以赔偿，对直接负责的主管人员和其他直接责任人员依法给予处分。"

1996年《行政处罚法》制定时，行政机关在扣押财物时，经常不注意保管，使用和损毁当事人财物的事件时有发生，严重侵害了行政相对人的财产权。为了遏制这一现象，立法者规定了使用、损

毁扣押财物的法律责任。在之后的几次修正中，立法者均未对本条进行修改。2021年《行政处罚法》修订时，对本条进行了两处修改：一是在“扣押”之外加入了“查封”。“查封”和“扣押”是两种非常相似的行政强制措施，主要的区别在于对象不同，因此在法律法规中这两种形式大多同时出现。例如，《国家赔偿法》第4条第2项的表述是，“违法对财产采取查封、扣押、冻结等行政强制措施的”。《行政强制法》第三章第二节更是以“查封、扣押”为标题。在我国公安、交通、税收、工商、卫生和金融等具体的行政法律规范中，行政机关一般同时享有查封和扣押的权力。因此，这一修改与其他法律的规定保持了一致。二是将“行政处分”改成了“处分”。

《行政处罚法》第80条规定的追责情形是行政机关使用或者损毁查封、扣押的财物，对当事人造成损失。其中，查封是由《行政强制法》第9条第2项设定的，是指行政机关为了预防和制止违法，保证行政决定的有效作出和执行，通过就地封存的方法，在短时间内禁止使用场所和限制对财物的使用、毁损、转移和处分的行政强制措施。扣押是由《行政强制法》第9条第3项设定的，是指行政机关为了预防和制止违法，在短时间内禁止当事人对扣押财物的使用、毁损、转移和处分的行政强制措施。查封和扣押这两项措施的主体、功能和依据基本相同，因而法律法规往往对这两项措施同时作出规定，行政机关可以针对不同财物的特点选择适用不同措施。一般来说，查封针对的对象是场所、设施或财物，而扣押针对的对象则是财物。两者的区别在于查封措施主要是就地封存，而扣押措施则主要是异地控制。根据《行政强制法》第26条的规定，对查封、扣押的场所、设施或者财物，行政机关应当妥善保管，不得使用或者损毁。违反这一规定，使用或者损毁查封、扣押的场所、设施或者财物的，要依法承担相应的法律责任。

使用、损毁查封、扣押财物的法律责任形式包括两种。一是应当依法予以赔偿。这里的“依法”主要是指依照《国家赔偿法》。根据《国家赔偿法》第4条的规定，行政机关违法对财产采取查封、扣押、冻结等行政强制措施时侵害财产权的，受害人有取得赔偿的权利。二是对直接负责的主管人员和其他直接责任人员依法给予处分。这里的处分既包括《公务员法》和《行政机关公务员处分条例》规定的行政处分，也包括《监察法》和《公职人员政务处分法》规定的政务处分。

值得注意的是，行政责任的追究应不以对当事人造成损失为前提。也就是说，只要有使用或者损毁查封、扣押的财物的行为，无论是否给当事人造成损失，都要承担行政责任。对于公权力来说，法无授权即禁止，法律并未规定行政机关可以使用扣押财物，擅自使用的行为就应受到惩罚。对此，《行政强制法》第26条明确规定，对查封、扣押的场所、设施或者财物，行政机关应当妥善保管，不得使用或者损毁。除此之外，《行政强制法》第62条第2项规定，行政机关使用或者损毁查封、扣押场所、设施或者财物的，由上级行政机关或者有关部门责令改正，对直接负责的主管人员和其他直接责任人员依法给予处分。这里并未要求对当事人造成损失。

五、违法实施检查或执行措施的法律责任

《行政处罚法》第81条规定了违法实施检查或执行措施的法律责任："行政机关违法实施检查措施或者执行措施，给公民人身或者财产造成损害、给法人或者其他组织造成损失的，应当依法予以赔偿，对直接负责的主管人员和其他直接责任人员依法给予处分；情节严重构成犯罪的，依法追究刑事责任。"

违法实施检查或执行措施的法律责任的追责情形是行政机关违法实施检查措施或者执行措施，给公民人身或者财产造成损害、给法人或者其他组织造成损失。这里的检查措施是指行政机关在调查、收集有关证据时，需要采取的相应强制措施。行政机关实施行政处罚，必须查明事实，违法事实不清的，不能处罚。为了查明

事实，需要调查、收集有关证据。行政机关在调查、收集有关证据时，需要采取相应的强制措施。如《行政处罚法》规定的“登记保存”“抽样取证”,《海关法》规定的检查走私嫌疑人的身体、扣留走私嫌疑人移送司法机关,《税收征收管理法》规定的扣押、查封纳税人的商品、货物或者其他财产的措施等，这些带有强制性的检查措施都属于《行政处罚法》第81条规定的检查措施。这里的执行措施是指行政强制执行，是当被处罚人不履行行政机关的处罚决定、行政机关强制其履行决定时的一些措施。《行政处罚法》规定，对当事人逾期不履行行政处罚决定的，行政机关可以加处3%的罚款，将查封、扣押的财物拍卖或者将冻结的存款划拨抵缴罚款等。采取检查措施或者执行措施是为了使行政机关更好地履行法定职责，维护行政管理秩序，行政机关在采取这些措施时，应该严格遵守法定的权限和程序，否则就构成了违法，如果给公民人身或者财产造成损害、给法人或者其他组织造成损失，就要承担一定的法律责任。

违法实施检查或执行措施的法律责任形式包括三种。一是依法予以赔偿。这里的“依法”主要是指依据《国家赔偿法》，对受害的行政相对人进行行政赔偿。《国家赔偿法》第4条规定，行政机关及其工作人员在行使行政职权时违法对财产采取查封、扣押、冻结等行政强制措施的，受害人有取得赔偿的权利。二是对直接负责的主管人员和其他直接责任人员依法给予处分。这里的处分既包括《公务员法》和《行政机关公务员处分条例》规定的行政处分，也包括《监察法》和《公职人员政务处分法》规定的政务处分。三是在情节严重构成犯罪时，追究刑事责任。

六、以罚代刑的法律责任

《行政处罚法》第82条规定了以罚代刑的法律责任：“行政机关对应当依法移交司法机关追究刑事责任的案件不移交，以行政处罚

代替刑事处罚，由上级行政机关或者有关机关责令改正，对直接负责的主管人员和其他直接责任人员依法给予处分；情节严重构成犯罪的，依法追究刑事责任。”

我国法律规定，对一般的违法行为，由行政机关予以查处；对严重的违法行为，如果构成犯罪，由司法机关予以查处。行政机关享有的行政处罚权和司法机关享有的刑罚权是性质不同的两种权力，所适用的行为的社会危害性不同，适用的程序不同，产生的社会效果也不同，应当由行政机关和司法机关分别行使。因此，行政机关在处理行政违法案件时如发现违法行为构成犯罪，必须移送对刑事案件有管辖权的司法机关。[①]在1996年《行政处罚法》颁行之前，一些行政机关为了本单位的利益或者个人私利，对应当移送司法机关处理的案件不移交，以罚代刑。这一现象不仅滋生了贪污腐败，而且破坏了刑事司法秩序，姑息了不少犯罪行为。有学者指出，一些污染、破坏环境与资源的犯罪之所以未受到应有的刑事制裁，一个很重要的原因就是环境与资源行政监督管理部门在执法中往往以罚代刑，对应向公安、检察机关移送的案件不移送，而以行政处罚代之。[②]为了遏制这一现象，1996年《行政处罚法》第7条第2款规定，违法行为构成犯罪的，应当依法追究刑事责任，不得以行政处罚代替刑事处罚，并对以罚代刑的行为规定了法律责任。

以罚代刑的法律责任的追责情形是行政机关对应当依法移交司法机关追究刑事责任的案件不移交，以行政处罚代替刑事处罚。

以罚代刑的法律责任形式包括三种。一是上级行政机关或者有关机关责令改正。这里的上级机关，是指对本机关或组织有直接领导和指挥责任的机关，包括上级主管部门和本级人民政府。有关

---

① 吴高盛主编：《〈中华人民共和国行政处罚法〉释义及实用指南》，中国民主法制出版社2015年版，第144页。

② 王灿发：《论新刑法关于环境犯罪的规定及其实施》，载《政法论坛》1998年第1期。

机关是指监察机关。责令改正是一种内部的行政命令，不同于《行政处罚法》第28条规定的责令当事人改正。二是对直接负责的主管人员和其他直接责任人员依法给予处分。这里的“依法”是指依据《公务员法》《行政机关公务员处分条例》《监察法》《公职人员政务处分法》等法律，这里的处分既包括《公务员法》和《行政机关公务员处分条例》规定的行政处分，也包括《监察法》和《公职人员政务处分法》规定的政务处分。三是情节严重构成犯罪的，依法追究刑事责任。这里主要涉及《刑法》第402条规定的徇私舞弊不移交刑事案件罪：“行政执法人员徇私舞弊，对依法应当移交司法机关追究刑事责任的不移交，情节严重的，处三年以下有期徒刑或者拘役；造成严重后果的，处三年以上七年以下有期徒刑。”如果不存在徇私舞弊情节，而是谋取本单位利益，就不构成徇私舞弊不移交刑事案件罪，而构成《刑法》第397条规定的滥用职权罪和玩忽职守罪。该条规定，“国家机关工作人员滥用职权或者玩忽职守，致使公共财产、国家和人民利益遭受重大损失的，处三年以下有期徒刑或者拘役；情节特别严重的，处三年以上七年以下有期徒刑”。

七、执法人员不作为致损的法律责任

《行政处罚法》第83条规定了执法人员不作为致损的法律责任：“行政机关对应当予以制止和处罚的违法行为不予制止、处罚，致使公民、法人或者其他组织的合法权益、公共利益和社会秩序遭受损害的，对直接负责的主管人员和其他直接责任人员依法给予处分；情节严重构成犯罪的，依法追究刑事责任。”

1996年《行政处罚法》颁行前，行政管理实践中不仅存在滥处罚的现象，行政处罚不作为的现象也较为严重。例如，地方政府为了保护地方经济，姑息企业污染环境的行为，不进行行政处罚。基于此，立法者认为《行政处罚法》的目的一个是治滥，一个是治软。[①]从理论上说，当时的行政法学界普遍认为行政处罚违法包括作为和不作为，作为是行为人以积极的行为侵害行政法保护的社会关系，如行政机关私分罚没财物的行为；不作为就是作为人有义务施行某种行为义务却消极地不去履行而造成危害后果。也就是说，在行政执法过程中，既要保护公民和法人的合法权益，防止行政机关乱处罚，又要保障行政机关有效地实施行政管理，维护公共利益和社会秩序。这就要求行政机关既不能乱处罚，又不能不作为，对应当制止和处罚的违法行为应当及时制止和处罚。[②]

本条规定的追责情形是行政机关对应当予以制止和处罚的违法行为不予制止和处罚，致使公民、法人或者其他组织的合法权益、公共利益和社会秩序遭受损害。

执法人员不作为致损的法律责任形式包括两种。首先是对直接负责的主管人员和其他直接责任人员依法给予处分。这里的处分同时包括行政处分和政务处分。就行政处分来说，我国《公务员法》第59条第4项规定，公务员不得不担当、不作为、玩忽职守和贻误工作。《行政机关公务员处分条例》第20条规定，公务员不依法履行职责时，给予记过、记大过处分；情节较重的，给予降级或者撤职处分；情节严重的，给予开除处分。就政务处分来说，《公职人员政务处分法》第39条规定，公职人员不履行或者不正确履行职责，玩忽职守，贻误工作的，造成不良后果或者影响的，予以警告、记过或者记大过；情节较重的，予以降级或者撤职；情节严重的，予以开除。

其次是情节严重、构成犯罪的，依法追究刑事责任。这里主要涉及《刑法》第397条规定的滥用职权罪和玩忽职守罪，“国家机关

① 全国人大常委会法制工作委员会国家法室、行政法室编著：《〈中华人民共和国行政处罚法〉讲话》，法律出版社1996年版，第168页。

② 吴高盛主编：《〈中华人民共和国行政处罚法〉释义及实用指南》，中国民主法制出版社2015年版，第145页。

工作人员滥用职权或者玩忽职守，致使公共财产、国家和人民利益遭受重大损失的，处三年以下有期徒刑或者拘役；情节特别严重的，处三年以上七年以下有期徒刑。本法另有规定的，依照规定”。值得注意的是，行政机关对应当予以制止和处罚的违法行为不予制止和处罚，亦属行政处罚不作为，既可能构成玩忽职守，也可能构成滥用职权。换言之，滥用职权罪也可以表现为不作为。

思考题

1. 本章多次出现的有关机关是指什么机关？
2. 《行政处罚法》第76条规定的处分，具体包括哪些形式？
3. 《行政处罚法》第80条规定的查封和扣押有何区别？

附　录

中华人民共和国行政处罚法

（1996年3月17日第八届全国人民代表大会第四次会议通过　根据2009年8月27日第十一届全国人民代表大会常务委员会第十次会议《关于修改部分法律的决定》第一次修正　根据2017年9月1日第十二届全国人民代表大会常务委员会第二十九次会议《关于修改〈中华人民共和国法官法〉等八部法律的决定》第二次修正　2021年1月22日第十三届全国人民代表大会常务委员会第二十五次会议修订　2021年1月22日中华人民共和国主席令第70号公布　自2021年7月15日起施行）

目　录

第一章 总 则

第一条 为了规范行政处罚的设定和实施，保障和监督行政机关有效实施行政管理，维护公共利益和社会秩序，保护公民、法人或者其他组织的合法权益，根据宪法，制定本法。

第二条 行政处罚是指行政机关依法对违反行政管理秩序的公民、法人或者其他组织，以减损权益或者增加义务的方式予以惩戒的行为。

第三条 行政处罚的设定和实施，适用本法。

第四条 公民、法人或者其他组织违反行政管理秩序的行为，应当给予行政处罚的，依照本法由法律、法规、规章规定，并由行政机关依照本法规定的程序实施。

第五条 行政处罚遵循公正、公开的原则。

设定和实施行政处罚必须以事实为依据，与违法行为的事实、性质、情节以及社会危害程度相当。

对违法行为给予行政处罚的规定必须公布；未经公布的，不得作为行政处罚的依据。

第六条 实施行政处罚，纠正违法行为，应当坚持处罚与教育相结合，教育公民、法人或者其他组织自觉守法。

第七条 公民、法人或者其他组织对行政机关所给予的行政处罚，享有陈述权、申辩权；对行政处罚不服的，有权依法申请行政复议或者提起行政诉讼。

公民、法人或者其他组织因行政机关违法给予行政处罚受到损害的，有权依法提出赔偿要求。

第八条 公民、法人或者其他组织因违法行为受到行政处罚，其违法行为对他人造成损害的，应当依法承担民事责任。

违法行为构成犯罪，应当依法追究刑事责任的，不得以行政处罚代替刑事处罚。

第二章　行政处罚的种类和设定

第九条　行政处罚的种类：

（一）警告、通报批评；

（二）罚款、没收违法所得、没收非法财物；

（三）暂扣许可证件、降低资质等级、吊销许可证件；

（四）限制开展生产经营活动、责令停产停业、责令关闭、限制从业；

（五）行政拘留；

（六）法律、行政法规规定的其他行政处罚。

第十条　法律可以设定各种行政处罚。

限制人身自由的行政处罚，只能由法律设定。

第十一条　行政法规可以设定除限制人身自由以外的行政处罚。

法律对违法行为已经作出行政处罚规定，行政法规需要作出具体规定的，必须在法律规定的给予行政处罚的行为、种类和幅度的范围内规定。

法律对违法行为未作出行政处罚规定，行政法规为实施法律，可以补充设定行政处罚。拟补充设定行政处罚的，应当通过听证会、论证会等形式广泛听取意见，并向制定机关作出书面说明。行政法规报送备案时，应当说明补充设定行政处罚的情况。

第十二条　地方性法规可以设定除限制人身自由、吊销营业执照以外的行政处罚。

法律、行政法规对违法行为已经作出行政处罚规定，地方性法规需要作出具体规定的，必须在法律、行政法规规定的给予行政处罚的行为、种类和幅度的范围内规定。

法律、行政法规对违法行为未作出行政处罚规定，地方性法规为实施法律、行政法规，可以补充设定行政处罚。拟补充设定行政处罚的，应当通过听证会、论证会等形式广泛听取意见，并向制定机关作出书面说明。地方性法规报送备案时，应当说明补充设定行政处罚的情况。

第十三条　国务院部门规章可以在法律、行政法规规定的给予行政处罚的行为、种类和幅度的范围内作出具体规定。

尚未制定法律、行政法规的，国务院部门规章对违反行政管理秩序的行为，可以设定警告、通报批评或者一定数额罚款的行政处罚。罚款的限额由国务院规定。

第十四条 地方政府规章可以在法律、法规规定的给予行政处罚的行为、种类和幅度的范围内作出具体规定。

尚未制定法律、法规的，地方政府规章对违反行政管理秩序的行为，可以设定警告、通报批评或者一定数额罚款的行政处罚。罚款的限额由省、自治区、直辖市人民代表大会常务委员会规定。

第十五条 国务院部门和省、自治区、直辖市人民政府及其有关部门应当定期组织评估行政处罚的实施情况和必要性，对不适当的行政处罚事项及种类、罚款数额等，应当提出修改或者废止的建议。

第十六条 除法律、法规、规章外，其他规范性文件不得设定行政处罚。

第三章 行政处罚的实施机关

第十七条 行政处罚由具有行政处罚权的行政机关在法定职权范围内实施。

第十八条 国家在城市管理、市场监管、生态环境、文化市场、交通运输、应急管理、农业等领域推行建立综合行政执法制度，相对集中行政处罚权。

国务院或者省、自治区、直辖市人民政府可以决定一个行政机关行使有关行政机关的行政处罚权。

限制人身自由的行政处罚权只能由公安机关和法律规定的其他机关行使。

第十九条 法律、法规授权的具有管理公共事务职能的组织可以在法定授权范围内实施行政处罚。

第二十条 行政机关依照法律、法规、规章的规定，可以在其法定权限内书面委托符合本法第二十一条规定条件的组织实施行政处罚。行政机关不得委托其他组织或者个人实施行政处罚。

委托书应当载明委托的具体事项、权限、期限等内容。委托行政机关和受委托组织应当将委托书向社会公布。

委托行政机关对受委托组织实施行政处罚的行为应当负责监督，并对该行为的后果承担法律责任。

受委托组织在委托范围内，以委托行政机关名义实施行政处罚；不得再委托其他组织或者个人实施行政处罚。

第二十一条 受委托组织必须符合以下条件：

（一）依法成立并具有管理公共事务职能；

（二）有熟悉有关法律、法规、规章和业务并取得行政执法资格的工作人员；

（三）需要进行技术检查或者技术鉴定的，应当有条件组织进行相应的技术检查或者技术鉴定。

第四章 行政处罚的管辖和适用

第二十二条 行政处罚由违法行为发生地的行政机关管辖。法律、行政法规、部门规章另有规定的，从其规定。

第二十三条 行政处罚由县级以上地方人民政府具有行政处罚权的行政机关管辖。法律、行政法规另有规定的，从其规定。

第二十四条 省、自治区、直辖市根据当地实际情况，可以决定将基层管理迫切需要的县级人民政府部门的行政处罚权交由能够有效承接的乡镇人民政府、街道办事处行使，并定期组织评估。决定应当公布。

承接行政处罚权的乡镇人民政府、街道办事处应当加强执法能力建设，按照规定范围、依照法定程序实施行政处罚。

有关地方人民政府及其部门应当加强组织协调、业务指导、执法监督，建立健全行政处罚协调配合机制，完善评议、考核制度。

第二十五条 两个以上行政机关都有管辖权的，由最先立案的行政机关管辖。

对管辖发生争议的，应当协商解决，协商不成的，报请共同的上一级行政机关指定管辖；也可以直接由共同的上一级行政机关指定管辖。

第二十六条 行政机关因实施行政处罚的需要，可以向有关机关提出协助请求。协助事项属于被请求机关职权范围内的，应当依法予以协助。

第二十七条 违法行为涉嫌犯罪的，行政机关应当及时将案件移送司法机关，依法追究刑事责任。对依法不需要追究刑事责任或者免予刑事处罚，但应当给予行政处罚的，司法机关应当及时将案件移送有关行政机关。

行政处罚实施机关与司法机关之间应当加强协调配合，建立健全案件移送制度，加强证据材料移交、接收衔接，完善案件处理信息通报机制。

第二十八条 行政机关实施行政处罚时，应当责令当事人改正或者限期改正违法行为。

当事人有违法所得，除依法应当退赔的外，应当予以没收。违法所得是指实施违法行为所取得的款项。法律、行政法规、部门规章对违法所得的计算另有规定的，从其规定。

第二十九条 对当事人的同一个违法行为，不得给予两次以上罚款的行政处罚。同一个违法行为违反多个法律规范应当给予罚款处罚的，按照罚款数额高的规定处罚。

第三十条 不满十四周岁的未成年人有违法行为的，不予行政处罚，责令监护人加以管教；已满十四周岁不满十八周岁的未成年人有违法行为的，应当从轻或者减轻行政处罚。

第三十一条 精神病人、智力残疾人在不能辨认或者不能控制自己行为时有违法行为的，不予行政处罚，但应当责令其监护人严加看管和治疗。间歇性精神病人在精神正常时有违法行为的，应当给予行政处罚。尚未完全丧失辨认或者控制自己行为能力的精神病人、智力残疾人有违法行为的，可以从轻或者减轻行政处罚。

第三十二条 当事人有下列情形之一，应当从轻或者减轻行政处罚：

（一）主动消除或者减轻违法行为危害后果的；

（二）受他人胁迫或者诱骗实施违法行为的；

（三）主动供述行政机关尚未掌握的违法行为的；

（四）配合行政机关查处违法行为有立功表现的；

（五）法律、法规、规章规定其他应当从轻或者减轻行政处罚的。

第三十三条 违法行为轻微并及时改正，没有造成危害后果的，不予行政处罚。初次违法且危害后果轻微并及时改正的，可以不予行政处罚。

当事人有证据足以证明没有主观过错的，不予行政处罚。法律、行政法规另有规定的，从其规定。

对当事人的违法行为依法不予行政处罚的，行政机关应当对当事人进行教育。

第三十四条 行政机关可以依法制定行政处罚裁量基准，规范行使行政处罚裁量权。行政处罚裁量基准应当向社会公布。

第三十五条 违法行为构成犯罪，人民法院判处拘役或者有期徒刑时，行政机关已经给予当事人行政拘留的，应当依法折抵相应刑期。

违法行为构成犯罪，人民法院判处罚金时，行政机关已经给予当事人罚款的，应当折抵相应罚金；行政机关尚未给予当事人罚款的，不再给予罚款。

第三十六条 违法行为在二年内未被发现的，不再给予行政处罚；涉及公民生命健康安全、金融安全且有危害后果的，上述期限延长至五年。法律另有规定的除外。

前款规定的期限，从违法行为发生之日起计算；违法行为有连续或者继续状态的，从行为终了之日起计算。

第三十七条 实施行政处罚，适用违法行为发生时的法律、法规、规章的规定。但是，作出行政处罚决定时，法律、法规、规章已被修改或者废止，且新的规定处罚较轻或者不认为是违法的，适用新的规定。

第三十八条 行政处罚没有依据或者实施主体不具有行政主体资格的，行政处罚无效。

违反法定程序构成重大且明显违法的，行政处罚无效。

第五章　行政处罚的决定

第一节　一般规定

第三十九条　行政处罚的实施机关、立案依据、实施程序和救济渠道等信息应当公示。

第四十条　公民、法人或者其他组织违反行政管理秩序的行为，依法应当给予行政处罚的，行政机关必须查明事实；违法事实不清、证据不足的，不得给予行政处罚。

第四十一条　行政机关依照法律、行政法规规定利用电子技术监控设备收集、固定违法事实的，应当经过法制和技术审核，确保电子技术监控设备符合标准、设置合理、标志明显，设置地点应当向社会公布。

电子技术监控设备记录违法事实应当真实、清晰、完整、准确。行政机关应当审核记录内容是否符合要求；未经审核或者经审核不符合要求的，不得作为行政处罚的证据。

行政机关应当及时告知当事人违法事实，并采取信息化手段或者其他措施，为当事人查询、陈述和申辩提供便利。不得限制或者变相限制当事人享有的陈述权、申辩权。

第四十二条　行政处罚应当由具有行政执法资格的执法人员实施。执法人员不得少于两人，法律另有规定的除外。

执法人员应当文明执法，尊重和保护当事人合法权益。

第四十三条　执法人员与案件有直接利害关系或者有其他关系可能影响公正执法的，应当回避。

当事人认为执法人员与案件有直接利害关系或者有其他关系可能影响公正执法的，有权申请回避。

当事人提出回避申请的，行政机关应当依法审查，由行政机关负责人决定。决定作出之前，不停止调查。

第四十四条　行政机关在作出行政处罚决定之前，应当告知当事人拟作出的行政处罚内容及事实、理由、依据，并告知当事人依法享有的陈述、申辩、要求听证等权利。

第四十五条 当事人有权进行陈述和申辩。行政机关必须充分听取当事人的意见，对当事人提出的事实、理由和证据，应当进行复核；当事人提出的事实、理由或者证据成立的，行政机关应当采纳。

行政机关不得因当事人陈述、申辩而给予更重的处罚。

第四十六条 证据包括：

（一）书证；

（二）物证；

（三）视听资料；

（四）电子数据；

（五）证人证言；

（六）当事人的陈述；

（七）鉴定意见；

（八）勘验笔录、现场笔录。

证据必须经查证属实，方可作为认定案件事实的根据。

以非法手段取得的证据，不得作为认定案件事实的根据。

第四十七条 行政机关应当依法以文字、音像等形式，对行政处罚的启动、调查取证、审核、决定、送达、执行等进行全过程记录，归档保存。

第四十八条 具有一定社会影响的行政处罚决定应当依法公开。

公开的行政处罚决定被依法变更、撤销、确认违法或者确认无效的，行政机关应当在三日内撤回行政处罚决定信息并公开说明理由。

第四十九条 发生重大传染病疫情等突发事件，为了控制、减轻和消除突发事件引起的社会危害，行政机关对违反突发事件应对措施的行为，依法快速、从重处罚。

第五十条 行政机关及其工作人员对实施行政处罚过程中知悉的国家秘密、商业秘密或者个人隐私，应当依法予以保密。

第二节　简易程序

第五十一条　违法事实确凿并有法定依据，对公民处以二百元以下、对法人或者其他组织处以三千元以下罚款或者警告的行政处罚的，可以当场作出行政处罚决定。法律另有规定的，从其规定。

第五十二条　执法人员当场作出行政处罚决定的，应当向当事人出示执法证件，填写预定格式、编有号码的行政处罚决定书，并当场交付当事人。当事人拒绝签收的，应当在行政处罚决定书上注明。

前款规定的行政处罚决定书应当载明当事人的违法行为，行政处罚的种类和依据、罚款数额、时间、地点，申请行政复议、提起行政诉讼的途径和期限以及行政机关名称，并由执法人员签名或者盖章。

执法人员当场作出的行政处罚决定，应当报所属行政机关备案。

第五十三条　对当场作出的行政处罚决定，当事人应当依照本法第六十七条至第六十九条的规定履行。

第三节　普通程序

第五十四条　除本法第五十一条规定的可以当场作出的行政处罚外，行政机关发现公民、法人或者其他组织有依法应当给予行政处罚的行为的，必须全面、客观、公正地调查，收集有关证据；必要时，依照法律、法规的规定，可以进行检查。

符合立案标准的，行政机关应当及时立案。

第五十五条　执法人员在调查或者进行检查时，应当主动向当事人或者有关人员出示执法证件。当事人或者有关人员有权要求执法人员出示执法证件。执法人员不出示执法证件的，当事人或者有关人员有权拒绝接受调查或者检查。

当事人或者有关人员应当如实回答询问，并协助调查或者检查，不得拒绝或者阻挠。询问或者检查应当制作笔录。

第五十六条　行政机关在收集证据时，可以采取抽样取证的方法；在证据可能灭失或者以后难以取得的情况下，经行政机关负责人批准，可以先行登记保存，并应当在七日内及时作出处理决定，在此期间，当事人或者有关人员不得销毁或者转移证据。

第五十七条 调查终结，行政机关负责人应当对调查结果进行审查，根据不同情况，分别作出如下决定：

（一）确有应受行政处罚的违法行为的，根据情节轻重及具体情况，作出行政处罚决定；

（二）违法行为轻微，依法可以不予行政处罚的，不予行政处罚；

（三）违法事实不能成立的，不予行政处罚；

（四）违法行为涉嫌犯罪的，移送司法机关。

对情节复杂或者重大违法行为给予行政处罚，行政机关负责人应当集体讨论决定。

第五十八条 有下列情形之一，在行政机关负责人作出行政处罚的决定之前，应当由从事行政处罚决定法制审核的人员进行法制审核；未经法制审核或者审核未通过的，不得作出决定：

（一）涉及重大公共利益的；

（二）直接关系当事人或者第三人重大权益，经过听证程序的；

（三）案件情况疑难复杂、涉及多个法律关系的；

（四）法律、法规规定应当进行法制审核的其他情形。

行政机关中初次从事行政处罚决定法制审核的人员，应当通过国家统一法律职业资格考试取得法律职业资格。

第五十九条 行政机关依照本法第五十七条的规定给予行政处罚，应当制作行政处罚决定书。行政处罚决定书应当载明下列事项：

（一）当事人的姓名或者名称、地址；

（二）违反法律、法规、规章的事实和证据；

（三）行政处罚的种类和依据；

（四）行政处罚的履行方式和期限；

（五）申请行政复议、提起行政诉讼的途径和期限；

（六）作出行政处罚决定的行政机关名称和作出决定的日期。

行政处罚决定书必须盖有作出行政处罚决定的行政机关的印章。

第六十条 行政机关应当自行政处罚案件立案之日起九十日内作出行政处罚决定。法律、法规、规章另有规定的，从其规定。

第六十一条 行政处罚决定书应当在宣告后当场交付当事人；当事人不在场的，行政机关应当在七日内依照《中华人民共和国民事诉讼法》的有关规定，将行政处罚决定书送达当事人。

当事人同意并签订确认书的，行政机关可以采用传真、电子邮件等方式，将行政处罚决定书等送达当事人。

第六十二条 行政机关及其执法人员在作出行政处罚决定之前，未依照本法第四十四条、第四十五条的规定向当事人告知拟作出的行政处罚内容及事实、理由、依据，或者拒绝听取当事人的陈述、申辩，不得作出行政处罚决定；当事人明确放弃陈述或者申辩权利的除外。

第四节 听证程序

第六十三条 行政机关拟作出下列行政处罚决定，应当告知当事人有要求听证的权利，当事人要求听证的，行政机关应当组织听证：

（一）较大数额罚款；

（二）没收较大数额违法所得、没收较大价值非法财物；

（三）降低资质等级、吊销许可证件；

（四）责令停产停业、责令关闭、限制从业；

（五）其他较重的行政处罚；

（六）法律、法规、规章规定的其他情形。

当事人不承担行政机关组织听证的费用。

第六十四条 听证应当依照以下程序组织：

（一）当事人要求听证的，应当在行政机关告知后五日内提出；

（二）行政机关应当在举行听证的七日前，通知当事人及有关人员听证的时间、地点；

（三）除涉及国家秘密、商业秘密或者个人隐私依法予以保密外，听证公开举行；

（四）听证由行政机关指定的非本案调查人员主持；当事人认为主持人与本案有直接利害关系的，有权申请回避；

（五）当事人可以亲自参加听证，也可以委托一至二人代理；

（六）当事人及其代理人无正当理由拒不出席听证或者未经许可中途退出听证的，视为放弃听证权利，行政机关终止听证；

（七）举行听证时，调查人员提出当事人违法的事实、证据和行政处罚建议，当事人进行申辩和质证；

（八）听证应当制作笔录。笔录应当交当事人或者其代理人核对无误后签字或者盖章。当事人或者其代理人拒绝签字或者盖章的，由听证主持人在笔录中注明。

第六十五条 听证结束后，行政机关应当根据听证笔录，依照本法第五十七条的规定，作出决定。

第六章 行政处罚的执行

第六十六条 行政处罚决定依法作出后，当事人应当在行政处罚决定书载明的期限内，予以履行。

当事人确有经济困难，需要延期或者分期缴纳罚款的，经当事人申请和行政机关批准，可以暂缓或者分期缴纳。

第六十七条 作出罚款决定的行政机关应当与收缴罚款的机构分离。

除依照本法第六十八条、第六十九条的规定当场收缴的罚款外，作出行政处罚决定的行政机关及其执法人员不得自行收缴罚款。

当事人应当自收到行政处罚决定书之日起十五日内，到指定的银行或者通过电子支付系统缴纳罚款。银行应当收受罚款，并将罚款直接上缴国库。

第六十八条 依照本法第五十一条的规定当场作出行政处罚决定，有下列情形之一，执法人员可以当场收缴罚款：

（一）依法给予一百元以下罚款的；

（二）不当场收缴事后难以执行的。

第六十九条 在边远、水上、交通不便地区，行政机关及其执法人员依照本法第五十一条、第五十七条的规定作出罚款决定后，当事人到指定的银行或者通过电子支付系统缴纳罚款确有困难，经当事人提出，行政机关及其执法人员可以当场收缴罚款。

第七十条 行政机关及其执法人员当场收缴罚款的，必须向当事人出具国务院财政部门或者省、自治区、直辖市人民政府财政部门统一制发的专用票据；不出具财政部门统一制发的专用票据的，当事人有权拒绝缴纳罚款。

第七十一条 执法人员当场收缴的罚款，应当自收缴罚款之日起二日内，交至行政机关；在水上当场收缴的罚款，应当自抵岸之日起二日内交至行政机关；行政机关应当在二日内将罚款缴付指定的银行。

第七十二条 当事人逾期不履行行政处罚决定的，作出行政处罚决定的行政机关可以采取下列措施：

（一）到期不缴纳罚款的，每日按罚款数额的百分之三加处罚款，加处罚款的数额不得超出罚款的数额；

（二）根据法律规定，将查封、扣押的财物拍卖、依法处理或者将冻结的存款、汇款划拨抵缴罚款；

（三）根据法律规定，采取其他行政强制执行方式；

（四）依照《中华人民共和国行政强制法》的规定申请人民法院强制执行。

行政机关批准延期、分期缴纳罚款的，申请人民法院强制执行的期限，自暂缓或者分期缴纳罚款期限结束之日起计算。

第七十三条 当事人对行政处罚决定不服，申请行政复议或者提起行政诉讼的，行政处罚不停止执行，法律另有规定的除外。

当事人对限制人身自由的行政处罚决定不服，申请行政复议或者提起行政诉讼的，可以向作出决定的机关提出暂缓执行申请。符合法律规定情形的，应当暂缓执行。

当事人申请行政复议或者提起行政诉讼的，加处罚款的数额在行政复议或者行政诉讼期间不予计算。

第七十四条 除依法应当予以销毁的物品外，依法没收的非法财物必须按照国家规定公开拍卖或者按照国家有关规定处理。

罚款、没收的违法所得或者没收非法财物拍卖的款项，必须全部上缴国库，任何行政机关或者个人不得以任何形式截留、私分或者变相私分。

罚款、没收的违法所得或者没收非法财物拍卖的款项，不得同作出行政处罚决定的行政机关及其工作人员的考核、考评直接或者变相挂钩。除依法应当退还、退赔的外，财政部门不得以任何形式向作出行政处罚决定的行政机关返还罚款、没收的违法所得或者没收非法财物拍卖的款项。

第七十五条 行政机关应当建立健全对行政处罚的监督制度。县级以上人民政府应当定期组织开展行政执法评议、考核，加强对行政处罚的监督检查，规范和保障行政处罚的实施。

行政机关实施行政处罚应当接受社会监督。公民、法人或者其他组织对行政机关实施行政处罚的行为，有权申诉或者检举；行政机关应当认真审查，发现有错误的，应当主动改正。

第七章 法律责任

第七十六条 行政机关实施行政处罚，有下列情形之一，由上级行政机关或者有关机关责令改正，对直接负责的主管人员和其他直接责任人员依法给予处分：

（一）没有法定的行政处罚依据的；

（二）擅自改变行政处罚种类、幅度的；

（三）违反法定的行政处罚程序的；

（四）违反本法第二十条关于委托处罚的规定的；

（五）执法人员未取得执法证件的。

行政机关对符合立案标准的案件不及时立案的，依照前款规定予以处理。

第七十七条 行政机关对当事人进行处罚不使用罚款、没收财物单据或者使用非法定部门制发的罚款、没收财物单据的，当事人有权拒绝，并有权予以检举，由上级行政机关或者有关机关对使用的非法单据予以收缴销毁，对直接负责的主管人员和其他直接责任人员依法给予处分。

第七十八条 行政机关违反本法第六十七条的规定自行收缴罚款的，财政部门违反本法第七十四条的规定向行政机关返还罚款、没收的违法所得或者拍卖款项的，由上级行政机关或者有关机关责令改正，对直接负责的主管人员和其他直接责任人员依法给予处分。

第七十九条 行政机关截留、私分或者变相私分罚款、没收的违法所得或者财物的，由财政部门或者有关机关予以追缴，对直接负责的主管人员和其他直接责任人员依法给予处分；情节严重构成犯罪的，依法追究刑事责任。

执法人员利用职务上的便利，索取或者收受他人财物、将收缴罚款据为己有，构成犯罪的，依法追究刑事责任；情节轻微不构成犯罪的，依法给予处分。

第八十条 行政机关使用或者损毁查封、扣押的财物，对当事人造成损失的，应当依法予以赔偿，对直接负责的主管人员和其他直接责任人员依法给予处分。

第八十一条 行政机关违法实施检查措施或者执行措施，给公民人身或者财产造成损害、给法人或者其他组织造成损失的，应当依法予以赔偿，对直接负责的主管人员和其他直接责任人员依法给予处分；情节严重构成犯罪的，依法追究刑事责任。

第八十二条 行政机关对应当依法移交司法机关追究刑事责任的案件不移交，以行政处罚代替刑事处罚，由上级行政机关或者有关机关责令改正，对直接负责的主管人员和其他直接责任人员依法给予处分；情节严重构成犯罪的，依法追究刑事责任。

第八十三条 行政机关对应当予以制止和处罚的违法行为不予制止、处罚，致使公民、法人或者其他组织的合法权益、公共利益和社会秩序遭受损害的，对直接负责的主管人员和其他直接责任人员依法给予处分；情节严重构成犯罪的，依法追究刑事责任。

第八章　附　　则

第八十四条　外国人、无国籍人、外国组织在中华人民共和国领域内有违法行为，应当给予行政处罚的，适用本法，法律另有规定的除外。

第八十五条　本法中“二日”“三日”“五日”“七日”的规定是指工作日，不含法定节假日。

第八十六条　本法自2021年7月15日起施行。

国务院关于进一步贯彻实施《中华人民共和国行政处罚法》的通知

（2021年11月15日　国发〔2021〕26号）

《中华人民共和国行政处罚法》（以下简称行政处罚法）已经十三届全国人大常委会第二十五次会议修订通过。为进一步贯彻实施行政处罚法，现就有关事项通知如下：

一、充分认识贯彻实施行政处罚法的重要意义

行政处罚法是规范政府行为的一部重要法律。贯彻实施好新修订的行政处罚法，对推进严格规范公正文明执法，保障和监督行政机关有效实施行政管理，优化法治化营商环境，保护公民、法人或者其他组织的合法权益，加快法治政府建设，推进国家治理体系和治理能力现代化，具有重要意义。新修订的行政处罚法体现和巩固了近年来行政执法领域取得的重大改革成果，回应了当前的执法实践需要，明确了行政处罚的定义，扩充了行政处罚种类，完善了行政处罚程序，强化了行政执法责任。各地区、各部门要从深入学习贯彻习近平法治思想，加快建设法治国家、法治政府、法治社会的高度，充分认识新修订的行政处罚法施行的重要意义，采取有效措施，作出具体部署，扎实做好贯彻实施工作。

二、加强学习、培训和宣传工作

（一）开展制度化规范化常态化培训。行政机关工作人员特别是领导干

部要带头认真学习行政处罚法，深刻领会精神实质和内在要求，做到依法行政并自觉接受监督。各地区、各部门要将行政处罚法纳入行政执法培训内容，作为行政执法人员的必修课，使行政执法人员全面理解和准确掌握行政处罚法的规定，依法全面正确履行行政处罚职能。各地区、各部门要于2022年6月前通过多种形式完成对现有行政执法人员的教育培训，并持续做好新上岗行政执法人员培训工作。

（二）加大宣传力度。各地区、各部门要将行政处罚法宣传纳入本地区、本部门的“八五”普法规划，面向社会广泛开展宣传，增强全民法治观念，提高全民守法意识，引导各方面监督行政处罚行为、维护自身合法权益。要按照“谁执法谁普法”普法责任制的要求，落实有关属地管理责任和部门主体责任，深入开展行政执法人员、行政复议人员等以案释法活动。

三、依法规范行政处罚的设定

（三）加强立法释法有关工作。起草法律、法规、规章草案时，对违反行政管理秩序的公民、法人或者其他组织，以减损权益或者增加义务的方式实施惩戒的，要依法设定行政处罚，不得以其他行政管理措施的名义变相设定，规避行政处罚设定的要求。对上位法设定的行政处罚作出具体规定的，不得通过增减违反行政管理秩序的行为和行政处罚种类、在法定幅度之外调整罚款上下限等方式层层加码或者“立法放水”。对现行法律、法规、规章中的行政管理措施是否属于行政处罚有争议的，要依法及时予以解释答复或者提请有权机关解释答复。

（四）依法合理设定罚款数额。根据行政处罚法规定，尚未制定法律、行政法规的，国务院部门规章对违反行政管理秩序的行为，可以按照国务院规定的限额设定一定数额的罚款。部门规章设定罚款，要坚持过罚相当，罚款数额要与违法行为的事实、性质、情节以及社会危害程度相当，该严的要严，该轻的要轻。法律、行政法规对违法行为已经作出罚款规定的，部门规章必须在法律、行政法规规定的给予行政处罚的行为、种类和幅度的范围内规定。

尚未制定法律、行政法规，因行政管理迫切需要依法先以部门规章设定罚款的，设定的罚款数额最高不得超过10万元，且不得超过法律、行政法规对相似违法行为的罚款数额，涉及公民生命健康安全、金融安全且有危害后果的，设定的罚款数额最高不得超过20万元；超过上述限额的，要报国务院批准。上述情况下，部门规章实施一定时间后，需要继续实施其所设定的罚款且需要上升为法律、行政法规的，有关部门要及时报请国务院提请全国人大及其常委会制定法律，或者提请国务院制定行政法规。本通知印发后，修改部门规章时，要结合实际研究调整罚款数额的必要性，该降低的要降低，确需提高的要严格依照法定程序在限额范围内提高。地方政府规章设定罚款的限额，依法由省、自治区、直辖市人大常委会规定。

（五）强化定期评估和合法性审核。国务院部门和省、自治区、直辖市人民政府及其有关部门要认真落实行政处罚定期评估制度，结合立法计划规划每5年分类、分批组织一次评估。对评估发现有不符合上位法规定、不适应经济社会发展需要、明显过罚不当、缺乏针对性和实用性等情形的行政处罚规定，要及时按照立法权限和程序自行或者建议有权机关予以修改、废止。要加强行政规范性文件合法性审核，行政规范性文件不得设定行政处罚；违法规定行政处罚的，相关规定一律无效，不得作为行政处罚依据。

四、进一步规范行政处罚的实施

（六）依法全面正确履行行政处罚职能。行政机关要坚持执法为民，通过行政处罚预防、纠正和惩戒违反行政管理秩序的行为，维护公共利益和社会秩序，保护公民、法人或者其他组织的合法权益，不得违法实施行政处罚，不得为了处罚而处罚，坚决杜绝逐利执法，严禁下达罚没指标。财政部门要加强对罚缴分离、收支两条线等制度实施情况的监督，会同司法行政等部门按规定开展专项监督检查。要持续规范行政处罚行为，推进事中事后监管法治化、制度化、规范化，坚决避免运动式执法等执法乱象。

（七）细化管辖、立案、听证、执行等程序制度。各地区、各部门要严格遵守法定程序，结合实际制定、修改行政处罚配套制度，确保行政处罚法的有关程序要求落到实处。要进一步完善地域管辖、职能管辖等规定，建立健全管辖争议解决机制。两个以上行政机关属于同一主管部门，发生行政处罚管辖争议、协商不成的，由共同的上一级主管部门指定管辖；两个以上行政机关属于不同主管部门，发生行政处罚管辖争议、协商不成的，司法行政部门要会同有关单位进行协调，在本级人民政府领导下做好指定管辖工作。要建立健全立案制度、完善立案标准，对违反行政管理秩序的行为，按规定及时立案并严格遵守办案时限要求，确保案件得到及时有效查处。确需通过立法对办案期限作出特别规定的，要符合有利于及时查清案件事实、尽快纠正违法行为、迅速恢复正常行政管理秩序的要求。要建立健全行政处罚听证程序规则，细化听证范围和流程，严格落实根据听证笔录作出行政处罚决定的规定。要逐步提高送达地址确认书的利用率，细化电子送达工作流程，大力推进通过电子支付系统缴纳罚款，加强信息安全保障和技术支撑。

（八）规范电子技术监控设备的设置和使用。行政机关设置电子技术监控设备要确保符合标准、设置合理、标志明显，严禁违法要求当事人承担或者分摊设置电子技术监控设备的费用，严禁交由市场主体设置电子技术监控设备并由市场主体直接或者间接收取罚款。除有证据证明当事人存在破坏或者恶意干扰电子技术监控设备、伪造或者篡改数据等过错的，不得因设备不正常运行给予其行政处罚。要定期对利用电子技术监控设备取证的行政处罚决定进行数据分析；对同一区域内的高频违法行为，要综合分析研判原因，推动源头治理，需要改进行政管理行为的，及时采取相应措施，杜绝以罚代管。要严格限制电子技术监控设备收集信息的使用范围，不得泄露或者向他人非法提供。

（九）坚持行政处罚宽严相济。各地区、各部门要全面推行行政裁量基准制度，规范行政处罚裁量权，确保过罚相当，防止畸轻畸重。行政机关不得在未查明违法事实的情况下，对一定区域、领域的公民、法人或者其他组织“一刀切”实施责令停产停业、责令关闭等行政处罚。各地区、各部门要按照国务院关于复制推广自由贸易试验区改革试点经验的要求，全面落实“初次违法且危害后果轻微并及时改正的，可以不予行政处罚”的规定，根据实际制定发布多个领域的包容免罚清单；对当事人违法行为依法免予行政处罚的，采取签订承诺书等方式教育、引导、督促其自觉守法。要加大食品药品、公共卫生、自然资源、生态环境、安全生产、劳动保障等关系群众切身利益的重点领域执法力度。发生重大传染病疫情等突发事件，行政机关对违反突发事件应对措施的行为依法快速、从重处罚时，也要依法合理保护当事人的合法权益。

（十）健全法律责任衔接机制。各地区、各部门要细化责令退赔违法所得制度，依法合理保护利害关系人的合法权益；当事人主动退赔，消除或者减轻违法行为危害后果的，依法予以从轻或者减轻行政处罚。要全面贯彻落实《行政执法机关移送涉嫌犯罪案件的规定》，加强行政机关和司法机关协调配合，按规定畅通案件移送渠道，完善案件移送标准和证据认定保全、信息共享、工作协助等机制，统筹解决涉案物品归口处置和检验鉴定等问题。积极推进行政执法与刑事司法衔接信息平台建设。对有案不移等，情节严重构成犯罪的，依法追究刑事责任。

五、持续改革行政处罚体制机制

（十一）纵深推进综合行政执法体制改革。省、自治区、直辖市人民政府要统筹协调推进综合行政执法改革工作，建立健全配套制度，组织编制并公开本地区综合行政执法事项清单。有条件的地区可以在统筹考虑综合性、专业性以及防范风险的基础上，积极稳妥探索开展更大范围、更多领域集中行使行政处罚权以及与之相关的行政检查权、行政强制权。建立健全综合行政执法机关与业务主管部门、其他行政机关行政执法信息互联互通共享、协作配合工作机制。同时实施相对集中行政许可权和行政处罚权的，要建立健全相关制度机制，确保有序衔接，防止出现监管真空。

（十二）积极稳妥赋权乡镇街道实施行政处罚。省、自治区、直辖市根据当地实际情况，采取授权、委托、相对集中行政处罚权等方式向能够有效承接的乡镇人民政府、街道办事处赋权，要注重听取基层意见，关注基层需求，积极稳妥、科学合理下放行政处罚权，成熟一批、下放一批，确保放得下、接得住、管得好、有监督；要定期组织评估，需要调整的及时调整。有关市、县级人民政府及其部门要加强对乡镇人民政府、街道办事处行政处罚工作的组织协调、业务指导、执法监督，建立健全评议考核等配套制度，持续开展业务培训，研究解决实际问题。乡镇人民政府、街道办事处要不断加强执法能力建设，依法实施行政处罚。

（十三）规范委托行政处罚。委托行政处罚要有法律、法规、规章依据，严格依法采用书面委托形式，委托行政机关和受委托组织要将委托书向社会公布。对已经委托行政处罚，但是不符合行政处罚法要求的，要及时清理；不符合书面委托规定、确需继续实施的，要依法及时完善相关手续。委托行政机关要向本级人民政府或者实行垂直管理的上级行政机关备案委托书，司法行政等部门要加强指导、监督。

（十四）提升行政执法合力。逐步完善联合执法机制，复制推广“综合查一次”经验，探索推行多个行政机关同一时间、针对同一执法对象开展联合检查、调查，防止执法扰民。要健全行政处罚协助制度，明确协助的实施主体、时限要求、工作程序等内容。对其他行政机关请求协助、属于自身职权范围内的事项，要积极履行协助职责，不得无故拒绝、拖延；无正当理由拒绝、拖延的，由上级行政机关责令改正，对相关责任人员依法依规予以处理。要综合运用大数据、物联网、云计算、区块链、人工智能等技术，先行推进高频行政处罚事项协助，实现违法线索互联、监管标准互通、处理结果互认。有关地区可积极探索跨区域执法一体化合作的制度机制，建立健全行政处罚预警通报机制，完善管辖、调查、执行等方面的制度机制，为全国提供可复制推广的经验。

六、加强对实施行政处罚的监督

（十五）强化行政执法监督。要加快建设省市县乡四级全覆盖的行政执法协调监督工作体系，创新监督方式，强化全方位、全流程监督，提升行政执法质量。要完善执法人员资格管理、执法行为动态监测、行政处罚案卷评查、重大问题调查督办、责任追究等制度机制，更新行政处罚文书格式文本，完善办案信息系统，加大对行政处罚的层级监督力度，切实整治有案不立、有案不移、久查不结、过罚不当、怠于执行等顽瘴痼疾，发现问题及时整改；对行政处罚实施过程中出现的同类问题，及时研究规范。要完善评议考核、统计分析制度，不得以处罚数量、罚没数额等指标作为主要考核依据。要综合评估行政处罚对维护经济社会秩序，保护公民、法人或者其他组织合法权益，提高政府管理效能的作用，探索建立行政处罚绩效评估制度。各级人民政府要不断加强行政执法协调监督队伍建设，确保力量配备、工作条件、能力水平与工作任务相适应。

各地区、各部门要把贯彻实施好新修订的行政处罚法作为当前和今后一段时期加快建设法治政府的重要抓手，切实加强和改进相关行政立法，规范行政执法，强化行政执法监督，不断提高依法行政的能力和水平。要梳理总结贯彻实施行政处罚法的经验做法，及时将重要情况和问题报送司法部。司法部要加强统筹协调监督，指导各地区、各部门抓好贯彻实施工作，组织开展行政处罚法贯彻实施情况检查，重大情况及时报国务院。此前发布的国务院文件有关规定与本通知不一致的，以本通知为准。

图书在版编目 (CIP) 数据

行政处罚制度教程 / 全国行政执法人员培训示范教材编辑委员会编 . — 北京：中国法制出版社，2022.10

ISBN 978-7-5216-2476-2

Ⅰ . ①行…　Ⅱ . ①全…　Ⅲ . ①行政处罚法 — 中国 — 教材　Ⅳ . ① D922.11

中国版本图书馆 CIP 数据核字（2022）第 015388 号

策划编辑：马　颖

责任编辑：王雯汀　　　　封面设计：李　宁

行政处罚制度教程

XINGZHENG CHUFA ZHIDU JIAOCHENG

编者 / 全国行政执法人员培训示范教材编辑委员会

经销 / 新华书店

印刷 / 三河市国英印务有限公司

开本 / 710 毫米 ×1000 毫米　16 开　　　　印张 / 18　字数 / 234 千

版次 / 2022 年 10 月第 1 版　　　　2022 年 10 月第 1 次印刷

中国法制出版社出版

书号 ISBN 978-7-5216-2476-2　　　　定价：65.00 元

北京市西城区西便门西里甲 16 号西便门办公区

邮政编码：100053　　　　传真：010-63141600

网址：http://www.zgfzs.com　　　　**编辑部电话：010-63141825**

市场营销部电话：010-63141612　　　　**印务部电话：010-63141606**

（如有印装质量问题，请与本社印务部联系。）